工商管理优秀教材译丛

管理学系列 →

管理研究方法

[澳] 菲利斯·塔雷诺 (Phyllis Tharenou)
罗斯·多诺霍 (Ross Donohue) 著
布莱恩·库珀 (Brian Cooper)

王永贵 等 译

Management Research Methods

清华大学出版社
北 京

This is a simplified Chinese edition of the following title(s) published by Cambridge University Press:
Management Research Methods ISBN 9780521694285

© Phyllis Tharenou, Ross Donohue, Brian Cooper 2007

This book is in copyright. Subject to statutory exception and to the provisions of relevant collective licensing agreements, no reproduction of any part may take place without the written permission of Cambridge University Press.

This simplified Chinese edition for the People's Republic of China (excluding Hong Kong, Macau and Taiwan) is published by arrangement with the Press Syndicate of the University of Cambridge, Cambridge, United Kingdom.

© Cambridge University Press and Tsinghua University Press 2015.

This simplified Chinese edition is authorized for sale in the People's Republic of China (excluding Hong Kong, Macau and Taiwan) only. Unauthorised export of this simplified Chinese edition is a violation of the Copyright Act. No part of this publication may be reproduced or distributed by any means, or stored in a database or retrieval system, without the prior written permission of Cambridge University Press and Tsinghua University Press.

版权登记号：图字 01-2011-1816

本书封面贴有清华大学出版社防伪标签，无标签者不得销售。
版权所有，侵权必究。 举报：010-62782989，beiqinquan@tup.tsinghua.edu.cn。

图书在版编目(CIP)数据

管理研究方法/(澳)塔雷诺(Tharenou, P.)，(澳)多诺霍(Donohue, R.)，(澳)库珀(Cooper, B.)著；王永贵等译. --北京：清华大学出版社，2015(2024.8重印)
（工商管理优秀教材译丛·管理学系列）
书名原文：Management Research Methods
ISBN 978-7-302-40322-7

Ⅰ.①管… Ⅱ.①塔… ②多… ③库… ④王… Ⅲ.①管理学－研究方法 Ⅳ.①C93-3

中国版本图书馆CIP数据核字(2015)第113817号

责任编辑：周　菁
封面设计：常雪影
责任校对：宋玉莲
责任印制：刘海龙

出版发行：清华大学出版社
网　　址：https://www.tup.com.cn，https://www.wqxuetang.com
地　　址：北京清华大学学研大厦A座　　邮　编：100084
社 总 机：010-83470000　　邮　购：010-62786544
投稿与读者服务：010-62776969，c-service@tup.tsinghua.edu.cn
质量反馈：010-62772015，zhiliang@tup.tsinghua.edu.cn

印 装 者：涿州市般润文化传播有限公司
经　　销：全国新华书店
开　　本：185mm×260mm　　印　张：14.5　　插　页：2　　字　数：329千字
版　　次：2015年8月第1版　　印　次：2024年8月第7次印刷
定　　价：48.00元

产品编号：038251-02

译者序

管理研究方法
Management Research Methods

随着中国管理学界的同人们在世界学术舞台上的角色日益突出,中国经济的高速发展对中国特色管理理论构建的呼声愈演愈烈,中国管理实践日新月异而对中国管理理论指导作用的需求日益高涨,对科学的管理研究方法的需求也日益呈现出来。相应地,国内各大商学院在科学学位研究生的培养过程中,管理研究方法逐渐成为重之又重的"重头戏"。可以说,系统地学习与把握科学应用管理的研究方法,正成为科学学位研究生的必然选择。澳大利亚南澳大学商学院和澳大利亚莫纳什大学的三位作者,菲利斯·塔雷诺、罗斯·多诺霍、布莱恩·库珀共同编写的《管理研究方法》,为那些在学术海洋中遨游的中国学子和学术同人量身打造了一件科学研究的利器。

实际上,早在译者于中国香港求学期间,就深刻地意识到了中国大陆对管理研究方法教育的相对缺失和国际上相关教材的深邃与晦涩。从那时起,译者就立志要写一套中国人能读得懂、符合中国人逻辑思维的管理研究方法论丛书。回内地任教之后,译者虽然曾在南开大学、南京大学和对外经济贸易大学反复讲授管理研究方法课程,但囿于时间等原因,这一目标一直未能实现。但译者由衷地感到高兴,因为见证了国内各大高校对管理研究方法的逐渐认可和重视,并与国内广大同行一道,在国内掀起并推动了管理研究方法的探索与应用。在此过程中,译者既积累了更多的经验和心得,也对国内外管理研究方法的书籍有了更深入和全面的了解。2013年,在清华大学出版社编辑老师的推荐下,译者学习并阅读了《管理研究方法》一书,深有相见恨晚的感觉。这不正是译者头脑中已经期待多年的管理研究方法精要指南吗?因此,译者及其团队历时近两年把该书翻译成了中文版,以期对中国学者有所裨益。概括而言,本书的最大特点就是既简洁明了,而又十分实用,既适合初学者,也适合专业人士系统回顾管理研究方法参考借鉴。

对外经济贸易大学国际商学院博士研究生施屹舟、张嘉琪、孙静、王振江、李锐、吴刚、王飞、夏赟、周鑫悦、王春豪、赵春霞、耿慧芳等人参与了初稿的整理翻译工作,李锐和赵春霞参与了译稿的审校与修改,最后由对外经济贸易大学王永贵教授终审终校。鉴于译者水平有限,书中不当之处在所难免,敬请广大读者批评指正,以便再版时修正。

王永贵
2015年7月

对于与管理学相关的研究设计而言，如组织行为学、人力资源管理、产业关系以及管理的一般领域，管理研究方法是一门非常复杂的入门课程，可以为相关研究设计提供指南。本书概括了研究的过程，并解释了管理学研究中所使用的主要设计类型，如实验和准实验设计、相关性实地研究（调查）设计、案例研究、历史分析法以及行动研究。同时，本书也描述了管理研究人员通常所采用的数据收集方法，访谈、问卷、资料、观察。除此之外，本书还阐释了信度和效度问题，多指标量表的开发以及定量和定性的分析方法。最后本书又为如何报告研究结果提供了实践准则，并探讨了在进行研究和研究实践中如何注意伦理争议问题。

管理研究方法为学生、经理人员以及研究人员提供了重要准则。

Phyllis Tharenou 是南澳大利亚大学、商学院研究院长。

Ross Donhue 为莫纳什大学管理学系讲师。

Brain Cooper 为莫纳什大学管理学系讲师。

前 言
管理研究方法
Management Research Methods

为了在管理学科中展开科学研究,了解和掌握研究方法与相应的技巧是非常必要的。本书的目的在于培养和强化学员对可供其选择的研究方法及其适用性进行判断和理解的能力,以便帮助学员更合理地预测研究结果。通过学习本书,学员将会对管理学研究领域中的不同技巧和方法形成批判性的认识。

目的和目标

本书的目的在于帮助学员理解适用于管理学科展开研究的具体研究过程。完成学习之后,学员应当能够做到以下几点:

- 批判性地分析、解释和理解管理学科中的基本研究设计;
- 识别研究中与管理相关的问题;
- 建立基于理论概念框架提出研究问题的能力;
- 比较各种不同的定性和定量数据收集与分析技巧及其适用性,以便更好地调研和解决研究问题;
- 了解收集第一手数据以及识别、搜索、定位第二手数据和知识的过程,它们都与管理研究密切相关;
- 介绍计算机软件包应用及其在数据收集、数据分析以及汇报研究结果中的角色与作用;
- 对管理研究在学术、行业、政府、专业和社区组织中的角色和作用形成相对全面的理解;
- 掌握和提升符合工商管理研究项目报告规范的学术写作技能。

本书内容

管理者夜以继日地忙于设计项目、岗位、组织或部门结构,并努力探讨和实践把个人需求与团队需求匹配起来的方式。他们凭借什么作出决策?其依据就是在应用性研究或纯学术研究中所获得的知识。事实上,为了解决管理中的问题而设计研究问题,是一项基本的技能,而我们却常常忽视了它的重要性,忽视了它作为质量管理的主要因素所应作出的贡献。

本书旨在培养读者对基本研究过程的理解和提升读者识别管理相关研究问题的能力。

读者将学习别人设计和实施管理相关研究的方式,以便为管理相关的问题找到答案,并学习管理相关研究领域主要文献的来源、收集原始数据的过程、分析和呈现数据的目的以及研究报告的构思和写作技能等。

因此,本书提供的是对以下管理研究相关知识的基本介绍:管理研究设计、不同研究设计的类型、数据的收集和测量技术、数据的编码、信度和效度、定量和定性分析方法、解释和讨论结果、构思和撰写研究报告以及如何把个人研究纳入整个管理文献中去。

本书框架

本书由六个部分组成。第1部分为导论,仅包括第1章,即作者简要地勾勒出研究的过程,探讨了研究方法中的基本问题,围绕关键术语给出了相应的定义,并为读者概述了本书的各个主题;第2部分为研究设计,包括实验与准实验设计(第2章)、相关实地研究(调查)设计(第3章)、案例研究设计(第4章)和行动研究设计(第5章);第3部分关注的是数据收集方法,包括提出问题:问卷和访谈(第6章)和文献资料法与观察法(第7章);第4部分为测量,包括信度和效度(第8章)与量表开发(第9章);第5部分是数据分析方法,包括定量数据——数据建立和初始分析(第10章)、定量数据:用于回答研究问题和假设检验的多元数据分析(第11章)和内容分析(第12章);第6部分为报告研究发现与道德思考,包括定性或定量研究的写作(第13章)和研究实践中的道德伦理问题与行为(第14章)。

学习效果

主要内容包括:

- 建立对基本研究过程的批判性理解(如实验和准实验设计、相关实地研究设计、案例研究设计以及行动研究设计),以便科学地进行应用型管理研究;
- 掌握根据当代管理问题进行管理研究设计的技能,包括考虑研究设计中的道德因素;
- 掌握产生或收集一手原始数据以及识别和处置二手数据的技能;
- 掌握基本的、入门级数据收集技术——如访谈、问卷、观察和文献;
- 掌握开发多条目量表的技能;
- 形成对基本数据分析概念的理解,这些都是在回答研究问题和进行假设检验时所必须的;
- 掌握按照正式研究报告格式撰写学术报告的技能;
- 形成对整个研究设计步骤以及如何把个人的各项研究技能应用到有效的研究设计中去的深入理解。

通过本书的学习,读者应该能够做到如下几点:

- 从管理研究的实用和理论视角提出研究问题;
- 通过电脑进行管理研究文献的搜集;
- 根据各种研究问题进行科学的研究设计;
- 在设计和实施研究中考虑道德因素;

- 识别和追踪数据收集的来源以及设计问卷、访谈和多条目量表；
- 理解定性和定量分析中的数据分析技巧的广泛目的性和适用性；
- 掌握撰写学术研究报告的技能。

致谢

我们诚挚地感谢 Cathy Miles 在本书编辑和制作过程中的悉心帮助；同时，也感谢剑桥大学出版社的支持和指导，尤其是执行主编 Kate Indigo 和自由编辑 Robyn Fleming。

目录

管理研究方法
MANAGEMENT RESEARCH METHODS

第1部分 导　论

第1章　研究过程 ·· 3
 一、研究过程概述 ·· 3
 二、提出研究问题 ·· 4
  （一）找到理论（基础）或潜在的研究框架 ······································· 5
  （二）关键词 ·· 5
  （三）理论 ··· 5
  （四）文献评估 ··· 6
  （五）实证研究 ··· 7
  （六）未来研究 ··· 7
 三、敲定具体研究问题或假设 ·· 8
  （一）提出研究假设 ··· 8
  （二）假设的质量 ·· 8
  （三）假设的替代选择 ·· 9
  （四）因果关系 ·· 10
 四、选择研究设计 ·· 10
  （一）研究设计的类型 ·· 10
  （二）分析单位 ·· 12
  （三）研究的时间长度 ·· 12
  （四）对照/比较的选择 ··· 13
  （五）抽样 ··· 13
  总结 ·· 13
 五、选择数据收集的方法 ··· 13
  （一）问卷和访谈 ·· 13
  （二）文献与观察 ·· 14
  （三）信度和效度 ·· 15
  （四）开发新量表 ·· 15

六、选择数据分析的方法 ………………………………………………………… 15
    （一）定量分析的技术 ……………………………………………………… 15
    （二）定性分析的技术 ……………………………………………………… 16
七、根据研究问题或假设解释结果 ……………………………………………… 16
八、报告研究结果 ………………………………………………………………… 16
九、结论 …………………………………………………………………………… 16
参考文献 …………………………………………………………………………… 17
思考题 ……………………………………………………………………………… 17

第 2 部分　研 究 设 计

第 2 章　实验和准实验设计 ……………………………………………………… 21

一、主要的实验类型 ……………………………………………………………… 21
    （一）真实验 ………………………………………………………………… 22
    （二）准实验设计 …………………………………………………………… 22
二、常用的实验设计 ……………………………………………………………… 23
    （一）单一实验组前测-后测设计 ………………………………………… 23
    （二）随机前测-后测实验组和控制组设计 ……………………………… 23
    （三）非等效前测-后测控制组设计 ……………………………………… 24
    （四）间歇时间序列设计 …………………………………………………… 25
三、结论 …………………………………………………………………………… 25
参考文献 …………………………………………………………………………… 26
思考题 ……………………………………………………………………………… 26
附录：设计实验过程的问题清单 ………………………………………………… 27

第 3 章　相关实地研究(调查)设计 ……………………………………………… 28

一、相关实地研究(调查) ………………………………………………………… 28
    （一）何时使用相关实地研究(调查)设计 ……………………………… 29
    （二）相关实地研究(调查)设计中的问题 ……………………………… 29
二、可解释的/严格的相关实地研究(调查)的特征 …………………………… 30
    （一）基于坚实的理论基础选择被测量的变量 ………………………… 30
    （二）因变量和自变量的测量 …………………………………………… 30
    （三）控制变量的测量 …………………………………………………… 30
    （四）多元自变量的测量 ………………………………………………… 31
    （五）理论需求中所包含的中介变量或调节变量 ……………………… 31
    （六）运用纵贯设计(而不是截面设计) ………………………………… 32
    （七）使用具有效度和信度的测量指标 ………………………………… 32
    （八）选择回答问题的样本 ……………………………………………… 32
    （九）数据收集的效度类型 ……………………………………………… 34

（十）减少共同方法变异 …………………………………… 37
　二、收集更好的数据并提高回应率 ……………………………… 38
　四、克服相关实地研究（调查）中的问题 ……………………… 41
　五、结论 …………………………………………………………… 41
　参考文献 …………………………………………………………… 42
　思考题 ……………………………………………………………… 43

第4章　案例研究设计 …………………………………………… 45

　一、案例研究设计的概念 ………………………………………… 45
　二、什么情况下应用案例研究设计 ……………………………… 46
　三、将案例研究设计作为混合方法研究设计的一部分 ………… 47
　四、案例研究设计中情境的重要性 ……………………………… 47
　五、案例研究设计中的理论应用 ………………………………… 47
　六、案例研究中所用的研究方法 ………………………………… 48
　七、使案例研究具有信度和效度 ………………………………… 50
　　（一）信度 ……………………………………………………… 50
　　（二）效度 ……………………………………………………… 50
　八、如何进行案例研究 …………………………………………… 52
　九、结论 …………………………………………………………… 53
　参考文献 …………………………………………………………… 54
　思考题 ……………………………………………………………… 54

第5章　行动研究设计 …………………………………………… 55

　一、行动研究的主要特征 ………………………………………… 56
　　（一）周期性或螺旋上升的过程 ……………………………… 56
　　（二）诊断、分析、行动、评价和反思过程中的协作或参与 … 56
　　（三）以行动为导向并有助于积极的系统开发 ……………… 56
　二、行动研究的原则 ……………………………………………… 56
　　（一）对客户群的反应 ………………………………………… 56
　　（二）先构思一个模糊或一般性的问题，并随着研究的推进发展
　　　　成为具体的问题 …………………………………………… 57
　　（三）过程中的灵活性 ………………………………………… 57
　　（四）理论与实践、认识与行动的逐渐融合 ………………… 57
　三、行动研究中研究设计的特点 ………………………………… 57
　　（一）选择数据收集技术：定性或定性和定量互补 ………… 57
　　（二）为提供有效信息而突出数据收集和解释所需要的严谨性 … 57
　　（三）在开始之前就考虑整体方法，如果需要的话，还需考虑具体方法 … 58
　　（四）系统反思 ………………………………………………… 58

（五）研究人员（顾问）所具有的诊断和介入技巧 …………………………… 58
　　　（六）用数据决定每一步做什么 ……………………………………………… 58
　四、行动研究的十个阶段 ………………………………………………………… 58
　五、参与式行动研究和欣赏式探询研究 ………………………………………… 60
　六、结论 …………………………………………………………………………… 60
　参考文献 …………………………………………………………………………… 61
　思考题 ……………………………………………………………………………… 61

第3部分　数据收集方法

第6章　提出问题：问卷和访谈 ……………………………………………… 65

　一、提出问题：问卷和访谈 ……………………………………………………… 65
　二、访谈的主要类别 ……………………………………………………………… 66
　　　（一）小组访谈 ……………………………………………………………… 67
　三、什么时候使用问卷和访谈 …………………………………………………… 68
　四、问卷和访谈的数据问题 ……………………………………………………… 69
　　　（一）减少问卷和访谈中的问题 …………………………………………… 69
　五、问题的设计 …………………………………………………………………… 71
　　　（一）开放式和封闭式问题 ………………………………………………… 72
　　　（二）避免难懂的或错误的问题 …………………………………………… 73
　　　（三）避免因受到前面问题的影响而出现偏差 …………………………… 74
　　　（四）诱导性问题 …………………………………………………………… 74
　　　（五）不同类型的访谈问题 ………………………………………………… 75
　　　（六）深度访谈中的叙事和探索性问题 …………………………………… 75
　　　（七）小规模试验中要关注的问题 ………………………………………… 76
　　　（八）在访谈计划中如何组织问题 ………………………………………… 76
　六、在问卷和访谈中记录答案 …………………………………………………… 77
　七、结论 …………………………………………………………………………… 77
　参考文献 …………………………………………………………………………… 78
　思考题 ……………………………………………………………………………… 78

第7章　文献资料法与观察法 ………………………………………………… 80

　一、作为数据收集方法的文献资料 ……………………………………………… 81
　　　（一）用于研究的文献资料法 ……………………………………………… 81
　　　（二）用于数据收集的文献资料法 ………………………………………… 81
　　　（三）用于组织研究的文献资料法 ………………………………………… 81
　　　（四）文献资料的类型 ……………………………………………………… 81
　　　（五）使用文献资料的优缺点 ……………………………………………… 83

（六）使用文献资料的步骤 ································· 83
　　　（七）分析文献资料中的数据 ····························· 84
　　　（八）提高信度和效度的步骤与方法 ··················· 84
　　　（九）历史分析法 ·· 85
　　　（十）历史分析法的步骤 ··································· 86
　二、作为数据收集方法的观察法 ······························· 86
　　　（一）用于研究的观察法 ··································· 86
　　　（二）观察研究法的类型 ··································· 87
　　　（三）参与式观察研究 ······································ 87
　　　（四）何时运用参与式观察法 ····························· 87
　　　（五）参与式观察法的利弊 ································ 88
　　　（六）参与式观察的步骤 ··································· 88
　　　（七）参与式观察的范例 ··································· 89
　　　（八）作为研究技巧的结构性观察法 ··················· 90
　　　（九）观察研究法存在的问题 ····························· 91
　三、结论 ··· 91
　参考文献 ··· 92
　思考题 ·· 93

第4部分　测　　量

第8章　信度和效度 ·· 97

　一、提高研究的质量：测量的信度和效度 ··················· 97
　　　（一）建构和测量 ·· 97
　　　（二）测量的信度和效度 ··································· 98
　　　（三）信度和效度的必要性 ································ 98
　二、信度的类型 ·· 99
　　　（一）内部一致性信度 ······································ 99
　　　（二）重测信度（test-retest reliability） ············ 99
　　　（三）评判间信度 ·· 100
　　　（四）信度水平的其他测量方法 ······················· 100
　三、效度的类型 ·· 100
　　　（一）建构效度 ·· 101
　　　（二）校标关联效度 ······································· 101
　　　（三）内容效度 ·· 102
　　　（四）表面效度 ·· 102
　四、结论 ··· 102
　参考文献 ··· 102

思考题 ………………………………………………………………………… 103

第9章　量表开发 …………………………………………………………… 104

　　一、多条目测量 ………………………………………………………………… 104
　　二、管理研究中使用测量遇到的问题 ………………………………………… 105
　　　　（一）已发布的量表 ……………………………………………………… 106
　　　　（二）开发新量表 ………………………………………………………… 106
　　　　（三）确定量表要测量的建构 …………………………………………… 106
　　　　（四）生成条目：基于理论依据 ………………………………………… 107
　　　　（五）使用专家小组检验内容效度 ……………………………………… 108
　　　　（六）量表开发研究的设计：进行条目分析 …………………………… 108
　　　　（七）量表的建构：确定测量的建构效度 ……………………………… 108
　　　　（八）信度评估 …………………………………………………………… 109
　　　　（九）量表评价：效度 …………………………………………………… 110
　　三、社会赞许和默许响应性 …………………………………………………… 111
　　　　（一）社会赞许性 ………………………………………………………… 111
　　　　（二）默许响应性 ………………………………………………………… 111
　　四、结论 ………………………………………………………………………… 112
　　参考文献 ………………………………………………………………………… 112
　　思考题 …………………………………………………………………………… 113
　　附录A：组织、社会心理学以及社会测量工具源 …………………………… 113
　　附录B：标准的、常规条目题干及其响应分类 ……………………………… 116

第5部分　数据分析方法

第10章　定量数据——数据建立和初始分析 ……………………………… 125

　　一、分析数据：初步的定量分析 ……………………………………………… 125
　　二、数据分析的主要阶段 ……………………………………………………… 125
　　三、所需要的基本概念 ………………………………………………………… 126
　　　　（一）一元、二元和多元（多变量）分析技术 ………………………… 126
　　　　（二）不同类型的数据 …………………………………………………… 127
　　四、数据录入之前修订原始数据 ……………………………………………… 128
　　　　（一）录入数据 …………………………………………………………… 128
　　　　（二）检查错误 …………………………………………………………… 129
　　　　（三）检查数据的录入 …………………………………………………… 129
　　五、初步的/最初的数据分析 ………………………………………………… 130
　　　　（一）描述样本 …………………………………………………………… 130
　　　　（二）检验不回答者和回答者是否存在差异 …………………………… 130

（三）数据属性和分析技术的各种假设前提 …………………………………… 131
　　（四）信度测量 ………………………………………………………………… 133
　　（五）缺失数据 ………………………………………………………………… 133
六、二元变量分析 …………………………………………………………………… 135
七、结论 ……………………………………………………………………………… 140
参考文献 ……………………………………………………………………………… 141
思考题 ………………………………………………………………………………… 142

第11章　定量数据：用于回答研究问题和假设检验的多元数据分析 ………… 143

一、数据分析：多元分析 …………………………………………………………… 143
二、多元分析技术 …………………………………………………………………… 143
　　（一）多元回归 ………………………………………………………………… 144
　　（二）多元回归分析的分类 …………………………………………………… 146
　　（三）调节/交互回归分析：当测试 …………………………………………… 147
　　（四）中介分析 ………………………………………………………………… 148
　　（五）逻辑斯蒂回归分析 ……………………………………………………… 149
　　（六）判别分析 ………………………………………………………………… 149
　　（七）多元方差分析（MANOVA） …………………………………………… 150
　　（八）因子分析 ………………………………………………………………… 151
三、元分析 …………………………………………………………………………… 154
　　（一）元分析的步骤 …………………………………………………………… 156
　　（二）元分析结果的可信度 …………………………………………………… 157
四、结论 ……………………………………………………………………………… 158
参考文献 ……………………………………………………………………………… 158
思考题 ………………………………………………………………………………… 160

第12章　内容分析 ………………………………………………………………… 162

一、分析定性数据：内容分析 ……………………………………………………… 162
二、内容分析 ………………………………………………………………………… 163
　　（一）内容分析的基本步骤 …………………………………………………… 164
　　（二）样版式内容分析法 ……………………………………………………… 164
　　（三）编辑式内容分析方法 …………………………………………………… 165
　　（四）内容分析结果的阐释 …………………………………………………… 165
三、专业数据分析技术 ……………………………………………………………… 167
　　（一）扎根理论 ………………………………………………………………… 167
　　（二）模式匹配 ………………………………………………………………… 167
四、其他问题 ………………………………………………………………………… 168
五、内容分析的计算机方法 ………………………………………………………… 169

  六、内容分析的信度与效度 …… 171
    (一)如何增强内容分析的信度 …… 171
    (二)如何增强内容分析的效度 …… 171
  七、结论 …… 172
  参考文献 …… 172
  思考题 …… 173

第 6 部分 报告研究发现与道德思考

第 13 章 定性或定量研究的写作 …… 177
  一、撰写 …… 177
  二、总体原则 …… 178
    (一)沟通基本原理的贯穿 …… 178
    (二)标题的分节法 …… 179
    (三)演示文稿 …… 179
    (四)一些具体部分 …… 181
  三、如何撰写定量研究报告 …… 182
    (一)批判性文献回顾/引言的写作 …… 182
    (二)方法部分的写作 …… 185
    (三)撰写结论部分 …… 187
    (四)撰写讨论部分 …… 188
  四、如何撰写定性研究报告 …… 190
    (一)定性研究的例子 …… 190
    (二)撰写定性研究一般原则 …… 190
    (三)撰写定性研究论文的不同模式 …… 191
    (四)定性研究报告的信度与效度 …… 196
  五、结论 …… 197
  参考文献 …… 197
  思考题 …… 198
  附录 A：格式清单 …… 199
  附录 B：定性研究报告 …… 200
  附录 C：有关定性数据研究文章的写作范例 …… 202

第 14 章 研究实践中的道德伦理问题与行为 …… 204
  一、引言 …… 204
  二、研究中遇到的主要伦理争议 …… 204
    (一)启动研究项目 …… 205
    (二)保密性 …… 205

（三）自愿性和知情同意 ·· 205
（四）如何在遵循伦理道德的前提下收集观察数据 ························· 206
（五）处理欺骗 ··· 207
（六）采用测量和干预来保持研究的伦理道德 ································ 207
（七）使用专家研究实践方法由谁来做 ·· 208
（八）为参与者提供的好处 ·· 208
（九）在写作中维护伦理标准 ·· 208
（十）进行研究时存在的其他相关伦理争议 ···································· 209
三、结论 ··· 209
参考文献 ·· 209
思考题 ·· 210

第1部分

导论

第1章 研究过程

第 1 章

研究过程

> **学习目标**
>
> 在完成本章的学习后,读者应该能够掌握以下几点:
> - 描述整个研究过程;
> - 描述研究过程的每一个步骤并解释为什么要这样操作;
> - 提出研究问题和研究假设;
> - 区分研究问题和研究假设;
> - 区分自变量和因变量,并且能够举例加以说明;
> - 解释什么是控制变量(control)、中介变量(mediator)和调节变量(moderator);
> - 定义"理论"(theory);
> - 解释为什么需要理论基础来提出问题和假设;
> - 描述什么是实证研究;
> - 解释实证研究如何检验自变量和因变量之间的关系;
> - 总结实证研究的应用,以便进行文献综述写作;
> - 定义"因果关系";
> - 解释为什么因果关系很难建立;
> - 阐述不同类型的研究设计和收集数据方法。

一、研究过程概述

本章阐述了具体的研究过程,即从产生论文写作的最初想法开始,一直到撰写完成研究报告,本章第一部分的内容主要包括:
- 提出研究问题;
- 找到理论基础;
- 如何评判过去的研究;
- 如何提出假设并考虑因果关系问题。

本章第二部分介绍了如何进行研究设计、可供选择的不同类型的研究方法以及测量的应用、类型和设计。同时,也探讨了如何进行初步的数据处理、结果分析的多种方法以及如何进行结果和整个论文的写作。这些问题在本章中只是进行简要的介绍,在后面各具体的章节中将会有进一步的详细说明。

研究过程一般分为以下几个步骤:
- 提出研究问题;
- 找到理论基础或潜在的研究框架;
- 敲定具体研究问题或假设;
- 选择研究设计;
- 选择收集数据的方法;
- 选择分析数据的方法;
- 对应研究问题或假设,解释数据分析结果;
- 报告研究结论。

二、提出研究问题

任何一个研究项目开始的第一步是做出如下决定:研究问题是什么?这里,研究问题指的是通过研究要解决的具体问题。因此,研究问题通常都是研究者所关心的热点话题,也就是实际问题。根据 Graziano 和 Raulin(1993)的观点,研究问题包括以下内容:
- 是关于变量之间预期关系的某种表述;
- 是一个问题;
- 并且隐含着进行实证研究的可能性。

其中,实证研究通过具体地收集数据来检验研究问题。实证研究既可能是针对一手数据展开的(如由研究者直接收集的数据),也可能是面向二手数据(如档案数据、企业文件公开的记录)展开的。但是,无论是什么类型的数据,数据都是用来进行专门的分析的,其目的在于对研究问题进行检验。在实践中,研究问题可能这样开始:"是哪些因素促使人们可以晋升到管理层?"这个问题似乎太过宽泛。于是,研究者接着会发问:"是什么组织因素和个人因素促使人们晋升到管理层呢?"这个问题或许仍然宽泛。于是,研究者可以选择组织因素,甚至某一特定组织因素(如师徒制)展开研究。这时,研究问题就被提炼为:"师徒制是否会影响职位晋升?"研究者最后应该能够以尽可能清晰而具体的问题来描述自己所关心的研究主题。通常,所提出的研究问题需要大量思考和斟酌,只要还未做出最后选择,研究者都要不断地进行调整,以便追求正确的方向。

根据研究问题的焦点,研究者需要判定研究是探索型研究、描述型研究还是要检验假设(实证型研究)。根据 Sekaran(1992)的解释,探索型研究(exploratory studies)适用于当研究者对情境所知甚少时,或者是缺乏相似问题如何解决的信息时。因此,这时研究者需要有探究问题本质的预备工作(如在对管理者日常工作不了解的情况下,对管理工作本质的初步研究);描述型研究(descriptive studies)是在特定情境下对变量的特征进行描述。在组织研究中,可以应用描述性研究来了解和描述特定员工(如高缺勤率的员工)的特点,也可以对具有共同行为的组织进行分析(如最佳实践组织或者实施全面质量管理的组织)。假设检验型研究(hypothesis testing studies)试图解释建构之间关系的本质或者建构之间的区别。与描述性分析相比,假设检验往往超出了在特定情境下对存在的关系进行描述,而且还要理解在这种情境下各因素(变量)之间的具体关系。

(一)找到理论(基础)或潜在的研究框架

在提出最初的研究问题之后,研究者的任务是发现现有文献对问题构想有何启示。最有效的方式是找到和问题相关的、近期发表的三四篇主要文献。其后,还要做更为全面的阅读和文献综述。其中,近期发表通常指近五年内发表的文献;文献应该是由此领域专家学者所撰写的,可能是具体话题或更广泛领域的文献回顾、主要理论分析等,而且它们通常是期刊文献。

主要文献为研究者提供相关问题的概览,使他们了解这一领域的已有研究,并为他们继续研究提供重要参考,并去追踪和阅读感兴趣的主要文献。同时,主要文献也可以指出此领域未来的研究方向、提供研究方法的批评以及现有研究的细节。需要再次强调的是,研究者要特别关注近期主要文献,因为这些文献往往讨论了最新的研究结果和方法。研究者需要关注这些文献的关键词、概念框架、批评、实证研究以及未来研究方向。

(二)关键词

在文献中,可以用关键词(terms)来确定研究主题。例如,在上文提到的研究问题中,相关的关键词可能是管理岗位晋升、岗位晋升、管理层、职业生涯结果和职业生涯等。这些知识对研究者非常重要,因为他们要使用正确的关键词在电子数据库里进行搜索。通常,总是有若干个关键词。在开始研究时,识别正确的关键词是非常重要的。同时,为了减少疑惑、增加精准度,研究者要在手稿中保持关键词的一致性。

(三)理论

研究者还需要在其研究领域内提出清晰的理论(theories)或解释相应的概念框架。在与主题相关的文献中,通常已经有一些理论、模型或框架,研究者要确定的是关于这些现象的解释中哪一个是自己感兴趣的并且要进行调查的。例如,有关管理岗位晋升的解释,广义是指一个集合了组织因素(机会结构、甄选和晋升过程)、人际因素(社会结构、人际支持)和个人因素(人格、人力资本、技巧和能力)的现象。但是,有若干个具体的理论与上述这些研究相对应。如果研究的重点是通过晋升阶梯研究组织机会结构,那么研究者应该关注内部劳动市场理论(internal labour markets);如果研究重点是人际因素的话,研究者需要关注社会资本(social capital theory)理论;如果研究重点是包括教育、工作经验和培训在内的个人成就,研究者需要关注人力资本理论;如果侧重在人格,研究者可能要用性别角色理论,并检验男性气概或工具性对晋升的影响。

对于"为什么"这样的问题和对关系的检验性解释,理论可以提供让人信服的阐述。有关某一现象的可检验理论解释,应该是可以被反证的(即可证伪的)。根据 Jackson(1988)的观点,理论应该包含以下三个要素:

- 一组概念,或者一个概念组合;

- 一组命题，其中每个命题陈述一些概念之间的关系；
- 其中的一些命题必须是权变的。也就是说，它们必须能够通过某种形式的实证检验进行修正。

Sekaran(1992)对于管理研究的理论属性给出了一些非常有意义的论述。这些属性包括以下几点：

- 清晰地定义和标注与研究相关的理论变量，以便进行讨论。这些变量包括自变量、因变量、调节变量和中介变量等。
- 明确地阐述两个或多个变量之间的关系，这点是通过假设变量之间的重要关系实现的。
- 如果关系的性质和方向能够理论化，那么就需要给出具体的说明（如正向或负向）。
- 应该给出清晰的解释，即描述为什么这些关系是存在的。

实践中应该给出一个理论框架的示意图，以便使研究框架中的理论关系变得更加直观具体。

理论是由各建构之间的关系组成的。Edwards和Bagozzi(2000)认为，建构是有关所研究的理论现象的概念术语。简单地说，建构就是理论概念（theoretical concept）。大部分对研究者有意义的建构在经过概念化处理之后就成为我们所说的变量了。也就是说，它们能够表示不同的值或状态。识别相关变量是任何研究项目在初期的主要任务。为了实现研究目的，还必须把变量区分成自变量或因变量。

自变量(independent variables)是被假设能影响其他变量的变量，通常为假定的原因、决定因素或先行因素。在上文的假设中，自变量或者原因变量就是"师徒制"。

因变量(dependent variables)是被假设受到其他变量影响的变量，亦即效果(effect)或结果(outcome)。在上文的假设中，因变量是管理岗位晋升。

调节变量(moderating variables)是影响自变量和因变量之间关系强度或方向的变量。它影响着两者之间的关系，所以当调节变量发生变化时，自变量和因变量之间的关系会发生变化（参见Sekaran, 1992）。调节变量也被认为是有条件的影响(conditional influence)（参见Jackson, 1988）。

中介变量(mediator variables)是将自变量的影响传递给因变量的变量。中介变量具有某种"中间"作用，因此也被称为中间变量(intervening variables)。

有些变量可能导致自变量和因变量之间的关系，为防止伪相关，需要对它们进行控制（参见Jackson, 1988）。这些变量被称为控制变量。"伪相关"(spuriousness)是指两个变量之间的关系是由另一个变量导致的，这个变量具有混淆作用，需要对其进行控制。

（四）文献评估

研究过程的下一步，就是对此话题过去的文献进行批判性综述，因为对过去的批评可以为未来的研究指明方向。在一些重要文献中，一般有一个专门的部分叫作"局限性"(limitation)，这是对未来研究方向的指引。关于过去某一论题或特定研究的局限，通常都是基于实质性的或者方法论方面的。

基于实质/内容的批评,往往涉及话题、问题、理论或解释的本质。一般而言,基于实质/内容的批评通常与以下问题有关:
- 什么还没有做,或者什么是我们仍然不知道的;
- 什么是我们仍然不理解的,或者更深入地解释还未提出;
- 过去研究结果的不一致;
- 没有考虑情境,如当评价个人因素对管理岗位晋升时,没有考虑情境因素;
- 若干因素的相对重要程度;
- 所研究问题缺乏理论基础,包括如何解释过程(中介作用)或者影响关系的条件(调节作用)。

对过去研究的批评,也可以是方法论方面的。这些批评通常指向研究设计、样本、测量和分析方法。方法论方面的批评通常与以下问题有关:
- 研究设计以及解释问题所用方法的不足,如设计的本质(定性或定量设计),测量的方法(主观或客观测量),或者实施检验的层次(个人层次或组织层次的检验);
- 所使用样本的类型有限,以及缺乏普适性;
- 测量的质量(缺乏效度或信度);
- 分析的方法(描述性而非多变量技术)。

(五) 实证研究

实证研究(empirical studies)是指通常收集数据来检验变量是否有关。实证研究通常在寻求对变量的解释,因此通过数据分析来检验一个或多个自变量与一个或多个因变量之间的关系。它也探知一个变量是否或者如何影响另一变量。

已经进行的任何实证研究都是有价值的。当研究者需要通过总结现有研究的结果进行文献回顾时,如果某话题几乎没有实证研究,那么很有可能不值得进行文献回顾。如果存在大量的实证研究,则近期的文献综述已经进行,因此回顾就不具有意义了。

为什么研究者知道如何解释和实施实证研究很重要呢?原因在于实证研究能揭示结果。例如,知道一个实证研究是什么,怎么解释,怎么实施,可以帮助研究者:
- 理解来自现实问题的研究,例如,"和企业讨价还价能提高工资吗";
- 评价研究,也就是说,所争论话题的研究结果是否有效(valid/true),或者应该用另一种方式解释,例如,"对就业和就业权的保证是否影响人们加入工会的决策";
- 自己进行研究并得出针对调研问题的有效结果。

(六) 未来研究

研究者可能要围绕研究主体阐明未来的研究方向。所有重要文献的作者通常都会根据对过去文献的基于实质和方法论的批评,在论文的最后正式地提出他们认为未来研究方向在于何处。同时,研究者也应该基于自己研究的局限,以及描述仍未探究的问题,提出未来的研究方向。

总的来说,研究者需要从主要文献中理解以下内容:
- 研究中的主要建构是什么;

- 这些建构是如何定义的；
- 主题的主要理论或理论解释是什么；
- 现有研究的批评；
- 针对你试图解释的问题,最新的实证研究是什么；
- 未来研究所需要的方向。

三、敲定具体研究问题或假设

研究的目的通常在于检验理论。在理论检验之类的研究中,通常要提出假设。研究假设(research hypothesis)是一种关于可以测量的或者可以操控的关于两个或多个变量之间关系的陈述(Graziano & Raulin, 1993)。因此,假设应该是可操作的(operational),它是关于具体的自变量对特定因变量的影响效果的具体预测(Graziano & Raulin, 1993)。通过提出假设,研究者可以通过收集数据,然后与假设进行比较的方式,来检验是否在某种程度上支持某一理论。

(一)提出研究假设

假设可以通过很多方式来构建或提出。例如,研究者的假设可能是(这是关系型假设):"导师的支持与管理岗位晋升的次数正相关";另一个版本的假设是(仍然是关系型假设):"导师的支持对于管理岗位晋升次数多的人比次数少的人更重要。"同时,假设也可以在群体差异的层面上加以表述(这是不同群体之间的差异),因此可能是"与没有提升至管理层的人比较而言,被提升至管理层的人往往得到了导师更多的支持"。其他假设的举例有:

- "企业议价能力与增加工作场合性别平等程度(如,不同性别工资相等)负相关";
- "与集中体制相比,在企业讨价还价的情况下工资增长很可能更低";
- "在企业讨价还价的情况下,强势群体(如全职工作者、男性、非移民等)的工资增长比弱势群体(如兼职工作者、女性、移民等)更高"。

上述的第一个假设是关系型的,第二个和第三个是群体差异型的。总之,假设是一个关于两个变量之间关系或不同群体差异的命题表述(Graziano & Raulin, 1993)。研究者可能不需要一个假设,但他们总是需要知道自己在检验什么。因此,为了解决某个问题,研究者需要有能够衡量这个问题的基础。

(二)假设的质量

一个假设应该是可检验的(testable)和有方向的(directional)。因此,它应该包括以下内容:

- 用正向的(positive)/负向的(negative)语句来表述。它不能像零假设一样认为不存在关系。例如,你不能说导师的支持与管理岗位晋升没有关系。
- 因为这是不可检验的。是具体的,清楚说明什么与什么有关。例如,研究者认为导师的支持(而不是其他人际关系)与所接受的管理岗位晋升正相关,那么他认为重要的是"支持"的数量，而不是有抑或没有导师的支持。
- 自动指向研究者的测量（measure）对象（例如，导师的支持，或管理岗位晋升的次数）。
- 在假设中包含将检验的关系的类型（例如，正向的/负向的、更强或不同群体之间有差异）。
- 在假设中包含将检验的变量（例如，导师的支持或管理岗位晋升的次数）。
- 在数据收集之前提出假设。研究者可能在其后进行修改。

假设中的变量应该是可操作的，抑或研究者能够测量它们。假设应该用能够清晰观察和操作的术语重新定义概念。然后，正如 Ray(1993) 所解释的，往往存在若干种方法测量同一现象或建构。例如，如果研究者要衡量工作中的激励，他可以通过以下方法测量：
- 个人关于激励经验的自我陈述/报告；
- 个人的自我报告，运用心理测量的方法（符合信度和效度的标准化量表）来测试激励；
- 个人的工作绩效；
- 非因病或因其他合理原因的旷工；
- 其他人的陈述，如上司和同事对他的激励评价。

如果研究者没有假设以供检验会如何呢？在管理研究中，假设不是必须的。研究者可能处于相对崭新的研究领域（探索型研究），之前鲜有研究。因此，现有的知识可能并不足以建立假设。取而代之，研究者可能更偏好于使用归纳法进行研究。归纳推理（inductive reasoning）是指从一个具体的事例或几个新的事实推导出普遍适用的观点。在归纳法中，最初对研究问题和理论框架的确立通常是暂时的，然后随着信息的收集和分析进行完善。归纳法被用来从数据产生理论。它通过定量和定性数据的收集和分析，进行观察，从而得出对现实问题中关系进行描述的理论。这和演绎法是完全不同的。在演绎法中，研究者有一个成熟的理论以提出假设，也就是，通过提出假设推断什么将要发生，并通过观察进行检验，寻找支撑（Ray, 1993）。研究者不太可能单纯地使用归纳法或演绎法。在实践中，大多数研究是两者的结合，根据研究问题的不同，有的侧重理论建立，有的侧重理论检验。

（三）假设的替代选择

如果研究者不使用假设，他们还可以用以下的替代方法：
- 仍需要提出具体的研究命题（通常表述为研究问题或目标）；
- 需要一些理论或概念基础（哪怕是暂时的、试验性的）；
- 仍需要回顾文献，了解过去理论和实证研究的结果，以及可能提出什么样的假设，即使这些研究并未使用假设；
- 可能把宽泛的研究问题分成若干部分作为研究方向；
- 需要了解如何使用归纳法，即如何进行观察并归纳出理论以陈述关系是如何产生的。

(四)因果关系

研究者通常需要对变量之间的关系进行因果推论。因果推论,根据 Shadish, Cook 和 Campbell(2002)的观点,有以下三个必要条件:

- 在时间上原因先于结果发生;
- 原因和结果是共变的;
- 共变关系不存在其他可能的解释。

在大多数社会科学研究中,因果关系是不清晰的,研究者需要应付如下问题:

- 影响因果关系的情境/环境;
- 多因事件(存在多个原因);
- 概率性的关系;
- 间接的因果效果(通过其他变量引起的),或者通过其他变量交互作用。

为了解释事件,研究者需要能够证实或者证伪的理论基础。这要求从下列途径聚集证据:

- 多种研究方法(定性的,定量的);
- 实验和非实验设计;
- 多种测量方式(自我陈述,他人陈述,硬数据);
- 同时包含大量数据的分析方法(如多变量分析);
- 一个研究项目,使得研究者能够实施一系列研究而逐渐接近解决所研究问题;
- 一个理论,如果使得变量互相关联的话,研究者能够推测出这种关系的解释。

遵从上述步骤并不能使得研究者"证明"因果关系,然而却能够使得他发展为可能或者可辩解的解释。进行因果推论的程度通常与研究的内部有效性(internal validity)有关。例如,研究者不能仅仅因为两个变量有关,就认为一个变量引起了另一个变量。它们的关系可能是伪相关(由第三个变量导致),相互的(两个变量互相影响),或相反的(影响是违反直觉的,或者与常识相违背;例如,对工作的不满意导致旷工)。本书讨论的每一种研究设计都存在与内部有效性有关的困难。最强的因果推论可以由实验设计制定。

四、选择研究设计

(一)研究设计的类型

研究设计(research design)是用来回答研究问题的总体计划或结构。研究者要保证所选择的设计适应所研究的问题。因此,最好能够先确定研究问题,然后再进行设计。研究者也可能会受到限制,如受到与研究相关的能够利用的资源限制和相关组织允许的调研范围限制。确定研究设计后,研究者要选择具体收集数据的技术。主要的研究设计包括实验和准实验设计、相关实地研究设计(correlational field study design)(调查)、案例研究设计和行动研究设计等。

1. 定性和定量设计

多数教科书强调定性和定量研究之间的区别（creswell，2003）。我们认为这一区别被夸大了。多数研究设计和数据收集技术可以从定性（文字）和定量（数据）两类资料中产生。本书强调的是，设计需要和潜在的研究目的匹配。简单的定性-定量分类不能解决工作中的复杂问题。定性和定量的关键区别并非在于收集数据的方式，而在于分析方法的应用。定性分析提供的是对情境详尽的、过程的、丰富的和对情境高敏感的描述。如果目的是理解事情的意义，并且从参与者的视角来建立理论解释的话，那么这种方法是合适的。定量分析更适合解决涉及"多少"（how many）或者"多大程度"（how much）的问题。也就是，发生概率和测量的问题。定量分析适合通过精确测量变量来检验对理论的预测。这里重点介绍一些进行定性和定量分析的方法。

2. 实验和准实验设计

实验设计（experimental designs）后续的研究通常在并非现象经常出现的地方进行（如实验室），并试图在设定中尽可能控制外部的影响（extraneous influence）。真实验设计（true experimental designs）能够强有力地对自变量的效果进行因果推断。因此，它们是最有效的检验理论假设的方法。真实验设计的重要特点是随机分配实验组（experimental group）和对照（控制）组（control group）。准实验设计（quasi-experimental designs）与实验设计类似，但是在真实（自然的）的情境中进行（如组织）。"准"（quasi）的意思是"几乎"（almost）、"半"（semi）或者"差不多"（more or less）。在准实验设计中，研究者能够操纵自变量，但是，不像实验设计，参与者不能被随机分配到实验组和对照（控制）组。实验设计和准实验设计在第2章中将给出详尽讨论。

3. 相关实地研究（调查）设计

相关实地研究（correlational field study）是一个基于调研数据的研究，在真实情境（field）中进行（也就是说，并非在人为的设定中，如组织），为了检验一个或多个自变量与一个或多个因变量之间的关系。很多管理学研究是以相关性研究为基础的，通常最普遍的是邮寄调研。相关性研究通常（但非总是）收集定量数据，并采用统计方法进行分析。相关性研究设计将在第3章中讲述。

4. 案例研究设计

案例研究（case study）是一个综合的、在现实情境中操作的一个单独事例、事件或设定的探究，目的是解释特定环境中某种现象的过程。这些设计中的分析单位（即案例）可能很小，仅局限于个人，也可能很大，甚至延展到国家。使用案例研究设计的优点就是对于特定的实际问题给予深入的分析。为了回答研究问题，案例研究可以使用定性数据和定量数据。案例研究的缺点在于很难使其普遍适用于其他案例；但是，普适性（generalisability）可以通过使用更多的案例来得到改善。相关内容将在第4章阐述。

5. 行动研究设计

行动研究（action research）设计中应用的研究重复地作用于诊断的过程（研究）和干预（行为）的循环过程，直到研究活动形成对社会系统（如一个组织）的理解和改变。每次重复都形成一定的解释,并依此推动下一个过程。在行动研究中,研究者和接受研究的社会系统成员合作地工作,以理解和提升此社会系统。行动研究设计的内容将在第5章中进行讨论。

(二) 分析单位

另一个与选择研究设计类型有关的概念是分析单位(Sekaran,1992)。分析单位(the unity of analyses)可能是以下几种类型:

- 个人(individuals):每个员工的反应是个人数据来源,例如,工作满意度和缺席的测量。
- 双方/配对(dyads):两个之间的相互作用,例如,一对上下级。
- 群体(groups):群体层面的分析单位,例如,团队、群体效用(因变量),以及群体规模、结构或凝聚力(自变量)。
- 组织(qrganisations):公司或机构也是分析单位。通常关于自变量的问题是针对整个组织的,例如,经营战略或公司培训等。因变量通常在组织层面测量,如投资回报、人均受益、市场占有率等。在一些情况下,比起公司整体,公司内的事业部或者分支机构作为研究对象更合适。
- 行业(industries):变量在行业层面而非公司层面被测量。

近年来,多层次模型(multi-level models)在研究中的应用越来越流行。多层次模型意味着数据存在分层(嵌套)的结构。分层数据结构,通常由两层或多层组成,在组织研究中非常普遍。例如,一个较高层次指的是组织的团队,而较低层次可能指团队成员。在这个例子中,个人团队成员嵌套在团队之中。多层次设计使得跨层次分析成为可能。跨层次分析(cross-level analyses)检验的是不同分析层面的变量之间的关系(Klein & Kozlowski,2000)。例如,团队特点可以用来预测个人团队成员的绩效结果。传统的定量方法只能用来进行单一层面分析,不适用于多层次数据结构。目前,已有专用的统计方法可以检验多层次模型(如多层线性回归)。Klein 和 Kozlowski(2000)对组织研究中的多层次模型进行了精彩的易于使用的讨论。

(三) 研究的时间长度

1. 横截面

在横截面设计(cross-sectional design)的研究中,所有变量的所有数据在同一时间被收集。这些数据通常被称为同期数据(contemporaneous data)。因此,如果一个研究者在调研中测量培训与拓展的参与,同时测量如培训参与动机、组织培训政策、上级和同级支持、学习动机等自变量和其他控制变量,这就是一个同期的和跨部门的设计。

跨部门设计在内部有效性上是薄弱的。正如前文提及,内部有效性与最基本的"原因"是否引发"效果"这个问题有关。如果研究者发现培训参与动机和培训与拓展的参与在跨部门设计中有关,而两者之间可能并不存在一个导致另一个的关系。事实上,它们可能都是由第三个变量导致的。同样的,效果的方向也可能与研究者最初的假设相反。也可能是培训与拓展的参与导致了更强的培训参与动机。当研究者同时测量这两个变量时，他就无法得知哪一个是先于另一个发生的。因此，跨部门设计本身存在其内在的、固有的限制。无论研究者通过问卷还是其他方法进行数据收集，这一点始终是不可避免的。

2. 纵向/纵贯

在纵向设计的研究中，数据收集是介于一段时间的，通常在预示变量和被预示变量之间。因此，自变量预示着因变量。如果研究者测量一个时间点的培训参与动机（时间点1），然后测量后面某个时间点的培训参与（时间点2），他就能够通过培训参与动机预测那段时间内的培训参与程度。纵向设计被认为是有预测性的，因为研究者是在预测还未发生的事情。

（四）对照/比较的选择

为了验证研究的问题，研究者通常需要一个对照组（comparison group）。通过不同组别的对比，研究者能够更好地对结果进行解释。为了调研或访谈，研究者可能还需要比较基准（comparison norms）。如果没有这些比较基准，他只有绝对的测量，在有意义的总体中，可能无法确定什么是高、中、低。因此，对研究者而言，基准可以用来表明他的研究组别高于或低于基准水平。

（五）抽样

大多数研究都有可以应用其结果的、特定的群体。这可能是一个很大的群体（大学生）或者一个很小的群体（管理学学生）。研究者收集数据的样本，需要能够代表某个群体，这个群体是研究者希望其结果可以普遍使用的。样本的来源决定研究结果是否具有普遍性，这是研究的外部效度的重要方面。外部效度（external validity）指研究结果能够从当下的研究推广到其他人群或情境的程度。如果样本不具有代表性，研究者需要说明样本与群体的差异，或者论证为什么使用此研究方法（如意见领袖）。样本还需要有足够的规模，在定量分析中有足够的能力检测出关系。

总结

每一种研究设计都有其优缺点，最重要的是一定要进行研究设计，这样才能回答研究问题。因此研究者在进行信息或数据收集之前，应该准确地了解将要如何分析的数据。

五、选择数据收集的方法

（一）问卷和访谈

问卷（questionnaires）和访谈（interviews）的目的一般是了解受调查者对事件、话题或行为的想法和感受。作为研究技巧，它们可能被单独使用，也可以作为包含多种方法的研究设计（如案例研究）的一部分，以达到三角印证（triangulation）。

自填问卷（self-administered questionnaires）通常在相关性研究中被使用，其中邮寄问卷最常见。问卷是一种节省的、有效的、从大样本中收集语言信息（verbal data）的方法。根据其结构形式,当研究的目的在于通过定量数据分析研究问题或假设时,问卷是有所帮助的。

访谈的典型形式是面对面,电话访谈也很常见。有的访谈是有计划、有结构的,有的则没有。在结构化访谈(structured interview)中,研究者可能希望通过访谈获得对特定变量的测量。而非结构化访谈(unstructured interview)一般是自然的、解释性的、诱导的。和问卷一样,结构化访谈(也称标准化访谈)也是为了支持通过定量数据分析研究问题或假设的目的。半结构访谈(semi-structured interview)则介于两者之间。因此,访谈的结构与所研究问题的性质有关。如何选择接受访谈的人,取决于研究者进行推断的对象(即个人或组织),访谈也可能在小组中进行,如焦点小组(focus group)。

问卷和访谈中问题的设计需要以研究问题的理论框架为基础,同时每个问题的目的应当是清晰的。结构化访谈的问题通常和问卷的问题相似,强调封闭式(close-ended)的回答。但是,与问卷不同,结构化访谈还可能包括探索性的提问,以使受访者完成量表,以及对问题的澄清和确认。半结构访谈会同时用到封闭式(close-ended)和开放式(open)的问题,以及探索性问题,同时对问题进行澄清和确认。非结构化访谈则主要使用开放式问题、探索性问题(包括复合探究、反射探究和交叉校验等)、故事讲述以及语言线索(verbal cues)。因此,进行结构化访谈问题的设计,需要用到问卷设计的技巧。相对的,为了进行半结构化或非结构化访谈,建立和保持综合的人际间沟通能力更为需要。

访谈信息的分析与研究问题的方法和类型背后的理念是相匹配的,方法上从定性到定量都可能涉及。信度(获得真实的数据)和效度(测量真实的建构)的保证需要问卷和访谈研究中追求严谨性的实质性努力。作为研究中收集数据的方法,问卷和访谈的使用将在第 6 章有更详细的讨论。

(二) 文献与观察

文献分析(document analyses)涉及对各种文献,如会议记录、正式与非正式公司文件、报纸、个人发表物、日志、信件以及从讲述与履历中整理的文献进行研究。档案或公共记录也是文献的一部分,包括政府统计数据。文献是个人和群体在组织的各个层面进行交换与交流的永久记录。因此,文献分析为研究者提供了理解一个不同个人与群体如何解读组织生活的机会。文献可能被直接作为数据使用,也可能在访谈的预备阶段使用,或者对其他方法进行佐证。文献可能是定性的,也可能是定量的。如果文献受到保护,获取文献会成为一个障碍。然而,文献分析的优势在于使得研究者能够基于被调查者的语言、文字和方言获取数据,它们记录了不同子群与组织政治之间的交换,其收集是不受干扰和反抗的,而且进行编译的需要也很小。

应用历史文献分析的研究试图发现个体在过去建构其独特现实的方式。历史分析的目的在于检验过去人类的目的、决策和行为的含义以及价值是如何与现象和事件相联系的。文献分析,如访谈,究竟是定量的还是定性的,取决于研究问题的方法和类型背后的理念。

观察(observation)是系统记录所观察的行为和现象的过程。根据观察者在被观察对象中参与的不同程度,可以把观察分成非参与式观察和参与式观察两种极端情况。在参与式观察(participant observation)中,观察者努力将自己融入观察的情境当中,并通过与观察对象的互动实现的。在此期间,观察者有计划地记录详尽的观察笔记。参与式观察的优势在于:可以提供有关被观察对象的直接的、同步的信息,因为它提供了一个非事先谋划的真实环境之中,避免了事后文字描述对现象的扭曲。相对而言,其缺陷在于潜在的反应问题(如被观察者因知道自己处于观察中而表现出的自觉性或者顺从)、法律和道德风险以及研究者对其研究对象的过度识别问题(over-identify)。

观察也依据结构化程度有所区分。在非结构化观察中,研究者记录观察期间随时发生的任何事情,保持一个"连续的记录"。而结构化观察要求研究者对预期行为的类型进行事先的安排,观察过程中只需要将行为匹配到相关类型中。结构化观察的误差来源,主要包括反应效果(reactive effects)、观察者误差(observer error)和样本误差(sample error)。结构化观察通常被用在对行为的定量分析中。其信度可以通过若干个观察者评估,计算其观察结果一致的程度。更深入的文献分析和观察的描述将在第7章阐述。

(三)信度和效度

无论设计类型或数据收集方法如何,研究应用的测量应当是可信的和有效的。信度(reliability)关注的是变量的测量中有多少随机误差。效度(validity)则是研究者是否正在测量计划要测量的东西,即实际所测量的在多大程度上测量了研究者想要进行测量的东西。效度主要包括建构效度(construct validity)、标准效度(criterion validity)和内容效度(content validity)。信度与效度的相关内容将在第8章讲述。

(四)开发新量表

研究者经常使用多条目量表来测量复杂的建构。新量表的开发是一个高度复杂的过程。通常,完全开发自己的新量表对研究者来说并非明智之举,除非其建构没有现存的测量方法,或者他们的测量只是为了有效的量表提供补充。开发多条目量表以测量变量的步骤在第9章中有详细论述。

六、选择数据分析的方法

(一)定量分析的技术

1. 初步分析

初步分析(initial analyses)是定量分析中进行的预备期测试,为了检验数据的属性、分析技术潜在的假设、测量的信度,以及获得样本数据的描述性统计结果。与定量数据初步分析有关的内容讨论在第10章。

2. 多变量分析

多变量分析(multivariate analyses)技巧很实用,因为对数据进行同时分析,且控制其互相之间的影响。在分析数据时,研究者最初被建议在其讨论的话题上进行相似的研究,或者密切联系的,以观察哪些数据如何分析。这些技巧之后形成模型或者得到拓展。

多变量分析的示例包括：
- 多元回归；
- 调节作用或中介作用分析的多元回归；
- 逻辑回归；
- 结构方程模型。

这些多变量数据分析，将在第 11 章中有更详细的讨论。

（二）定性分析的技术

对于定性分析，已经存在着各种成熟的、可供使用的技巧方法。我们强调一种称为内容分析（content analyses）的方法，包括模板分析（template analyses）和编辑分析（editing analyses）。定性分析的专业技巧包括扎根理论（grounded theory）和模型修正（pattern patching）。还有一些基于计算机的方法，也能进行定性分析。这些方法将会在第 12 章进行详细讨论。

七、根据研究问题或假设解释结果

研究者根据研究问题或假设（如果有假设的话）对结果进行解释，是非常重要的。如果研究的确涉及假设，研究者需要检查结果，确定其是否支持假设。研究者还需要对比自己的研究发现和相关理论，并考虑其他可能合理的解释和无法预期的结果。第 11 章讨论了解释定量研究结果的过程，而定性研究结果解读方法的步骤在第 12 章中。

八、报告研究结果

研究过程的最后一步包括撰写研究发现，因此作者才能与更广泛的读者交流（例如，通过在学术期刊公开发表或者提交论文）。这是研究构成的关键阶段，因为一个设计巧妙、执行良好的研究可能会因为研究报告写得不好而大打折扣。报告应当遵守一个发表格式，例如，《美国心理学会手册》(*Publication manual of the American Psychological Association*，美国心理学会，2003)。典型的报告，其结构是按以下部分组织的：摘要（abstract）、引言（introduction）、研究方法（method）、结果（results）和讨论（discussion）。第 13 章将详细介绍撰写定量和定性研究报告的步骤。

九、结论

在进行研究之前，研究者需要理解整个研究过程，包括最后的撰写以及报告看起来应该是什么样子的。可能研究者需要解决的最重要的一个问题是提出一个合适的研究问题。这个研究问题可能随着研究过程的推移进行调整，但是它的形成才能有助于文献的阅读和回顾、特定命题的产生以及研究设计的实施。最初阶段的理解理论、过去的实证以及两者的批判，应当在实验设计之前进行。研究者的明智做法是将设计环节与概念阶段

（即构思阶段）分开。

一旦构思能够被确定，就有若干可以检验的研究命题。无论研究设计的方法是哪个，无论是定性或是定量，数据都应当是可靠的和有效的。在收集数据之前，研究者应当完全理解其研究方法。设计阶段的总体目标是产生一个可以解释的结果，并有足够的自信能以此回答最初的研究问题。分析的结果需要被检验是否支持特定的研究命题，并解释其具体含义。对结果的解释应该返回去重新关注理论和过去的研究，以便根据研究问题确定结果的含义以及结果对解决现实问题的贡献。

参考文献

American Psychological Association (2003). *Publication manual of the American Psychological Association* (5th ed.). Washington：American Psychological Association.

Creswell, J. W. (2003). *Research design—qualitative, quantitative and mixed method approaches* (2nd ed.). Thousand Oaks, CA：Sage Publications.

Edward, J. R. & Bagozzi R. P. (2000). On the nature and direction of relationships between constructs and measures. Psychological Methods, 5, 155-174.

Graziano, A. M. & Raulin, M. L. (1993). *Research methods*. New York：HarperCollins.

Jackson, W. (1988). *Research methods—rules for survey design and analysis*. Ontario：Prentice-Hall.

Klein, K. J. & Kozlowski, S. W. (2000). From micro to meso：Critical steps in conceptualizing and conducting multilevel research. *Organizational Research Method*, 3, 211-236.

Ray, W. J. (1993). *Methods toward a science of behavior and experience*. Monterey, CA：Brooks/Cole Publishing Conmpany.

Sekaran, U. (1992). *Research methods for business：A skill-building approach* (2nd ed.) (pp. 114-147). New York：John Wiley & Sons, Chapter 5.

Shadish, W. R., Cook, T. D., & Campbell, D. T. (2002). *Experimental and quasi-experimental designs for generalized causal inference*. New York：Houghton Mifflin.

思考题

1. 什么是研究问题？
2. 对过去研究的内容和方法批判包括哪些类型？
3. 什么是理论？
4. 什么是假设？
5. 什么是变量？
6. 什么是自变量、因变量、中介变量、调节变量和控制变量？
7. 什么是实证研究？
8. 为什么在社会学研究中因果关系很难表现出来？如何解决此问题？
9. 什么是研究设计？
10. 研究设计包括哪些类型？

11. 定量设计和定性设计的区别是什么？
12. 什么是个人、双方、群体、组织和行业层面的分析？
13. 为什么纵向设计具有预测性？
14. 简述定义数据收集的类型。
15. 如何解释研究结果？

第 2 部分
研究设计

第 2 章　实验和准实验设计
第 3 章　相关实地研究（调查）设计
第 4 章　案例研究设计
第 5 章　行动研究设计

管理研究方法
Management Research Methods

第二部分

研究设计

第 2 章

实验和准实验设计

学习目标

在完成本章的学习后,读者应该能够掌握以下几点:
- 比较和对比试验和准实验设计;
- 解释试验和准实验设计的目的;
- 论述试验和准实验设计的优势和劣势;
- 明确在管理研究中何时使用实验和准实验设计会更合适。

为了做实验来评估某一自变量对结果的影响,研究者需要选定正确的实验设计。Cook 和 Campbell(1983)以及 Shadish,Cook 和 Campbell(2002)已经提供了非常全面的、关于各类型实验设计的概括。下面将集中讨论其中几种主要的类型以及实验设计的应用。

一、主要的实验类型

不同的研究设计,研究者介入的程度是不同的(Sekaran,1992)。在一些研究设计中(例如,第 3 章相关性研究),当事件频繁(normally)出现时,研究者可能需尽可能少地去干预和研究它。同时,研究者可能也会干扰、操纵、控制、刺激实验情境。实验设计的特征,就表现为对自变量的操作和控制(经常也被称为处理或干预)。

从人为(如人造的)到非人为(如事件经常发生的自然环境)的研究背景,具体的研究设计都是不同的。人为的研究背景经常是那些实验室实验研究或是已经设定了具体实验条件的实地研究。在实验室进行的实验研究经常远离于现象发生的地方,而且研究人员在实验设置时尝试控制尽可能多的外来影响。

换句话说,人为研究背景提供了一个较高等级的研究者干扰。非人为研究背景主要应用于实地研究。在这一类研究中,允许变量以它通常的方式来发生变化,就像相关实地研究(correlational field studies)以及在组织中进行的案例研究一样。在实地研究中,也存在着人为干扰,但是跟实验室研究相比要少得多。一般而言,实验研究主要包括两种主要类型：真实验（指在实验室中进行）和准实验（指在实地中或是自然背景中完成的）。

（一）真实验

真实验可以定义为包含以下几点特征：

(1) 通过操作或干预使一个实验条件或实验组得以发生（例如，引入一个刺激量），这就是自变量；

(2) 一个控制组（或几个控制组）是不受实验处理；

(3) 在受控的情境下，发生的实验不受其他因素的影响，所以实验的操作就是操作唯一可变的因素；

(4) 将参加者随机分配至实验组和控制组；

(5) 自变量在引入实验处理后被测量，测量需同时包括实验/处理组和控制组以观察是否在实验组发生变化时，控制组无变化。

因此，真实验设计的核心特征就是操作和控制（Sekaran，1992）。真实验的本质要素就是要确保实验组和控制组中的案例要具有随机性。一个考虑周到的实验设计提供了被要求的控制，它能够使研究者有理由拒绝其他可能的解释，从而使研究者得到一个强有力的因果推论（Raulin & Graziano，1995）。真实验有很强的内在效度，即得出因果推论的能力。研究者通过控制除起因之外的所有变量，来达到这一目的，然后操作起因（cause）并将其引入实验当中使之发挥作用，最后再比较因变量的效果。Creswell（2003）提供了一个非常实用的实验设计过程的问题清单，这个清单大家将会在本章末的附录中看到。

（二）准实验设计

准实验设计同样为研究者提供了一个机会去评估干扰或处理的影响。但是，需要注意的是它们并不是真实验。准实验设计之所以不是真实验的原因是因为它们并不是在完全控制的环境下发生的。尽管研究者可能会操作自变量（实验处理），但仍然可能会存在其他不被实验所明确操作的因素，而这些因素可能会对实验产生影响。因此，操作只是有可能在准实验中发生（例如，组织中的实验）；但是，控制的程度要比真实验更弱。

不同于真实验，在准实验研究中，并没有把参加者随机分配到各组中（实验组 VS 控制组）；但是，实验参与者以其他原因进入实验组和控制组。例如，培训可能会根据时间交错安排，一些组会先接受培训，而那些后接受培训的小组就可以作为自然控制组，因为它们可以像实验组一样同时接受前测和后测测量。

准实验包含基本形式的实验，包括因果假设和一些操作类型，它们用以比较两种（或者更多）条件（Graziano & Raulin，1993）。当在组织中实施实验时，参加者经常不能被随机分配到实验和控制组中。在这类研究设计中，研究者也会对一些产生影响的变量做出控制，但是并没有像真实验中那么高的控制程度。结果就是，准实验可以得出因果推论，但是不具有真实验那样相同程度的置信度。当真实验在实际和道德方面无法处理时，准实验就显得更加有用。准实验设计有很多类型，如非等效控制组设计（non-equivalent control group designs）、间歇时间序列设计、可逆设计、多基线设计、单一研究主体设计等。

例如,某个研究者想知道民主领导是否要比独裁领导更加有效。在这个研究中,一个小组用独裁的决策方式(所有决策都由领导做出),另一个小组用民主的决策方式(决策由小组做出),还有就是放任自流型小组(领导不参与决策的制定),其他组只是被告知完成决策任务(真控制组)。在该试验中,最后两组应被考虑设为控制组或是比较组。如果民主决策方式有效,决策产出相比其他三组应该要更高。

二、常用的实验设计

(一)单一实验组前测-后测设计

有些作者不能将单一实验组前测-后测设计与准实验设计区分开来,因为该实验设计并不包含实验组和控制组。Creswell(2003)将这一实验设计视为"前实验",因为它在因变量方面没有提供可以与实验组相对照的控制组或是对照组。在此实验中,给一个组进行前测(如监管行为),再进行处理,然后再执行后测(监管行为)以测量处理的影响(Sekaran,1992)。测量实验处理的影响是通过检查前测和后测的不同进行的。表2.1提供了有关此设计的概括。在表中,X代表了用某一实验变量去影响一个实验组,这中间产生的影响是需要进行测量的;O代表了测量值;相同行的X_S和O_S应用于同样的人群,不同行的X_S和O_S应用于不同的人群,但它们是同时发生的。

表 2.1 前侧-后侧实验设计

分组 (Group)	前测分数 (Pre-test score)	施加影响 (Treatment)	后测分数 (Post-test score)
实验组	O_1	X	O_2

影响效果=(O_2-O_1)

虽然这一设计得到了广泛的应用,但由于任何因素都可以引起因变量发生变化而显得解释力不足。如果已经把某一变量包含在实验中,那么它会对控制组产生影响。

(二)随机前测-后测实验组和控制组设计

这个经典实验设计有实验组和控制组,它们共同对因变量进行前测和后测测量。它之所以是真实验是因为将实验对象随机分配到实验组和控制组。随机性确保了实验组和控制组对于实验处理的同等优先权,至少包含了有限的随机误差。有了随机性,观测的影响可以归因于自变量的操作(例如,干扰的影响),并且排除了那些可能影响结果的其他因素。两个组之间唯一的不同就是其中一个接受了实验处理而另一个没有。测量两个组前测和后测的不同,并且通过比较来检测实验处理是否起到了影响。例如,在因变量中,实验组比控制组应该有更大的增长。表2.2中所展示的随机性前测-后测实验组和控制组设计不但有解释力,而且在由自变量引起的影响方面可以做出很强的因果推论。

表 2.2 随机预实验后测试实验和控制组设计

组别	前测分数	施加影响	后测分数
实验组	O_1	X	O_2
控制组	O_3		O_4

影响效果 = $(O_2 - O_1) - (O_4 - O_3)$

（三）非等效前测-后测控制组设计

如果各组中不存在随机分配，表 2.2 中的设计就变成非等效控制组设计。作为一个准实验设计，非等效前测-后测控制组设计并不像那些随机分配已经发生的研究那样好理解。不像真实验设计用的是随机分配，非等效前测-后测对照组设计用的是自然发生的或完整的组。如果实验组符合相关特征（通过分层法或其他方法对样本进行分组）并分解为实验组和控制组就可以加深我们对它的理解。非等效前测-后测对照组设计的核心问题是实验组和对照组对于实验处理和干扰不具有同等的优先级。

例如，研究者可能想要了解绩效反馈程序的引进是否影响员工对于反馈的感知以及是否能提高员工绩效。这就是一个准实验的例子，由一个首席作者在澳大利亚的一个大的政府部门进行的。在这个准实验中，研究者对接受绩效反馈程序（实验处理/影响）的人（他们已被评估）和没有接受绩效反馈程序且没有进行绩效反馈的人（未被评估）进行随机抽样。因变量（例如，反馈的有效性，反馈的满意度，绩效提升）的测量应分别在针对实验处理组的程序引入之前以及之后进行。作为控制组，它不引入任何处理，而仅仅是在实验前后对变量进行评估。研究者可能采取这样一种交错的方式，即实验组先接受影响/处理，控制组随后再接受影响/处理。

一般来说，这些组不需要来自一个地方，实验组和控制组中的个体可以分布于某一国家中的特定组织。研究者同样可以经常测量自变量（所给反馈的数量，监督行为等）以决定自变量是否起作用或真正发生变化了。被认为接受绩效反馈的人，可能会经常报告说他们并没有收到任何绩效反馈。同时，在测量中同样需要考虑个体的特征，以便确保对照组和实验组在某些方面没有差异，而这些差异可能会影响结果（例如，工作种类、管理层级或是教育水平等）。

研究者可能想评估一线监管培训和开发项目是否有作用。为此，他们随机分配人员至培训程序组和控制组，并且在培训之前和之后测量领导风格（Tharenou & Lyndon, 1990）。这就是一个真实验的例子。在这个例子里，把监管者随机地分配至实验组和对照组。在实验组接受实验前，可以对实验组和控制组中的因变量（监管行为）进行测量（前测）。然后，在实验后再次测量实验组和控制组的监管行为（后测）。如果监管行为如期地发生了改变（在这一案例中就表现为更多的思考和更加体系化），就可以认定培训项目起到了作用。

当然，在实践中存在着许多可以用来提高非等效前测-后测对照组设计的方式。其中一种，是研究者通过采用双前测方式来改进实验设计，即参与者接受了两次同样的前测。（观察间隔最好是等同的）多的这一次前测可以使研究者检测像成熟度这样的偏差。如果实验组和控制组有着不同的成熟度,就可以从两次检测中存在的差异中看出来。另外一种方法,就是研究者通过"转换复制法"来改进前测和后测实验组、控制组设计。该方法一般有两个阶段,实验设计的第一阶段中,需要同时对实验组和对照组进行前测;然后,其中一个组接受实验处理并接受后测;在设计的第二阶段中,最初的控制组接受实验处理,同时将最初的实验组视为控制组。这一方法的一个优点,是研究者能够决定原始的控制组在接受实验刺激后能否达到和实验组一样的效果(Shadish, Cook & Campbell, 2002)。因为实验组和对照组都接受了实验刺激,潜在的社交威胁(如补偿行为)就减少了。从道德角度来看,这也是公平的,因为所有参与者都接受了实验。同样地,因为进行了两次独立进行的实验处理/干预,外部效度也得到了增加。

(四)间歇时间序列设计

间歇时间序列设计包含多重前测和多重后测。这个设计的逻辑基础,是如果处理和干预有效,那么前测观察的斜率和水平将不同于采用实验处理/干预后的观察(Shadish, Cook & Campbell, 2002)。换句话说,如果实验处理有效,那么处理前和处理后所做测量的回归线就会出现"间断点"。该设计的优点之一,就是它控制了平均的回归(初始测试的极值)。因为有多重比较点,研究者可以检查任何对平均回归的影响。

简单的间歇时间序列设计需要有一个单独的组,需要在实验干预之前和之后对其进行多次测量。但是,也有大量不同类型的间歇时间序列设计。事实上,Cook 和 Cambell (1997)已经列出了六个变种。其中一种,就是间歇时间序列与非等效非处理比较组设计,详见表 2.3。

表 2.3 间歇时间序列与非等效非处理比较组设计

	前测值	前测值	前测值	处理	后测值	后测值	后测值
实验	O_1	O_2	O_3	X	O_4	O_5	O_6
控制	O_7	O_8	O_9		O_{10}	O_{11}	O_{12}

间歇时间序列设计的改进,即对简单的间歇时间序列设计的改进,就是包括了允许研究人员控制历史影响的控制组或对照组。这么做的原因,是对于实验组中的因变量产生影响(增加或减少)的历史事件,同样会对控制组中的因变量产生相同的影响。虽然历史事件威胁的可能性仍旧存在,但这个偏差对于实验组是独特的。研究者在检测成熟度影响时,同样也可以运用这种设计方法,具体的方式就是检验每一组在实验之前的变化是否表现出"等效比率"(Shadish, Cook & Campbell, 2002)。

三、结论

无论是在实验室进行还是在实地进行,实验设计都是用来检验因果关系的。它们有很强的内在信度——得出因果推论的能力。为了实现这一目标,主要是通过先控制除了起因之外的所有变量的影响,进而对起因进行操控,并将其作为实验处理变量,进而比较其对于因变量的影响（效果）。研究者所比较的是实验组中的因变量改变和控制组中的因变量改变（控制组不进行任何操控）。实验的主要特征就是控制和操控。由于实际操控和道德方面的原因，真（随机的）实验往往很难在组织环境中进行。相应地，非等效前测-后测对照组设计是经常使用的准实验设计，它使研究者可以检测实验处理/干预是否有作用（如实验组中的因变量比控制组中的因变量有更大的增长）。对上述方法的修正和扩展，如双前测法和转换复制法往往可以有效地改进实验设计。使用间歇时间序列设计的研究包括几个在实验处理/干预之前和之后的观察。简单间歇时间序列设计包括一个单独的组来观测实验处理/干预之前和之后的多重情况。但是，通过对实验设计增加非等效非处理比较组，研究者往往可以有效地控制历史事件和成熟度的威胁。

参考文献

Cook, T. D. & Campbell, D. T. (1979). Quasi-experimentation: Design and analysis for field setting. Chicago, ILL: Rand McNally.

Cook, T. D. & Campbell, D. T. (1983). The design and conduct of quasi-experiments and true sxperiments in field settings, In M. D. Dunnette (ed.), Handbook of industrial and organizational psychology(pp. 223-326). New York: John Wiley & Sons.

Creswell, J. W. (2003). Reseach design-quantitative, quantitative and mixed method approaches(2nd ed.). Thousand Oaks, CA: Sage Publications.

Fife-Schaw, C. (2000). Quasi-experimental designs. In G. M. Breakwell, S. Hammond, & C. Fife-Schaw (eds.), Research methods in psychology(2nd ed.)(pp. 75-87). london: Sage publications.

Graziano, A. M. & Raulin, M. L. (1993). Research methdos. New York: Harpercollins.

Raulin, M. L. & Grazianl, A. M. (1995). Quasi-experiments and correlational studies. In A. M. Coman (ed.)Psychological researcher methods and statistics(pp. 58-77). London: Longman.

Sekaran, U. (1992). Research methods for business: A skill-building approach. New York: John Wiley & Sons.

Shadish, W. R., Cook, T. D., & Campbell, D. T. (2002). Experimental and quasi-experimental designs for generalized casusalinference. New York: Houghton Mifflin.

Tharenou, P. (1995). The impact of a developmental performance appraisal program on employee perceptions in an Australian agency. Group and Organization Management, 20, 245-271.

Tharenou, P. & Lyndon, T. (1990). The effect of a supervisory development program on leadership style. journal of BUSINESS AND Psychology, 4, 365-373.

思考题

1. 实验是什么？有哪些不同的类型？
2. 什么是真实验？主要特征有哪些？
3. 什么是实验现场研究？
4. 什么是准实验？与真实验有什么不同？
5. 现场研究中常用的实验设计类型有哪些？
6. 什么是单一实验组前测-后测设计

7. 为什么单一实验组前测-后测设计是解释力不足的设计？

8. 什么是随机前测-后测实验组和控制组设计？什么是非等效视角？它是如何与真实验相区分的？

9. 为什么非等效前测-后测控制组设计是解释力较高的实验研究设计？

10. 有哪些改进的方法可以用来改进非等效前测-后测控制组设计？

11. 什么是间歇时间序列设计？间歇时间序列与非等效非处理比较组设计与简单间歇时间序列设计相比有什么优点？

12. 在什么样的真实生活情境下通过实验来评估自变量是否导致因变量是最好的方法呢？请解释一下这个情境。

附录：设计实验过程的问题清单

1. 研究对象（subjects）是谁？这些对象属于哪一类人群？

2. 如何选择研究对象？是否使用随机方法？

3. 如何随机分配研究对象？他们是否匹配（如在前测阶段运用某个特定变量来测量，然后根据在该变量上的得分将其分配对特定的研究情境中去）？又如何匹配？

4. 在实验组和对照组中各有多少研究对象？

5. 在研究中什么是因变量？如何测量？需要被测量多少次？

6. 什么是处理/影响条件，即在该研究中自变量或影响因素是什么？如何对其进行操控？

7. 实验中的变量是共变量（co-varied）吗？如何测量它们？

8. 使用什么样的实验研究设计？研究设计模型直观看起来像什么？

9. 研究中，在测量结果时（即因变量）需要使用什么工具？为什么选择这一工具？谁开发了这一工具？它是否具备效度和信度？在使用时需要寻求许可权吗？

10. 设计程序的步骤是什么？例如：

(1) 将研究对象随机分配至各组；

(2) 收集人口统计信息；

(3) 进行前测；

(4) 进行实验处理；

(5) 进行后测。

11. 实验设计和程序中对于内部效度和外部效度存在着什么样的潜在威胁？如何处理它们？

12. 对于实验是否需要进行预测试？

13. 在数据分析中，需要用什么样的统计数据（如描述性的和多元的）？

资料来源：J. W. Creswell, *Research design—qualitative, quantitative and mixed methods approaches* (2nd ed.), p. 163. Copyright 2003 by Sage Publications, Inc. Reprinted by permission of Sage Publications, Inc.

第 3 章

相关实地研究（调查）设计

> **学习目标**
>
> 在完成本章的学习后，读者应该能够掌握以下几点：
> - 描述相关实地研究（调查）设计；
> - 列出相关实地研究（调查）的主要特征；
> - 比较相关实地研究（调查）的优缺点；
> - 描述相关实地研究（调查）设计是如何实施的；
> - 如何在实践中克服相关实地研究（调查）设计的劣势；
> - 解释理论基础对于相关实地研究（调查）设计的重要性；
> - 解释为什么在相关实地研究（调查）设计中使用控制变量、中介变量、调节变量，并且这些变量是如何克服设计的局限的
> - 列出克服相关实地研究（调查）设计中主要问题的方法。

一、相关实地研究（调查）

在管理学研究中，一种最常用的研究设计就是相关实地研究（调查）。其中，相关实地研究也叫调查研究或是非实验设计。相比于"调查"，本书更喜欢用"相关实地研究"这样的术语，因为"调查"通常是与问卷相联系的。从历史观点上来说，相关实地研究通常包括（邮寄）问卷的整套管理过程，以便收集数据来检验某一研究问题和/或特定的假设。但是，相关实地研究也可以在任何数据收集技术（包括访谈，面对面访问和电话访问）和观察中加以应用。它们都是研究设计中的一种，而不是数据收集的具体工具。

相关实地研究（调查）经常需要测量几个自变量和一个或多个因变量、控制变量以及其他变量（如调节变量和中介变量）。与实验设计不同，相关实地研究（调查）不太能够得出较强的因果推论，它的解释实质上多是相关性的。换句话说，相关实地研究（调查）的目的，就是估量自变量和因变量之间的关系程度（相关性）。所选出来的变量，也是用来帮助回答研究问题或检验假设。而且，所被选出的变量常常是基于一个理论或一些理论，这些理论有助于解释我们想要检测的问题。

在相关实地研究(调查)中,经常运用多元分析来检查自变量和因变量之间的关系(关联)。在缺少实验控制的情况下,多元分析实际上提供了相应的统计控制。在相关实地研究(调查)中,因变量和自变量都存在于实地中(经常是组织中),并且是在没有人为干扰的情况下进行测量的。因此,相关实地研究(调查)使用的是有着更少研究者污染的、非人为设置方法(Sekaran,1992)。例如,研究者可能想要知道组织承诺是否与离职意向相关联,于是就可以选择相关的大样本,并去检测参与者的组织承诺(控制变量和其他预测量也需要考虑进来)与他们的离职意向之间的关系。

总之,Mitchell(1985)认为,相关实地研究(调查)的特点主要表现在以下几方面:
- 目的在于测量因变量和一些自变量之间的关系;
- 使用问卷(或其他数据收集方式)去测量变量;
- 在实地中进行(例如,某一组织);
- 自然且人为干扰有限;
- 没有进行操控;
- 得出关联(关系)的推论。

(一) 何时使用相关实地研究(调查)设计

一般来说,相关实地研究(调查)非常适合在特定的情况下加以使用。例如,这种研究设计经常用于以下几方面:
- 不仅可以检验包含自变量(影响)和因变量(结果)的理论,还可以检验包括调节变量(某一关系存在下的条件)或者中介变量(传递介质)的理论;换言之,不仅可以检验自变量和因变量间的直接关系,还可以检验差别的预测和可替代的解释;
- 检验基于大样本的人群的假设/研究问题;
- 检查真实生活设置并让人们(如雇员)面对那些每天都会遇到的情景;
- 检查因变量和每个自变量间关联的程度;
- 概括结论,被选出来的大样本可以代表特定的、预定人群;
- 当有扎实的文献基础(如理论与实证研究)时,从中选择在调查中测量的变量以检验问题;
- 评价一些变量(如自变量)影响的同时考虑其他变量(如个体的人口统计资料或组织特征)。

(二) 相关实地研究(调查)设计中的问题

Mitchell(1985)列出了与相关实地研究(调查)设计相联系的一些问题:
- 使用不可信的测量方法;
- 使用低说服力的统计测试(如小样本、较差的测量指标、过多的变量);
- 不充分并且规划不当的样本设计(如便利样本);
- 使用了没有前测的测量工具;
- 由样本归纳出了不正确的结果;

其他问题还包括:

- 截面数据(所有数据收集都在一个时间点内完成);
- 像社会赞许反应、共同方法方差(变量的相关性是源于它们是用共同的方法进行测量的,我们将会在后面章节详细解释)以及默认反应等潜在的方法问题。

二、可解释的/严格的相关实地研究(调查)的特征

如果相关实地研究(调查)以严格的方式进行,那么它就是有效的、可解释的。为了进行一项稳健的、可解释的相关实地研究(调查),一般需要遵循以下步骤:

(一) 基于坚实的理论基础选择被测量的变量

相关实地研究(调查)需要基于一个或多个理论。一个理论是一系列概念/变量之间的内在联系,它通过说明变量之间的联系来阐述对于某一现象的系统观点,其目的也是为了解释现象(Creswell,2003)。系统观点可以是一个论据或一个基本原理,它可以帮助我们解释那些发生在现实世界中的现象。理论解释了变量为什么以及如何提供对某一现象的解释。将自变量,中介变量或调节变量以及因变量相联系以形成有关于关系类型(例如,正相关、负相关或无关)和关系大小(例如,弱相关、中等相关或强相关)的研究问题和研究假设。理论经常是一系列逻辑的表述,它展示了变量的因果顺序。

在相关实地研究(调查)中,往往需要演绎性地应用相关理论以便对理论或假设进行检验(得到的结果也有可能说明理论是错的,或是需要修改的)。根据于自变量、因变量以及其他变量所收集的数据,可以用来检测理论。通过研究结果,既可以证实理论,也可以驳斥理论。其中,理论是研究的框架,它把研究问题和研究假设、数据收集和分析程序等有机地组织起来。因此,研究者对于理论、假设和研究问题的检验都来源于理论,操作化概念或变量也来源于理论,并且用理论中的工具去测量变量。理论引出了研究问题和假设,同时也在实证研究中得到了发展。通常先提出假设,这些假设说明了表示两个或更多变量之间的关系的陈述。

(二) 因变量和自变量的测量

相关实地研究(调查)总是包括对因变量和自变量进行测量,然后去研究它们之间的关系。因此,研究者可能想了解参加培训的动机(又称培训出勤率动机)与实际参加培训活动之间的关系。为此,研究者可以使用多项目量表来测量培训出勤率动机(自变量)。同样,也可以测量员工在确定的时间段内参加培训活动的次数(因变量),这也可以通过多项目量表来测量(例如,每一个参与者参加内部培训课程、外部培训课程以及相关会议的平均次数)。

(三) 控制变量的测量

一项设计较好的相关实地研究(调查)还应该包括控制变量的测量。这是因为自变量和因变量之间存在的、独特的、未受其他因素影响的关系,需要由统计分析来判定。为此,需要测量控制变量对因变量的影响,并且将控制变量的影响从中予以剔除。这样,自变量的独特影响就可以得到确认。因此,研究者需要决定除了自变量以外,还要找出可以影响

因变量的其他因素,并且要去测量这些控制量。它们的效应是受统计上被称为排除(partialling)过程的控制(如果只有一个自变量就用偏相关;如果超过一个自变量就用多元回归)。

仍然拿前面的例子来说吧,为了确定培训出勤率动机对于实际参加培训活动的独特影响,一些个体的和组织层面的变量就成为需要进行排除的控制变量。其中,控制变量可能包括个体方面的人口统计变量(如年龄、教育水平、性别、婚姻状况)和工作方面的人口统计变量(如就业差距、公司任职、职业类型、全职和兼职地位对比、正式工和临时工对比、组织规模、公共部门员工和私营部门员工对比等)。在研究中,需要对这些变量进行测量,因为参与培训的动机对实际参与培训活动的影响可能会受上述这些控制变量的影响。因此,我们需要将这些变量的影响从研究中予以排除。此外,有研究表明:年轻员工往往要比年龄稍大的员工更容易得到培训机会,这是因为对于雇主来说,培训年轻员工往往意味着会有更高的投资回报率;全职员工和永久雇用员工要比兼职以及临时工接受更多的培训,这是因为雇主可以更容易地收回培训成本。同样地,职业的技能水平也需要加以测量。像管理者和专家那样有着高技能水平职业的人,往往要比像销售和服务人员、职员、半技能或无技能员工等有着较低技能水平职业的人更有可能接受较多的培训,这是因为给予高产出的技能性员工更多的培训,往往会带来更高的投资回报率。类似地,那些在公共部门工作的员工往往比那些在私营部门工作的员工更频繁地得到相应的培训,因为公共部门比私营部门有更多的财政资源,并且较少受到经济低迷时期的影响。同理,大组织要比小组织给员工提供更多的培训机会,因为他们可以从中获得规模效应。

(四) 多元自变量的测量

在相关实地研究(调查)中,经常会有一个以上的自变量,研究者也很有兴趣去检查这些变量。这中间主要兴趣是在自变量和因变量之间的联系,但同时自变量之间的关系也需要被评估。如上面提的例子,除了参与培训动机,有利的组织培训政策、管理者对于参与培训的支持以及员工的学习动机都可能有能力预测培训课程参与度。这些变量是与研究者需要测量的控制变量相区分开的。那是因为有多元的自变量的研究被称为多变量研究。研究者需要测量每一个自变量并且检查每一个自变量与因变量之间的关系。此外,研究者还想了解每一个自变量与因变量是如何独特的联系在一起,这是为了可以用多元回归分析去检查这些特殊的关系。

(五) 理论需求中所包含的中介变量或调节变量

相关实地研究(调查)同样也需要去评价和检验不同类型的关系。理论可能表明存在着中介变量或调节变量。研究人员可能希望去测试那些理论上有意义关系来改进某一理论。因此,研究者会测量像中介变量和调节变量那样,可能会影响自变量与因变量之间关系的其他类型的变量。

1. 中介变量

中介变量是那些在自变量和因变量之间起干预作用的变量,它传递了自变量对因变量的影响。有一项特殊类型的分析可以用来判断什么样的变量起到中介作用,我们将会在第 11 章中详细叙述。简而言之，中介变量解释了从自变量到因变量的过程是如何引起的。

2. 调节变量

调节变量即影响（调节）了两个变量之间关系的强弱或方向的变量。因此，自变量和因变量之间的关系可能会根据其他变量（调节变量）而以系统性的方式改变，这也被称为交互影响。例如，在工作不满意度和旷工之间关系的研究中，我们发现女性要比男性更加显著。通常情况下，男性如果对工作不满并不会直接导致旷工行为的发生；但对于女性而言，如果她们对工作不满会直接体现在旷工上。因此，性别就是调节变量。自变量和因变量之间的联系会随着调节变量的变化而不同。所以，调节变量解释了某一关系什么时候或什么情境下存在的问题(Lindley & Walker, 1993)。

（六）运用纵贯设计（而不是截面设计）

在相关实地研究（调查）中，相比截面设计而言，研究者往往更喜欢用纵贯设计方法，因为纵贯设计法往往可以更有效地让研究者进行预测。强化截面相关实地研究（调查）的一种方法，就是在检测中包含很强的理论基础。理论解释了"为什么""如何"以及"什么导致什么"。如果有理论逻辑为基础去探讨中介变量或调节变量的影响，往往可以强化研究者在截面相关实地研究（调查）中的解释力，因为他已经提出了非常具体的关系模型——除非理论正确，否则这种关系可能是很难获得的。

一项好的相关实地研究（调查）设计是纵贯设计，研究者可以观察到自变量是否可以真实地预测因变量。纵贯数据在对预测变量（自变量）和被预测（因变量）变量进行测量时中间是有时间间隔的。纵贯设计要求对相同的变量重复地进行数据收集，这就使研究者可以检测相反的影响。例如，研究者可能想检测不满意度是否引起参与者的缺席，还是因为缺席而导致不满意。在这个例子中，研究者对时间 1 和时间 2 下所有变量收集了重复的数据，然后运用交叉滞后回归系数检测相互之间的关系。即使这样做能够解决暂时先后次序的问题，但由于缺少实验控制，它仍旧很难从纵贯实地研究中得到很强的因果推论。

（七）使用具有效度和信度的测量指标

管理研究者需要测量相关的概念/变量。所以，研究者需要使用效度测量以测量他们想要测量的变量（例如，工作满意度量表是否真实测量了工作满意度，而非组织承诺）。一项测量需要同时具有信度，这意味着它不应该包含有测量偏差。这方面内容我们将在第 8 章中详细介绍。

（八）选择回答问题的样本

抽样包括从总体中选择个体（members）/单元（如个体、成对、小组、组织），以使样本代表总体。如果样本是具有代表性的，研究结果就可以推广至总体，这也是外部效度的一个重要方面。主要有两种类型的抽样方法，即概率抽样和非概率抽样。当采用概率抽样的方法时，研究的外部效度（普适性）会更强。

在概率抽样中,总体中的每个要素都是已知的,并且都有非零的机会被抽到。为了使用概率抽样,研究者需要能够列出总体中所有的要素并从中得到样本(样本框)。概率抽样方法包括简单随机抽样、系统抽样和分层抽样。在选择用哪种方法时,研究者因视情况而定,考虑像研究问题本质、有效的样本框、总体是如何分布的以及时间和成本这样的因素。

在简单随机抽样中,总体中的每一个要素被抽中的概率完全随机;因此,它们被抽中的概率也完全相同。此外,在随机抽样中,参与者的选择是独立的,这就意味着:任何被选出来的参与者,对于包含或排除其他总体要素的样本来说都是没有影响的。对于小的随机抽样来说,要素是随便选择的;但是,对于大的随机抽样,通过使用随机数字表来选择要素。

一个可供选择的非概率抽样方法是系统抽样。系统抽样与简单随机抽样比较像;但是,与研究者在简单随机抽样中从表中随机选取数字不同,在系统抽样中,研究者系统化地从样本框中选择完整名单中的第 N 个要素组成样本。例如,研究者可能想从由 50 000 家公共企业的名录中选择 500 家作为样本。他就可以在名录中每隔 100 家公共企业选择一家来组成样本(总体数量除以要求的样本大小),这里的 100 就是样本间隔。研究者可以从 1~100 中随机选择一个数作为开始,或许一开始选的是 57,那么就需要接着选择 157、257 并以此类推,直到 500 家企业全部被选出。虽然此方法在管理研究中并不常见,但它确实存在序列偏差的可能性。当名单中的名字是根据某一模式排列,并且该排列与样本间隔相匹配,那么这个偏差就更容易发生。例如,名录里的公共企业可能是根据企业规模或盈利额来排列的,以此选出的以第 57 家开始企业以及之后每隔 100 家选出的样本就有可能引入抽样误差。

在分层抽样中,总体被分为互斥的不同子组或层(例如,年龄、性别、职业类型、管理层级),随后,研究的主体随机从每一个层中选出。分层抽样是成比例的,层级的大小是与子组在总体中的大小相对称的。它也可以是不成比例的,在这种情况下,特定子组是被"过度抽样的",这么做主要是为了在每一层中提供充分的数量。当每一层的主体是同质的,并且与其他层中主体不同时,分层抽样会更加正确。

和概率抽样工具不同,在非概率抽样中,研究者并不知道任何选作样本的特定总体要素的概率。因此,如果研究者使用非概率抽样,与概率抽样相反,他有很大概率从研究的总体中选择一些特定要素。主要的非概率抽样工具的类型包括就近抽样、配额抽样、判断式抽样和滚雪球抽样。

就近抽样也称意外或偶然抽样,研究者根据它们的可获得性选择主体。虽然就近抽样可能以低成本的方式提供较大的样本,但研究者需要注意通过该方法去概括总体是很难的,因为无法保证样本的代表性。在报纸上刊登广告用于邀请参与者参加研究,让学生、同事或朋友来完成调查,或者在网络上发放调查问卷,这些都是就近抽样的例子。虽然就近抽样的使用很普遍,但最好是将其用于探索性目的上,例如,去前测或适用一个新的测量。

另一种非概率抽样工具是配额抽样。在配额抽样中,研究者非随机的选择参与者一直达到提前决定的配额。与成比例的分层抽样相似,配额抽样需要研究者确保它的样本能够在某些特征上反映总体特征。因此研究者首先要识别层或子组以及它们作为代表总体而需要的比例。但是，和分层抽样中主体是从每层随机选择的不同，配额抽样用的是就近抽样的方法。

判断式（目标式）抽样选择观察样本的方式是以个人的判断为基础的，这里的判断即考虑被选作研究对象的研究主体所需要具备的特征。因此，在判断式抽样中，研究者或资深的学者需要对目标总体有很好的认知。判断式抽样用于探索性研究的初期，或者如果研究者需要获得一个用于筛选的偏见组时是最正确的（Cooper & Schindler，2003）。

在滚雪球抽样中，研究者首先抽取一小群在研究中满足入选标准的人（例如，目标总体中认识的人），然后让他们识别其他满足研究标准的人。这些后续的受访者再去识别其他人并以此类推。目的就是让初期较小的样本滚雪球似的较大的样本。当目标总体较少并且无法访问时（很难定位或招募），用滚雪球抽样是正确的。

1. 类型

事实上，有些抽样可能并不允许研究者测试正在寻求的关系。例如，家庭角色是否会影响男性和女性的收入，研究者就需要利用私人部门而非公共部门，因为前者的收入水平更有可能是由雇主决定的。在公共部门中，工资收入大多是严格固定的。同样，由于社会刻板印象，如果他是一名管理者，那么"传统家庭男性"就会得到很高的工资，而如果是雇员就可能不会。因此，研究者总体上需要管理者的抽样，而非员工的抽样。

2. 样本规模

研究者往往需要大样本，以确定这两个或两个以上变量的相关程度。例如，研究者想要检测组织承诺增加是否会减少离职意愿。该研究需要包括高组织承诺和低离职意愿的人、中等组织承诺和低离职意愿的人、公平的组织承诺和合理的离职意愿的人以及低组织承诺和高离职意愿的人，并且所有变量都处在一个连续体中。一般而言，大样本往往能够有足够的统计效力来检测特定的定量关系，而这是小样本所不能做到的。Mone、Mueller和Mauland（1996）总结到小尺度效应通常是管理学中的常见之事，在心理学研究中也是如此。通常，在社会科学中的小尺度效应（弱影响效应）往往意味着要采用大样本，以便获得足够的统计效力去发现变量之间的关系（详见本书第10章）。

（九）数据收集的效度类型

1. 客观、确凿的数据和主观数据的比较

当进行一项相关实地研究（调查）时，如果变量在本质上是客观的，那么用客观的方式测量是最好的。主观数据意味着所测量的是一种感知，而所谓的"硬"数据是指变量是用客观方式来测量的。如果某一研究者正在测量促销，那么最好是通过企业的内部记录来收集相关数据（如果企业记录这些数据并且记录正确的话），而不是询问受访者他们多久会面临着企业的促销，特别是通过评分量表（Krosnick，1999；Schwarz，1999）。但是，与此相对，有些变量（如组织承诺）则只能用主观的方式来测量，因为它们是一种态度、意见、信仰和感知，因此并没有客观的测量指标。

例如，人们所能记起的上班缺勤次数，往往与他们实际缺勤次数具有很低的相关性水

平。其中,后者可以通过企业的内部记录来获得。所以作为因变量的缺勤次数实际上是可以从公司内部记录获得的,因为任何组织可能都会出于支付工资的需要而记录所有员工的缺勤情况。总之,由于人们经常会故意曲解自陈式报告中的缺勤次数,所以缺勤次数应该从企业内部的记录中获取,而且是应该作为客观数据来加以测量和反映。

有很多概念是由"硬数据"来测量的,其中包括像组织绩效(可以从企业报告中获得)、人力资源管理政策、晋升、管理层级、工资(可以从公司报告中获得)、组织规模或行业类型(从公司报告中获得的准确描述该公司的信息)这样的因变量。由于组织绩效在管理研究中是一个经常被研究的因变量,所以下面就以它为例来加以说明。大部分公司年报(保存在光盘中或可以直接从公司获得)都提供了组织绩效的测量指标(如投资回报率、资产回报率、所有者权益、流动比率以及净利润),这些一般都是正确的并且是易于获得的。

单个企业的数据也可以从证券交易所和其他公共来源(如像"Jobson在线"这样的电子数据库)来获得。但是,就如Agle、Sonnenfeld和Srinivasan(2006)所指出的,在测量组织绩效中经常也会出现一些问题。通过对领导魅力研究的回顾,他们发现关于组织绩效已经存在了三种不同的测量指标,而正是对不同测量指标的应用,可以在一定程度上解释为什么最终导致了不一致的研究结论。

例如,Tosi、Misangyi、Fanelli、Waldman和Yammarino(2004)在测量组织绩效时使用的是基于市场(股东回报)和基于财务(资产回报)的测量指标,收集的是过去五年的数据并且按年份对绩效指标分行业进行了标准化的处理(把每家公司每年的绩效测量指标进行了标准化转换,即基于每个行业中所有公司的均值和标准差计算出了标准化之后的绩效指标值)。然后,作者对上述两种绩效进行了独立的分析。正如Tosi等人所指出的,这两种测量指标往往很难表现出内敛效度,无法用来测量相同的组织绩效建构。

再如,Waldman、Ramirez、House和Puranam(2001)在测量组织绩效时使用的是经过行业调整后的净利润(NPM)。从特定企业的NPM(净收入除以销售额)中减去行业平均的NPM,用最终的差额作为组织绩效的测量指标值。作者分别针对每家公司的情况收集了6年的数据(都是经过行业调整后的NPM数据),然后对它们进行平均之后得到一个综合测量结果。

最后,Waldman、Javidan和Varella(2004)测量组织绩效时使用的是经过行业调整后的NPM数据、经过行业调整后的股权权益收益率(ROE,净收益除以股东股本)和经过行业调整后的销售增长数据(用过去一段时间的销售增长率来测量)。在具体操作中,作者收集了每家企业中经过行业调整后的NPM数据和经过行业调整后的股权权益收益率数据,总共收集了五年,然后分别针对它们计算均值,从而生成了更为可靠的测量指标。在该研究中,上述测量也是分开进行分析的,并没有计算一个综合值。

2. 相同来源数据和不同来源数据的比较

在研究中所选用的数据,最好不要全部来源于一个原始资源。从不同的来源来测量因变量和自变量是特别有用的。如果它们来源于相同的数据源,就会存在一种趋势——让它们相互一致(如下文会讨论的共同方法变异),而不管应答者是否是在无意识的情况下应答的,这种倾向往往都很难避免。在理想的情况下,研究者所收集的数据需要来自于不同的来源。需要注意的是,要避免在同一调查研究中让应答者同时回答自变量和因变量的问题。如果所进行的研究是纵贯研究,那么在时间1测量自变量的调查工具不会在时间2用来测量因变量,因为测量各个变量的时间上是分开的。所以,数据就不太可能会受制于共同方法变异的影响。

3. 自陈式报告和他陈式报告的比较

数据可能来源于受访者本身,这被称为是自陈式报告(如由管理者所描述的领导风格),或者是由其他人来进行描述(如由下属来描述他们上级领导的领导风格)。当使用自陈式报告这种测量方式时,由问问题方式的不同而产生的问题将会出现(Schwarz, 1999)。当然,通过自陈式报告的方式搜集一些数据是比较好的。如果变量是内省的,例如工作满意度,那么它最好是通过自陈式报告的方式测量,因为只有个体自己才能为他们的满意度打分。

行为(如领导风格)的描述最好是由其他人来提供(他陈式报告),因为这些对其他人来说往往是十分明显的,并且其他人也常常可以提供较为总体的评价。例如,管理者的行为(监管行为)就应该由其他人的感知来反映。管理者自己最好不要为自己的行为进行打分或评价(至少不能作为唯一的测量方式),而是应该由下属或同事来提供评价或打分。尽管这些他陈式报告是主观的,但它们有可能比自陈式报告更精确。组织公民行为(OCB,即角色外主动承担人性)就是另外一个最好由他陈式报告来测量的变量(上司或同事)。事实上,Organ 和 Ryan(1995)根据他们对 OCB 的前因变量的元分析发现:"因为组织公民行为的评价在本质上是主观的,自己为自己的组织公民行为进行评价是独立判断的可怜替代品,是更不可取的。"

此外,也有一些特定的概念可能需要同时由自陈式报告和他陈式报告来衡量。例如,当测量一线管理者技能培训计划对管理者领导风格的影响时,就可以同时由下属和自己来为领导风格进行评价。实际上,也有一些相对成熟的量表是通过自陈式报告和他陈式报告来综合反映的。例如,岗位诊断调查(JDI:Hackman & Oldham, 1975)就存在着自陈式和他陈式两个版本:一方面,像观察者或管理者这样的其他人可以为岗位特征进行评价,而在职者自己也可以对之进行评价。由 JDI 测量的工作特征主要包括工作多样性、任务标识、任务重要性、自主性和工作反馈。对于这些特征的评分,最终可以纳入对所承担工作的整体激励潜力的评价体系之中,即工作复杂性。研究者发现,观察者报告在上述五个岗位特征和整体激励潜力的评价上与自陈式报告显著相关(Fried & Ferris, 1987)。这表明岗位特征的自陈式报告至少具备一定的效度。类似地,Spector(1992)也发现,有关岗位特征的感知的确反映了客观环境。因此,客观岗位设计特征的自陈式报告也具有一定的准确性。

4. 单个数据、配对数据、群组数据和组织层级数据的相互比较

如果研究者相信组织变量或群组变量影响个体的反应,那么就最好对每一层面的变量进行测量。例如,可能是组织培训政策影响了培训和发展的个体参与率。前面一个变量是组织层面的变量,并且可能最好是由一些组织高管来评价,可以要求这些高管对组织整体层面的培训进行综合性评价。由于个体参与是因变量,所以最好是由公司记录的每个个体参与培训课程的详尽数据来测量。

数据可以来源于个体(例如,工作满意度)、配对、群组(如工作单元缺勤率或自我管理小组生产率)、组织(如公司记录的利润率、高管的战略措施、人力资源总监对组织人力资源实践的意见等)。选择收集哪一层面的数据,主要取决于研究问题的本质。因此,这就需要研究者去决定他所尝试解释的现象是否发生或存在于个体层面(如自尊、工作-家庭冲突等)、群组层面(如团队凝聚力、团队合作、文化缺失等)或是组织层面(如业务战略、人力资源管理方法等)。所以,当决定分析单元时,对于研究者来说,考虑在哪一层面上进行研究和评价是十分重要的。如果研究者想要对个体进行概括和总体评价,那么个体就应该是分析单元。当然,研究者还应该意识到可能存在着层次谬误(ecological fallacy),即从更高层面(如群组层面)研究中所得出的结论可能对于较低层面(如个体层面)并不适用。同样,还有一种谬误就是认为从低层面(如个体层级)研究中所得出的结论可以概括并适用于更高层面(如群组层面)的分析。

此外,数据的采集也可以是基于个体、配对、群组或更高层面的分析单元。而且,如果需要的话,可以在一项研究中收集各个层面的数据。在个体层面中,每个员工的反应就是一个单独的数据源,如个体工作满意度的测量。在配对层面中,数据是从双方互动中收集的,就像主管-下属互动那样,它们共同构成了研究分析的层面。在群组层面中,像群组效果(因变量)和群组规模或结构或凝聚力(自变量)这样基于现象的数据,就构成了特定的分析单元。尽管数据可能是基于个体层面来收集的,但在适当情况下也可以对其进行加工合并成群组层面的数据。例如,可以对个体层面的反应进行汇总处理,使之能够反映组织文化这类层次层面的建构。

当然,还可以同时从几个层面入手来分析数据,以便对所研究的问题提供更为全面的答案,这就是所谓的多层研究。例如,团队特征可以用来预测个体成员的绩效成果。目前,存在着多种专业统计工具,可以用来检测多层模型(如层次线性模型)。有关多层研究的更多讨论,可以参见 Klein 和 Kolowski(2000)的研究。

(十)减少共同方法变异

共同方法变异(Mitchell,1985;Williams & Brown,1994),是指运用同样方式进行测量的两个(或更多)变量之间的关系并错误反映的程度。其中,这里所说的同样方式可能是在同一时间、用同一份问卷或用相同的评价量表。共同方法变异在估量研究数据的建构效度时是一个十分重要的问题。例如,当问卷里的问项具有相同的形式或方法时,受访者可能就会形成一个"方法定势"(进而可能导致虚假的变量间关系),或是当受访者不自觉地以相同的方式回答问题时也容易出现此类问题。因此,如果两个或更多变量是使用相同方法进行测量的,与之相关的共同方法或相关的测量误差变异,就会高估或夸大这些变量之间的关系(Williams & Brown, 1994)。方法变异的例子包括评价中的晕轮效应和自陈式报告中的反应定势。因此,方法变异中涉及的是测量中的变异,而这些变异主要归因于特殊的工具,而不是建构本身(Spector,1987)。

方法变异可以引起变量之间的高度关联性,特别是使用自陈报告测量时更是这样。与特定的测量工具或方法相关的偏差会产生如上所述的方法变异,其中共同偏差来源是具有相关性的(Spector, 1987)。因此,变量之间的关系就无法与因使用方法所导致的关系区分开来。

研究者为了克服共同方法变异而采取的步骤,就是不从同一来源、不使用同一方法、不在同一时间收集所有数据。尽管存在上述这些主张,但Spector的实证研究却发现:方法变异对于测量自陈式报告影响和感知的量表来说并不是什么问题。在子量表或测量条目层面上看,也并不存在方法变异(即测量条目或子量表相关是因为它们使用了相同方法)。此外,偏差测量与所研究变量的相关性(社会赞许、默许、反应定势)往往是非常小的。但是,Spector在自己的研究中只包括了那些具有较高效度的测量指标。当他使用单一测量条目时,他发现的确存在着方法变异。然而,Williams、Cote和Buckley(1989)重新分析了Spector(1987)的数据后发现,这种方法变异是存在的,并且这种方法变异可以解释所研究变量的25%的方差。

Podsakoff、MacKenzie、Lee和Podsakoff(2003)指出,共同方法偏差构成了一个重要问题,因为它们是测量误差的主要来源,并且对研究结果产生潜在的严重影响。但是,最近Spector(2006)指出,与共同方法变异相关的问题实际上是被夸大了,而且假定使用单一方法就会自动带来系统差异、进而导致夸大的相关性,这是不正确的。相反,Spector提倡研究者应该独立考虑每个建构的测量,特别是预期变异的来源,然后再考虑使用方法的不同方面是如何对其产生影响的。

为了克服由于方法而产生的影响,除了经常使用具有效度和信度的量表之外,研究者还可以使用以下几种方法:

- 纵贯数据(在不同时间测量自变量和因变量,以便使它们在同时收集时不会相互影响/污染);
- 主观和客观数据(这样,变量就不会经常以相同的方式进行测量了);
- 从不同来源测量自变量和因变量(如从公司记录中获取缺勤数据,从雇员那里获取工作满意度的数据);
- 抵消问题顺序的不利影响;
- Harman的单一因子测试(即将所有变量加载到探索性因子分析中,并且检查非转换的因子分析结果。如果单一因素出现,或者主要因素解释了测量变量的大部分协方差,那么共同方法变异存在的可能就很大);
- 偏相关或验证性因子分析程序(如将社会赞许性剔除出去);
- 采取遵循保护受访者的匿名性并且减少评价忧虑的措施。

三、收集更好的数据并提高回应率

大部分相关实地研究(调查)采用的都是邮寄(邮政)问卷的方式。其中,回应(返回)率是指那些符合资格的回应问卷的人在样本总数中所占的百分比。作为减少未回应偏差和增加普适性的手段,研究中需要尽可能提高回应率(Dillman,1991)。Baruch(1999)指出,发表于1975年、1985年和1995年的175篇管理研究中,通过邮寄调查所获得的平均回应率是55.6%,其中的标准差(SD)为19.7。Baruch还发现,有迹象表明:回应率回击随着时间的推移而下降,因此最低的平均回应率出现在最近的研究中(1995年平均是

48.4%,标准差为 20.1)。一般而言,在那些有关高层管理或组织层面的研究中,受访回应率往往是很低的(平均只有 36.1%,标准差为 13.3)。对于其他群体(雇员、中层管理者)而言,平均值接近 60%,标准差为 20。最近,Cycyota 和 Harrison 利用元分析技术,对相关研究文献中报告的回应率数据进行了研究,数据是从 231 个面向高管的调查研究中获得的,这些研究都发表在 1992 年到 2003 年的权威管理期刊上。与 Baruch(1999)的发现一致,Cycyota 和 Harrison 发现平均回应率呈下降趋势。在此期间,平均回应率为 34%(标准差为 17)。这对于研究者来说非常有用的。当他们在自己的研究中报告回应率时,要参考这些因素,以便评估回应率是否与某一特定人群的期望相符。

Harzing(1997)发现,全球有 22 个国家的国际邮件调查(如邮件调查超过一个或两个国家)中的回应率相差很大。在日本(28.6%)进行的研究要比在欧洲(22.9%)进行的研究有更高的回应率;美国的回应率(11.4%)要比日本和欧洲的更低,中国香港在所有国家中是回应率最低的(7.1%)。此外,有研究发现,回应率在以下情况会更高:

- 发件和收件国家的地理和文化距离较小;
- 在 Hofstede 的权力距离指数中(1991),收件人的国家位置/籍贯得分较低,表现出较高的国际化程度;
- 收件者具备较高的英语能力;
- 收件者收到较少的相关问卷。

Harzing(1997)发现,如果有推荐委员会的推荐(背书)、采用个人发放和收集的方法以及运用小额非货币激励,往往可以提高回应率。

Dillman(1991)对那些专门探索邮寄调查中有助于提高回应率的影响因素的实证研究进行了文献回顾。他发现,总的来说,按照重要性排序,重要的影响因素包括以下几点(前个因素是最重要的):

(1) 后续追踪(如提醒、明信片、追踪的第三份信);
(2) 经济激励措施(预付,特别是在第一次联系时);
(3) 事先通知(如写信预先联系);
(4) 特殊邮资/标明头等标签的邮政;
(5) 赞助商赞助(如政府、协会或大学赞助);
(6) 提供返回信封的邮资(邮票)/到付的邮政;
(7) 个性化;
(8) 兴趣显著(如调查发至组织中正确的人、调查内容强调的问题是个人所感兴趣的、针对某一公司或对行业很重要的);
(9) 问卷长度(虽然这对于回应率的影响较弱)。

有趣的是,截止日期、匿名承诺、附函特征、问卷的长短、颜色以及调查问卷的复制以及调查人群类型等,看起来似乎并不会对回应率造成影响。具有重要的一般因素包括:

- 降低填写问卷的感知成本(使它看起来更简单并且不会花费较多时间去完成填写);
- 增加感知回报(通过增加有兴趣的问题来使问卷更加有趣);
- 增加信任(官方信纸和赞助)。

更具体地说,Dillman(1990)列出了研究者应遵循的、提高问卷回应率的程序,主要有:
- 总体中所有样本都应该有机会成为被抽中(避免遗漏);
- 在抽样中应使用随机的方法(减少抽样误差);
- 问题的选择和措辞应该有助于人们能够提供正确信息的方式(减少测量误差);
- 尝试确保样本中所包含的全体样本都能回应(避免未回应偏差)。

类似地,Roth 和 BeVier(1998)也对营销、社会学和公共舆论领域的相关研究成果进行了汇总。他们发现,在消费人群中较高的回应率常常与以下几个因素密切相关:
- 提前通知;
- 后续提醒;
- 货币奖励;
- 问题突出;
- 问卷长度(较长的问卷会降低回应率)。

随后,他们又对从 1990 年到 1994 年的人力资源管理/组织行为研究文献中的回应率进行了分析,以便评价面向消费者的调查中所得到的有关回应率的结果是否也与面向企业(如雇主)的调查中所得到的结果一致。他们发现,在多元回归分析中,在控制其他变量的时候,有四个变量是与高回应率相联系的:
- 提前通知,往往可以使回应率从 8% 增加到 20%;
- 识别样本的编号;
- 后续提醒(只针对邮寄调查),可以增加 10% 的回应率;
- 问题突出(只针对邮寄调查)。

Cycyota 和 Harrison(2006)发现,在面向企业高管的抽样研究中,问题突出、同意预筛选(提前联系参与者并取得参与者预同意)和社会网络(有职业化的组织或者由管理者请求同事作为参与者)是重要的回应率预测指标。但他们同时也发现,提前通知、后续追踪和个性化对于高级管理者来说并不会带来较高的回应率。

这项研究还建议研究者要检查未回应偏差,当未回应者和回应者在某些方式上存在不同时,可能会发生这种偏差。研究者可以通过比较未回应者和回应者来检测这种偏差是否存在(如对组织类型、规模等进行卡方分析),以便判断受访者是否代表了所调查的样本。

虽然高的回应率是可取的,但低回应率并不一定就是有问题的。某些人口群体经常回应率很低。例如,与年老的雇员相比,年轻雇员的回应率可能更低(Tharenou,1999)。低回应率并不一定意味着低代表性,因为那些未做回应的群体可能是特殊群体。

在相关实地研究(调查)中,在收集数据的时候,研究者正越来越多地使用基于互联网的方式。Cook,Heath 和 Thompson (2000)对 68 个电子调查研究中的回应率进行了元分析。结果发现,49 项在 1994 年到 1999 年期间发表在三个期刊(《Public Opinion Quarterly》《Journal of Marketing Research》和《American Sociological Review》)上的调查研究中,平均回应率是 39.6%(标准差为 19.6%),并且联系数量、个性化联系和提前联系是在电子调查中与高回应率相联系的重要因素。Heerwegh、Vanhove、Matthijs 和

Loosveldt(2005)使用实验设计法去检测个性化在电子调查中对回应率的影响。他们发现,在控制条件组(非个性化)中回应率是49.1%,在统计上显著地低于实验条件组(个性化)的回应率(达到57.7%)。

四、克服相关实地研究(调查)中的问题

虽然相关实地研究(调查)在管理研究中是使用最为广泛的研究设计之一,但它仍存在着一些固有问题。Creswell(2003)针对相关实地研究(调查)列出了一个清单,以便保证该研究设计的有效性并克服可解释性问题。具体的清单问题包括:

1. 调查设计的目的是否已说明?
2. 设计的原因是否已提及?
3. 调查的本质是否明确?确定是用截面设计,还是用纵贯设计?一般来说,纵贯设计更为理想。
4. 总体和总体规模是否已提及?
5. 总体是否分层?如果是,如何分层?
6. 样本中有多少人?选择这一规模的依据是什么?
7. 对这些个体进行抽样的程序是什么(如随机还是非随机)?
8. 调查中所强调的内容是什么?什么是量表(如具体变量的测量)?
9. 谁开发了量表或单一项目?
10. 在试点或实地中应用什么程序在检验调查?
11. 进行调查时划定的时间线是什么?
12. 研究中的变量是什么?
13. 这些变量是如何与调查中的研究问题和项目相匹配的?
14. 在数据分析中具体的步骤是什么?用以下方面分析:
(1)分析回报;
(2)检查回应偏差;
(3)进行描述性分析;
(4)将项目分解为量表;
(5)检查量表的信度;
(6)进行多变量统计分析以回答研究问题。

资料来源:J. W. Creswell, Research design—qualitative, quantitative andmixed methods approaches (2nd ed.), p.155. Copyright 2003 by Sage Publications,Inc. Reprinted by permission of Sage Publications,Inc.

五、结论

进行相关实地研究(调查),基本的要求是有广泛的和充足的理论基础、清晰定义的自变量、因变量和控制变量,并在理论上合理的情况下对中介变量和调节变量进行检测。在理想情况下,相关实地研究(调查)中最好使用纵贯设计,并从不同来源、使用多指标对变

量进行测量,并尽可能包括相应的客观指标。而且,应该运用具有信度和效度的量表来测量各个变量。此外,样本应该尽可能地代表总体,以便研究者得出具有相应普适性的研究结论。在相关实地研究(调查)中,使用概率抽样方法(如随机抽样、系统抽样和分层抽样)往往比使用非概率抽样方法(如便利抽样、配额抽样、判断抽样和滚雪球抽样)有着更强的外部效度(普适性)。在相关实地研究(调查)中,需要采取有效措施来减少共同方法偏差也十分重要(如稳健性设计,以不同方式来测量各个变量等)、提高回应率(如采取追踪程序)。当然,也需要运用比较回应者和非回应者的异同来检测未回应偏差。

参考文献

Agle, B. R., Sonnenfeld, J. A., & Srinivasan, D. (2006). Does CEO charisma matter? An empirical analysis of the relationship among organizational performance, environmental uncertainty, and top management team perceptions of CEO charisma. Academy of Management Journal, 49, 161-174.

Baruch, Y. (1999). Response rate in academic studies—a comparative analysis.

Human Relations, 52, 421-438. Cook, C., Heath, F., & Thompson, R. (2000). A meta-analysis of response rates in web- or internet-based surveys. Educational & Psychological Measurement, 60, 821-836.

Cooper, D. R. & Schindler, P. S. (2003). Business research methods (8th ed.). Boston: McGraw-Hill Irwin.

Creswell, J. W. (2003). Research design—qualitative, quantitative and mixed methods approaches (2nd ed.). Thousand Oaks, CA: Sage Publications.

Cycyota, C. S. & Harrison, D. A. (2006). What (not) to expect when surveying executives: A meta-analysis of top manager response rates and techniques over time. Organizational Research Methods, 9, 133-160.

Dillman, D. A. (1991). The design and administration of mail surveys. Annual Review of Sociology, 17, 224-249.

Fried, Y. & Ferris, G. R. (1987). The validity of the job characteristics model: A review and meta-analysis. Personnel Psychology, 40, 287-332.

Hackman, J. R. & Oldham, G. R. (1975). Development of the Job Diagnostic Survey. Journal of Applied Psychology, 60, 159-170.

Harzing, A. W. (1997). Response rates in international mail surveys: Results of a 22-country study. International Business Review, 6, 641-665.

Heerwegh, D., Vanhove, T., Matthijs, K., & Loosveldt, G. (2005). The effect of personalization on response rates and data quality in web surveys. International Journal of Social Research Methodology, 8, 85-99.

Hofstede, G. (1991). Cultures and organizations: Software of the mind. London: McGraw-Hill. Jobson's Online. From http://jobsons.dnb.com.au/.

Klein, K. J. & Kozlowski, S. W. (2000). From micro to meso: Critical steps in conceptualizing and conducting multilevel research. Organizational Research Methods, 3, 211-236.

Krosnick, J. A. (1999). Survey research. Annual Review of Psychology, 50, 537-567.

Lindley, P. & Walker, S. N. (1993). Theoretical and methodological differentiation of moderation and mediation. Nursing Research, 42(5), 276-279.

Mitchell, T. R. (1985). An evaluation of the validity of correlational research conducted inorganisations. Academy of Management Review, 10, 192-205.

Mone, M. A., Mueller, G. C., & Mauland, W. (1996). The perceptions and usage of statistical power in applied psychology and management research. Personnel Psychology, 49, 103-120.

Organ, D. W. & Ryan, K. (1995). A meta-analytic review of attitudinal and dispositional predictors of organizational citizenship behavior. Personnel Psychology, 48, 775-802.

Podsakoff, P. M., MacKenzie, S. B., Lee, J. Y., & Podsakoff, N. P. (2003). Common method biases in behavioural research: A critical review of the literature and recommended remedies. Journal of Applied Psychology, 88, 879-903.

Roth, P. L. & BeVier, C. A. (1998). Response rates in HRM/OB survey research: Norms and correlates, 1990-1994. Journal of Management, 24, 97-117.

Schwarz, N. (1999). Self-reports: How the questions shape the answers. American Psychologist, 54, 93-105.

Sekaran, U. (1992). Research methods for business: A skill-building approach. New York: John Wiley & Sons.

Spector, P. E. (1987). Method variance as an artifact in self-reported affect and perceptions at work: Myth or significant problem? Journal of Applied Psychology, 72, 438-443.

Spector, P. E. (1992). A consideration of the validity and meaning of self-report measures of job conditions. In C. L. Cooper and I. T. Robertson (eds.), International review of industrial and organizational psychology (pp. 123-151). Chichester, ngland: Wiley.

Spector, P. E. (2006). Method variance in organizational research: Truth or urban legend? Organizational Research Methods, 9, 221-232.

Tharenou, P. (1999). Is there a link between family structures and women's and men's managerial career advancement? Journal of Organizational Behavior, 20, 837-863.

Tosi, H. L., Misangyi, V. F., Fanelli, A., Waldman, D. A., & Yammarino, F. J. (2004). CEO charisma, compensation, and firm performance. Leadership Quarterly, 15, 405-421.

Waldman, D. A., Javidan, M., & Varella, P. (2004). Charismatic leadership at the strategic level: A new application of upper echelons theory. Leadership Quarterly, 15, 355-381.

Waldman, D. A., Ramirez, G. A., House, R. J., & Puranam, P. (2001). Does leadership matter? CEO leadership attributes and profitability under conditions of perceived environmental uncertainty. Academy of Management Journal, 44, 134-143.

Williams, L. J. & Brown, B. K. (1994). Method variance in organizational behavior and human resources research: Effects on correlations, path coefficients, and hypothesis testing. Organizational Behavior and Human Decision Processes, 57, 185-206.

Williams, L. J., Cote, J. A., & Buckley, M. R. (1989). Lack of method variance in selfreported affect and perceptions at work: Reality or artifact? Journal of Applied Psychology, 74, 462-468.

思考题

1. 什么是相关实地研究设计？
2. 研究者应该何时使用相关实地研究设计？
3. 相关实地研究设计有哪些问题？
4. 研究者是如何进行相关实地研究的？

5. 相关实地研究中为什么要使用控制变量？它们是如何处理并分析的？
6. 为什么在相关实地研究中要测量多元自变量？
7. 什么是中介变量？它解释了什么？
8. 什么是调节变量？它解释了什么？
9. 在相关实地研究中，研究者为什么需要去测量中介变量或调节变量的影响？
10. 研究者为什么需要采用时序的相关实地研究设计？
11. 研究者为什么需要大的样本规模？什么样的样本特征可以提高相关实地研究的效度？
12. 为什么在相关实地研究中不仅使用主观数据很重要，而且使用客观数据也很重要？
13. 为什么在相关实地研究中使用来源不同的数据很重要，而不是同一来源数据？
14. 何时需要在不同层面上收集数据？
15. 在相关实地研究中自陈式报告存在的问题是什么？
16. 定义"共同方法变异"，如何克服它对相关实地研究结果的影响？
17. 使用邮寄调查，如何去收集更好的数据并提高回应率？
18. 研究者是如何在相关实地研究中克服相关问题的？
19. 学完本章，你认为相关实地研究的特点是什么？

第 4 章

案例研究设计

> **学习目标**
>
> 在完成本章的学习后,读者应该能够掌握以下几点:
> - 了解什么是案例研究设计;
> - 明确案例研究的优缺点;
> - 明确何时适合进行案例研究设计;
> - 描述运用案例研究设计开展研究的过程;
> - 明确案例研究中可能发生的各种偏差;
> - 解决与偏差相关联的难题;
> - 明确如何增加案例研究设计的可靠性和有效性。

案例研究是管理研究设计中最常见的一种形式。不应该把旨在开发实证研究的案例研究与旨在教学或培训的案例研究(如美国哈佛大学开发的案例研究)混为一谈。出于学术研究目的的案例研究旨在立足于实证视角,探究社会问题或关于人的问题。它起始于提出一个研究问题,然后是收集数据并对数据进行分析,进而回答所提出的问题。案例研究必然以产生理论、精心阐释理论和测试理论为目的。案例研究通过构建和发展理论来增强人们对特定问题的理论和认识,既可以是深入调查一宗案例,也可以是展开跨案例的深入研究。相反,教学型的案例研究(如哈佛式案例)往往并不涉及理论内涵或启示,只是通过丰富而深刻的描述单一案例来增进人们对特定问题的理解(Lee、Mitchell & Sablynski,1999)。

本章旨在介绍案例研究设计,同时,还建议研究者阅读 Yin(2003)有关案例研究的文章和 Lee(1999)关于案例研究的章节,这些都是很有启发性的。

 一、案例研究设计的概念

案例研究是一种对单个实例或某种情境进行的深入、详细的调查。当然,一个以上的案例也可以在同一时间内进行(Sommer,1991)。Yin(2003)对案例研究的定义是"在现实生活的情境下,对一种当代现象的实证研究"。案例研究是实证调查、分析和解释的过程,研究对象小到个人(如医疗案例研究),大到国家(如文化案例研究)。

案例研究的分析单元就是所研究的现象(Lee,1999)。确定适当的分析单元,是任何研究的核心所在。根据 Lee 等人的著述(1999),案例可以是个人、团体、组织或者非人类的对象(如产品、政策或程序等)。案例研究可以回答某个研究问题。然而,与实验/问卷调查不同,研究者无法严格地控制和操纵相应的变量。在通常情况下,案例研究的纵贯性和深入性等典型特征都决定了这种方法特别强调情境依赖的过程变量,并假设可能会出现一定程度的因果推论。总之,单案例研究就是对单个实例或情境所进行的、深入的实证调查,用于解释特定情境中某个现象的过程。

二、什么情况下应用案例研究设计

在管理研究中,当所研究的是不寻常的、值得注意的、不太熟悉的、涉及变化的事件时,常常会应用案例研究设计(McCutcheon & Meredith,1993)。案例研究用于分析非典型的或极端的情况。在这些情况下,往往需要对基本流程进行检查,包括如组织精简、合并或收购。这些类型的事件也可以进行多个案例的研究,以便了解具体的流程。在存在时间维度的情境中,某个现象往往会随着时间的推移而发生变化,这时采用案例研究就显得十分有效了(Sommer & Sommer,1991)。案例研究往往侧重于变化的过程。因此,它可以给研究者提供这样的探索机会——探索在组织中展开的具体社会过程。案例研究也可以进行过程分析、情境分析和纵贯分析。为了更好地理解特定的现象,在案例研究中也可以对所涉及的流程进行深入的分析。因此,案例研究特别适合于在特定的组织和环境中去了解社会进程。其中,这里所说的社会进程既可以是临时的,也可能是历史性的。当研究人员尝试运用动态方法(相对于静态方法而言),并旨在探索非正式的、秘密的、非法的或不寻常的过程时(Hartley,1994),案例研究也可能是十分有效的。

案例研究特别适合分析复杂的组织过程。同时,案例研究也是一种研究管理特殊情况的科学方法,因为在案例研究中可以运用纵贯研究、涉及多个来源的数据,并专门研究具体的过程和综合考量不同利益相关者的顾虑(Larsson,1993)。在解释新方法和新技术,如质量管理的应用中,经常会应用案例研究方法(McCutcheon & Meredith,1993)。对于上述这类干预而言,通常都发生在一种或少数情境中,因此无法进行较大样本的统计比较。例如,进行案例研究既可以利用案例现场所提供的某种现象作为最好的例子(如最好的做法);也可能会侧重于极端例子的结果(例如,成功或失败的战略实施)。此外,案例研究还可以用来解释日常活动——这些活动受到文化的影响并将文化嵌入其中(如旷工)或跨国研究之中(如文化差异)。最后,探索性案例研究对于探索新的流程和行为也是非常有用的,因为这有助于产生新的假设并建立理论,然后可以在其他情境中进行测试(Hartley,1994;Yin,2003)。

总之,在组织研究中经常使用案例研究,用于研究以下问题:
- 不寻常的、极端或值得注意的事件;
- 不熟悉的事件;

- 事件涉及大规模的变化,如实施新的方法和技术;
- 受文化嵌入影响的日常实践;
- 涉及变化和时间的事件;
- 过程逐步展开的事件;
- 复杂的事件。

在上述情况下,因为数据不足以展开大规模调查,同时事件又是复杂的、动态的,因此更适合使用案例研究方法,利用深入调查对特定事件或现象展开深入研究,有利于揭露事件或现象的本质。

三、将案例研究设计作为混合方法研究设计的一部分

在特定的研究项目中,案例研究可以作为主导前设计的一部分,从而为主导设计奠定基础,也可以作为混合方法设计的一部分。例如,在混合方法研究设计中,通过使用一个或少数案例,案例研究可以用来产生对某种现象的、最初的深入理解。然后,可以用大量的样本调查测试已经开发的理论/解释(Larsson,1993)。当然,也可能出现相反的顺序。利用大规模的调查来揭示某种关系,然后利用案例研究来了解相关关系在特定情境中的具体流程。而且,案例研究还可以通过运用多种方法来提供范例(Sommer & Sommer,1991)。此外,案例研究也可以提供现实生活中活生生的例子,进行基于统计学的人性化分析,从而深入理解相关流程。

四、案例研究设计中情境的重要性

从社会进程来看,案例研究是对一个或多个组织,或对组织范围内的特定团体进行深入细致地研究,并立足于特定的情境对某一现象的过程进行分析。在案例研究中,重点往往放在当置身于特定的情境中时,事件的发展过程到底如何(Hartley,1994)。解释某种现象,比如企业倒闭,往往都是在特定的情境下展开的,而且会重点分析企业倒闭与特定的企业情境之间的关系。因此,在开展案例研究时,强调的是在相应的独特情境中来理解具体的过程。案例研究不仅解释了某一种或某几种情境下的具体过程,而且也要对所研究的现象给出科学合理的理论解释。Lee(1999)认为,考虑到案例研究深入探究的本质以及案例研究对嵌入情境之中的具体过程的关注,研究人员从案例研究中所推导出来的因果推论也是合理的。

五、案例研究设计中的理论应用

案例研究可以用来生成管理研究理论或检测现有的理论。案例研究的目的是在研究人员具有最小控制(Lee,1999;Yin,2003)的条件下,了解事件如何或为何发生,最适合探索和检验当代现实生活中的组织现象是如何发生以及为何会发生。学术型案例研究的目的不是简单地描述一种情境。相反,研究者需要细致地评估某一现象周围的条件,建立起

合理的解释,或揭示所存在的因果关系以便把前置因素与结果联系起来(McCutcheon & Meredith,1993)。对于案例的描述,仅仅是为所做出的解释提供事实依据。

案例研究通常采用归纳法进行理论构建,通过对情境的详细观察推导出理论。其他案例研究可用于测试一套构建完善的理论。无论采用哪种方法,在案例研究结束时,都将构建完成一个理论框架。其中,这个理论可以是对具有普遍意义和有趣的事件进行解释。没有理论,案例研究就仅仅是一个关于独特情境的故事。然而,运用某种理论,案例研究就可以解释最基本的组织流程或其他流程。案例具有独特的功能和普适性的原则,而理论则使得案例不再仅仅是描述性的,而是有了更广泛的丰富内涵(Hartley,1994)。

理论构建的产生,是通过系统地拼接详细的证据,进而生成能够引起人们更普遍兴趣(general interest)的理论(Hartley,1994)。其结果是,分析可以适用于更为广泛的情境,而不仅仅是特定情境。在理论构建中,研究问题和理论框架的初步识别通常都是暂定的,然后会随着信息的收集和分析而进一步得到发展。但是,需要明确的是案例不应该成为研究人员"想要找到的东西",这一点十分重要(Hartley,1994)。在不熟悉的情况下,如对公司收购柔性制造系统的初步解释,所需要进行的案例研究在一开始往往只是描述性的,然后再去探索特定的情境。再后来,为了解释同类现象,往往需要使用多案例研究,以便能够对重大的实施决策提供理论解释(McCutcheon & Meredith,1993)。因此,在不熟悉的状况下,可以去尝试开发新的理论。

在研究中,也可以应用案例去测试某个理论。一般而言,单个案例可能并不足以支持某个理论,但是积极的发现却可以促进对某个理论预测能力的信心(Sommer & Sommer,1991)。因此,案例研究还可以用来支持、扩大或质疑现有的理论(McCutcheon & Meredith,1993)。Yin(2003)把旨在确定"如何"或"为什么"某一事件会发生的案例研究称之为解释性研究。

总之,案例研究的目的是了解事件如何或为什么会发生,即提供解释。案例研究可能是根据某个初步理论进行的,随着研究的进展也可能会对这一理论进行修正。当然,也可能是在研究结束时得出某一理论。因此,案例研究不只是一个故事或一种简单的描述,它是基于理论的、镶嵌在特定情境中的,目的是要理解和解释复杂的现象。

六、案例研究中所用的研究方法

案例研究通常与定性研究设计密切相关。然而,案例研究也可以综合应用定性和定量数据(Eisenhardt,1989;Yin,2003)。此外,案例研究不是收集数据的特定方法,它可以运用相当广泛的数据收集方法,而且还可以包括系统地应用如下方法:
- 研究人员的观察;
- 与关键的被调查人面谈(通常是非结构化的和半结构化的);
- 调查问卷;
- 用于公共记录信息的文件;
- 出席会议。

因为所研究的现象是复杂的,所以综合运用多种方法,往往可以更好地进行三角校正。案例研究在参与时间和程度方面也会存在不同（Hartley，1994）。McCutcheon 和 Meredith(1993)提出,案例研究包括下列几点：
- 一个或多个研究人员在某个组织内搜集大量数据,并尽可能清晰地描绘一种现象。
- 数据来自：
  - 一手数据,如直接观察或对参与人员进行访谈；
  - 二手数据,如文件或记录。
- 研究单一的情境,或者对几个相关的情境进行多案例研究；
- 专注于目前的条件,运用历史数据去深化理解或为正在出现的情境提供信息证据。
- 研究者不具有操控事件的能力。

厘清在其他情况下常见的而在单一案例研究中独特的东西,是非常困难的。因此,研究人员可以通过研究附加案例来深化对特定流程的理解。研究人员可以研究多达十几个案例,而且可以精心搭配成对的案例。在这种情况下,多案例研究既允许研究者进行案例内分析,也可以进行跨案例分析(Yin,2003)。例如,在一项案例研究中对不同的部门进行比较,进而形成对特定现象更好的解释(Hartley,1994)。研究人员面临的另一项选择是可以把案例研究跟其他类型的研究设计结合起来。例如,在对某类组织进行大样本调查之后,再辅之以深入的案例研究（可以是几个案例),从而在不同层面上来解释具体的流程。当然,也可以是先进行深入的案例研究,然后再对某类组织进行大样本调查。

Lee(1999)指出,案例研究是由以下5个部分组成的：

(1) 研究问题。这通常表现为"如何"和"为什么"会出现某一组织现象,而不是调查研究中的"什么"或"多少"的问题。当然,跨案例分析是另外的情况。

(2) 理论命题。理论或者是从案例研究中归纳的(induced),或者是要进行测试的。如果是需要测试的,那么被测试的理论应该弄清楚具体的研究问题、评估的变量和分析的本质。

(3) 分析单元。分析研究单元是所研究的现象。在理论产生的过程中,这个研究的目的之一,就是确定最有意义的研究单元。在进行理论测试的情况下,理论本身就决定了最有意义的分析单元。

(4) 连接数据与这些理论命题之间的逻辑。

(5) 用于评估这些命题的标准。

此外,案例还可以应用时间序列设计,以便暂时性地跟踪发生案例的组织现象和与之相关的特定情境。同时,对组织的活动、行为、环境或变量模式进行预测。然后,去收集数据(前瞻性的或回顾性的)并对预测的模式和实证的模式进行比较。在最简单的设计中,可以随着时间的推移而对某个变量进行评价,从而确立一个基准。然后,有计划地进行干预,观察监测变量的变化,并对干预后与干预前的基准和监测变量进行比较。当然,也存在着其他更为复杂的设计,如间断式时间序列设计(Lee,1999)。

总之,案例研究的研究方法主要包括以下几种：
- 多方法、多源数据；

- 一手和二手数据源；
- 观察、访谈、问卷调查、文件、会议；
- 纵向数据收集；
- 一个或多个研究人员；
- 慎重选择一个或多个案例。

七、使案例研究具有信度和效度

（一）信度

在案例研究中，研究人员需要询问有关信度的问题是如果在另外一个时间或通过其他方式来收集数据（如采访与调查）或来自不同的个体，那么能够在何种程度上收集到同样的数据？通过交叉检查，可以增加案例研究中所收集信息的准确性。案例总是涉及交叉检查信息和描述的，如从多个独立的单一观察者那里得到信息。为了满足交叉验证和提高信度，就要求研究人员使用多来源的数据和研究技术（Sommer & Sommer, 1991）。有些案例研究是在事件发生之后进行的，因此需要受访者回忆事件的发生与发展过程。但不幸的是，记忆并不是绝对可靠的。这是因为回忆有可能会扭曲事实（Sommer & Sommer, 1991）。

帮助研究人员提高信度的方法为采用多种方法测量同一建构，这样做可以通过三角校正来进行对比。通过让一个以上的研究人员进行研究，也可以增加案例研究的信度，或者通过录音并独立地进行信息编码（McCutcheon & Meredith, 1993）。综上所述，为了提高信度，研究人员需要交叉核对相关信息，使用多种来源的数据并进行验证，利用不同的方法测量同一建构，或者在数据收集、编码和解释的过程中聘请多个研究人员。

（二）效度

1. 内部效度

内部效度是指建立起的正确因结关系的程度（McCutcheon & Meredith, 1993）。在案例研究中，没有变量数目的限制，而且由于没有在控制所有其他条件的情况下对变量进行操控，所以有可能会将因果关系中的原因弄错（即存在虚假关系）。这些则被称作内部效度的威胁，正是由于存在着这些威胁，那些在发现之外的原因很可能是真实的。

在案例研究中，研究人员的解释会对内部效度形成威胁。正如所有研究中那样，由于研究人员对于数据的诠释可能会受到自己的偏见和假设的影响，所以这些诠释可能会对效度产生威胁（Neck, Godwin, Spencer, 1996）。这被称为"投射"现象，即研究人员把自己的价值观念和经验体现在案例的解释当中。在研究中，总是需要对被调查的过程进行相应的解释。这样做，就意味着研究人员可能需要填补空白，另外，研究人员还可能会根据自己现有的认知结构来确定信息是否显著，这代表着另外一类偏见（Neck 等人，1996）。总之，研究者需要分类和解释案例的信息，这可能会导致错误，特别是产生上面所说的"投射"现象。

对数据进行三角校正，即通过运用多个来源的数据和多种方法，帮助研究人员确立得到支持的因果关系。此外，也可以使用具有特定角色的多个研究人员（访谈人员、记录员、故意唱反调的人）。在有多个研究人员进行的案例研究中，为了保持一致性，可以决定让所有研究人员驻守在各个观测点，或者让部分研究人员先留下来以便提供新鲜的见解（McCutcheon & Meredith, 1993）。

2. 外部效度

外部效度是指从一组样本中所得出的结论具有普适性，或者也适用于其他群体与情境（McCutcheon & Meredith, 1993）。从案例研究中往往很难找到普适性。事实上，可能因为事件是非典型的，所以才被选中。因此，虽然从案例研究数据得出的结论是适当的，但该研究结果可能对于此现象的其他实例并不具有普适性（Sommer & Sommer, 1991）。为此，研究人员提高普适性的一种方法，就是对感兴趣的现象进行多案例研究（Sommer & Sommer, 1991）。

案例研究背后的逻辑是在一定情境中详细审视具体的过程，可以揭示出那些在组织中一般的或特有的过程。深化对过程及其情境的理解，往往可以使研究人员明确行为发生的预期条件。因此，在案例研究中，普适性往往与理论命题的推断有关，而不是与总体有关。案例研究寻求的是分析的普适性，而不是统计的普适性（Yin, 2003）。这就意味着案例研究的重点不在于组织具有什么程度的典型性，而是在于具体的特定过程。案例研究人员需要在脑海里形成一个相对清晰的概念性框架，然后使用现有的文献检验研究结论的普适性（Hartley, 1994）。虽然案例一般在普适性和广度（还是宽度）方面比较薄弱，但它们却可以为研究人员提供对特定现象进行深入分析的机会，进而弥补了固有的缺陷（Sommer & Sommer, 1991）。

对于案例分析，可以通过"复制"而对结果进行再次测试（McCutcheon & Meredith, 1993）。其中，对其他案例的研究是在结果可以比较的情境中进行的。因此，研究人员可以只选择那些通过理论推演可以得出类似结果的案例进行"复制"研究，或者选择那些理论上结果不同但可以预见的案例进行研究（Yin, McCutcheon & Meredith, 1993）。对效度的检验不应该仅仅局限以较小的样本。相反，基于特定情境所构建的理论，应该得到进一步的推广，推广到那些显著特征相似的情境中去（McCutcheon & Meredith, 1993）。未来研究时，可以选择与用于构建理论的第一个案例存在最大差异的案例进行研究，这样做可能是适当的。如果获得的理论仍然适用于后面的案例，那么研究人员就会对研究结论外部效度更有信心了。

在案例研究占主导地位的研究领域，如兼并或罢工，已经开发了许多方法，用于总结多个案例的研究结果。对某个现象的多项研究进行集中分析，验证普适性是可能的。其中，这方面的一个经典例子就是案例调查方法——对关于同一主题在同一单位（如该单位可能在组织层面）进行分析的许多案例的总结。把相关的案例研究汇聚到"数据池"中，当数据多到一定程度之后就可以对其中的关系进行统计检测了。根据 Larsson（1993）的观点，想要应用案例调查方法的研究人员需要做到：

（1）选择一个与想要研究的问题相关的案例进行研究；也就是说，检验共同的研究问题，如"是什么导致或有助于成功实施质量管理"。

(2) 设计一套编码方案,以便系统地把定性案例转化为定量的变量;

(3) 由多个评价者进行编码,并测量基于不同评价者的信度水平;

(4) 对已编码数据进行统计分析(如相关分析、多元回归分析——按照修正的编码系统,因变量可以是成功的程度,自变量可以是与成功相关的或与失败相关的变量等)。

由多个独立的评价者对已经发表的相同案例进行编码,并评估他们的相关性,这可以测量编码的信度。通过累加和求平均结果的方式,案例研究者还可以检查跨类型模式并推广到更大的总体(Larsson,1993)。

综上所述,为增加案例研究的效度,研究人员需要通过使用多种方法和多种来源的数据,以便提高内部效度。当然,如果他们愿意的话,也可以通过使用多案例研究或"复制"检验来提高外部效度。此外,研究人员还可以使用案例调查方法,得出对同一主题总体或平均的调查结果。

八、如何进行案例研究

Hartley(1994)概述了研究人员进行案例研究时应遵循的八个步骤,它们分别是:

1. 选择案例研究组织

选择案例研究组织时,需要考虑以下一些事项:

(1) 针对需要研究的现象,是否能保证是典型或极端的例子;

(2) 如果选择了一个以上的案例,如何在可能的情况下相互对比;

(3) 您可以从中挑选的案例总体是什么。

2. 开始并保持接触

第三方可以安排一个初步接触,而不是直接贸然联系。然后可以与潜在的合适组织进行面谈,例如,与人力资源经理面谈,看看哪些组织更为适合。下一步需要与组织负责人进行沟通,也就是那些允许开展访谈的人。得到允许之后,由一个工作小组监督研究,并允许纳入利益相关者和定期报告机制,以维持接触。

3. 选择一个初步的理论框架

Hartley(1994)建议研究开始时使用一个理论框架,虽然它可能会随着研究的进展而不断调整。在实际的案例研究中,这样一个理论框架,虽然只是试探性的,但却是案例研究所必须的,以便避免研究被巨量的数据所淹没,否则最终得到的可能只是一个描述性的叙述。

4. 收集系统性数据

有两个主要步骤来收集数据:

(1) 通过几次引导性访谈、组织结构图、走访等方式来收集数据,获得组织结构和功能的总体概览;

(2) 做好与人员和群组交谈的计划,做好研究方法的使用计划。需要使用三角校正的方法;即通过不同方式、从不同群体、在不同情况、通过不同的研究人员获取证据来验证理论。在这样广泛的大量数据中,既存在着支持结论的数据,可能也存在着否定结论的数据。因此,数据的收集必须是系统的,而不是临时性的。访谈和观察需要进行规划,以便通过足够的信息源提供适当的采样;其他需要收集的数据可能不支持当前的假设,其他受访者可能会提供不同的说法或解释。

5. 数据收集的管理

研究人员还必须决定何时停止收集数据——取决于继续收集数据是否会显著增加研究人员所不知道的信息、是否允许测试试探性的设想、是否会收集到更多的不利于得出既定结论的证据等。而且,在研究中,通常需要使用笔记本来记录数据。观察笔记、方法笔记和理论笔记都是常用的方法。此外,还必须及时记录访谈笔记和印象笔记。

6. 分析数据

合成和分析是把不同来源的信息组合成连贯的整体(Sommer & Sommer,1991)。案例研究的结果是一个综合和解释,在提交证据的情况下,证实案例中的每个结论。

数据分析和收集是在迭代的过程中完成的。其中,分析的第一部分是仔细描述数据,并开发用于归类信息的分类系统。这些数据可以围绕某些主题、关键主题或核心问题来组织,然后需要进行数据检查,看看它们是否符合预期的类别。也可以设置表格,以帮助搜索模式或类似主题的分组。而且,类别还可能需要优化,需要考虑否定性数据的存在。最终的解释应该是案例事实的准确再现,包括考虑一些对这些事实的替代性解释,并根据与事实最为一致的单一解释得出结论。更详细的案例研究分析,可以参见第12章。

7. 撰写

撰写工作应该包含各个方面的证据,以便让读者可以自己做出适当的评判。而且,不应该把案例写成纯粹的描述性叙述,而应该基于案例对其中的因果关系进行深入地分析并得出更为广泛的启示。因此,研究人员应该对更为广泛的主题产生兴趣,而不仅仅是所写案例的细枝末节。

提高内部效度的方法如下:

(1) 所涉及的或得出的构建和理论推导,需要根据有关的证据进行检查或检测;

(2) 需要由多位研究人员帮助对比数据的异同之处,并在访谈中充当故意唱反调者;

(3) 需要参考和分析现有文献,以便对调查结果提出质疑和进行深入的思考,特别是那些与现有文献结论不一致的东西。

8. 案例结束

需要决定如何汇报案例研究的结果。

九、结论

案例研究是对某个实例的深入调查。案例研究适合于作为整体去解释某个复杂现象或情境,也特别适合对具体流程进行深入地分析。一般来说,单案例研究的普适性较弱,但可以使用一个以上的案例来增强其普适性,从而提高外部效度。同时,虽然案例可以解释具体过程,但为了实现这一目标,往往还需要运用某个合适的理论框架来进行。最后,研究人员需要特别注意案例研究的信度和效度。在研究过程中,研究人员可以通过交叉验证、运用多种来源数据和采用多种数据收集方法来提高案例研究的信度和效度。

参考文献

Eisenhardt, K. M. (1989). Building theories from case study research. Academy of Management Review, 14, 532-550.

Hartley, J. F. (1994). Case studies in organizational research. In C. Cassell & G. Symon (eds.), Qualitative methods in organizational research (pp. 208-229). Newbury Park, CA: Sage Publications.

Larsson, R. (1993). Case survey methodology: Quantitative analysis of patterns across case studies. Academy of Management Journal, 36, 1515-1546.

Lee, T. W. (1999). Using qualitative methods in organizational research. Thousand Oaks, CA: Sage Publications.

Lee, T. W., Mitchell, T. R., & Sablynski, C. J. (1999). Qualitative research in organizational and vocational psychology, 1979—1999. Journal of Vocational Behavior, 55, 161-187.

McCutcheon, D. M. & Meredith, J. R. (1993). Conducting case study research in operations management. Journal of Operations Management, 11, 239-256.

Neck, C. P., Godwin, J. L., & Spencer, E. S. (1996). Understanding researcher projection in interpreting case study data: The South Canyon Fir Tragedy. Journal of Applied Behavioral Science, 32, 48-61.

Sommer, B. & Sommer, R. (1991). A practical guide to behavioral research: Tools and techniques. New York: Oxford University Press.

Yin, R. K. (1994). Case study research: Design and methods (3nd ed.) Thousand Oaks, CA: Sage Publications.

思考题

1. 什么是案例研究设计？
2. 何种情况下适合采用案例研究设计？
3. 如何将案例研究作为混合方法研究设计的一部分？
4. 为什么情境在案例研究中特别重要？
5. 如何在案例研究设计中应用理论？
6. 在案例研究中使用什么样的研究方法？
7. 如何使案例研究设计具有更好的信度和效度？
8. 如何进行案例研究的设计？比较哈特利(1994)、麦卡琴和 Meredith(1993)的方法，并进行阐述。

第 5 章

行动研究设计

学习目标

在完成本章的学习后,读者应该能够掌握以下几点:
- 解释行动研究背后的哲学;
- 概述行动研究背后的一般原则;
- 决定什么时候应该用行动研究来回答研究问题;
- 概述如何克服行动研究的相关问题;
- 概述如何提高行动研究的严谨性;
- 解释用来区分参与式行动研究和欣赏式探询行动研究的要点;
- 理解欣赏式探询的各个阶段。

行动研究是以开发知识为目的的一种研究设计方法,它同时采取一系列行动(如干预)来促进组织或社区发生变化,并通过研究(如诊断)来增强研究人员和顾客群体对特定社会系统的认识和理解。行动研究同时关注学习以及为社会系统所带来的变革。在行动研究中,通过学习带来变化。同时,行动研究中所寻求的是对特定社会系统的了解,并寻找改变这一系统的机会。从行动研究中获得的知识,会随着所研究的不同类型的社会系统而存在差异,并主要与以下几个方面密切相关:
- 行动研究方法;
- 理解客户系统;
- 客户系统的改变。

在行动研究中,寻求的是对系统进程更为深入的理解,是去理解那些之前不理解的东西,以便对知识的积累做出贡献。Chisholm 和 Elden(1993)、Elden 和 Chisholm(1993)等人都曾经对行动研究方法进行了很好的总结。

一、行动研究的主要特征

(一)周期性或螺旋上升的过程

行动研究是一个螺旋式上升的过程。其中,通常包括有关行为的简单周期和如下形式的反思或理解:计划、行动、观察、反思(Kolb,1984)。在整个过程中,可能会包括无数次重复的循环或迭代,直到达成理解和导致变化为止。通过上述迭代,研究人员会逐渐深化其对所研究问题的理解程度。研究人员在每一步都是让数据来决定下一步应该做什么,即运用当前可以获得的信息来确定下一个步骤。而且,在螺旋式上升的每个循环中都会涉及理论和实践的整合。随着研究工作的开展,研究人员会提出相应的解释,然后,所形成的理解或行动会对下一阶段的工作提供指引。而且,后一阶段的循环周期还可能会对有关信息或早期阶段的解释提出质疑。

(二)诊断、分析、行动、评价和反思过程中的协作或参与

在行动研究项目中,研究人员和客户作为合作伙伴关系,由客户来主导具体的研究过程,因此客户并不是被动地参与。这使得客户成为知情的信息源,使他们有更好的机会来表达他们所知道的和他们所需要的信息。因此,该系统是一个"自持"(self maintaining)系统,因为对客户进行了授权,客户自行实施研究过程。在这一系统中,存在着一个授权过程,使参与者可以自行制定针对问题情境的胜任战略。因此,该顾问或研究人员的角色不是一名专家,而是其中的一名参与者。在整个过程中,需要维护一种顾问机制:该顾问扮演着谈判者的角色,而且也存在着指导委员会,由它负责对研究项目进行监督。其中,这里所说的顾问机制包括寻求指导委员会的定期约束、对项目进展情况进行持续的评估,并针对所引发的组织问题做出有效反应。

(三)以行动为导向并有助于积极的系统开发

这样做的目的,是生成一个"自持"系统。实际上,上述系统是可行的,因为问题的解决方法是缘于客户参与而生成的。通过关于系统当前如何运行的自我探究过程,可以生成和使用相关的有效信息,进而实现渐进式的改变。有关行动研究的一个基本要求,就是学习自行进行改变。

 ## 二、行动研究的原则

(一)对客户群的反应

行动研究是对局部情境做出反应,而不是关心该项目的成果是否能够被进行复制。因此,行动研究所关心的是局部的相关性,而不是全局的相关性或普适性。

（二）先构思一个模糊或一般性的问题，并随着研究的推进发展成为具体的问题

在行动研究中，研究人员首先从一般性的问题或焦点问题入手。随着项目的推进，研究人员在与客户群的交流过程中，提出关于现状和所追寻的理想状态的问题。之所以这样做，是因为情境是已知的，而且客户会参与互动。因此，从模糊的问题入手，采用了模糊的方法，最终得到了模糊的答案。所以，行动研究是获得精确结果的迭代过程。

（三）过程中的灵活性

行动研究无法进行规划并沿着特定轨迹指向前进方向。这是因为每个阶段都取决于前一个阶段的进展情况。因此，研究人员需要放弃其以前的经验与理论。而且，行动研究人员还需要对自己的角色进行灵活调整，因为在这种类型的研究中，盲目地遵循已定制的过程可能会产生问题。

（四）理论与实践、认识与行动的逐渐融合

行动研究的目的是整合理论与实践。需要寻求的是行动，但有时也收集和了解大量数据，但却没有应用。因此，在这种情况下，可能存在着理论与诊断，但却没有实践或行动。行动研究是非常注重局部相关性的，并试图根据所了解的情境去改变系统，使其与之一致。行动研究的目的是基于实践提炼理论和运用理论来指导实践。其中，行动是至关重要的，研究人员需要审视自己是否已经达到了预期的效果。在行动研究中，一个突出的问题是可能从来就没有真正达到过实践目标。就研究问题而言，可能也存在着相关的知识积累或相关文献，但在行动研究中可能不会用来指导实践或行动。

三、行动研究中研究设计的特点

（一）选择数据收集技术：定性或定性和定量互补

研究人员认为，定性方法相对于定量方法更易于理解，所以他们几乎总是使用定性方法。在行动研究中，要求研究人员建立起辩证思维，目的是使研究方法与特定的应用问题或理论问题相匹配。如果应用定量研究，往往需要使用客户可以理解的计量标准。而且，一般需要提前预设好计划采用的定量方法，因为客户可能很难理解定量中所使用的语言或术语。在某些行动研究中，可能同时采用上述两种数据收集方法，但定量方法却可能不占优势，而是以互补的方式加以应用，以便根据两种类型的数据做出更有效的决策。

（二）为提供有效信息而突出数据收集和解释所需要的严谨性

严谨性是指正确解释数据的有效性或效力。在行动研究中，建立有效性是非常重要的，所以所收集数据的质量以及对数据的解释效力是需要得到保证的。因此，行动研究人员需要测试自己提出的假设。对数据解释方面的任何共识，可以通过寻找例外和解释分

歧等方式来进行测试。因此，在行动研究中，很重要的一点就是寻求"否定性"证据。为了严格使用这种方法，研究人员应该尝试如下做法：

- 运用循环过程（计划、行动、观察、反思）。根据上一个循环的信息可以推测未来的循环，直到最后得到科学的结论。实际上，这是一个不断迭代的渐进过程。
- 使用多个数据源、多个信息源，并在不同时间收集数据，采用不同的研究方法，运用不同的模型/理论，并与不同的研究人员通力合作。这样，就会形成自然的辩证或过程的比较。从不同数据源中找到的异同有助于确立辩证关系。
- 把前一个循环中形成的试验解释纳入后面的循环中进行测试，看看是否能够形成一致的结论。在研究过程中，经过评价、反思和假设检验等环节，可以对研究发现进行公开测试并进行反思。例如，可以把初步报告分享给客户并进一步征求意见。

（三）在开始之前就考虑整体方法，如果需要的话，还需考虑具体方法

在行动研究中，研究人员选择即将用到的范式或方法论之前，还需要一些信息。这些信息可以在开始和签约阶段来获得，其中，一种常见的方法是参与式行动研究，但研究人员也可以使用其他方法，如行为科学、软系统或评估技术。研究人员需要确保他们研读了行动研究的基础文献，以确保选取了最合适的方法。

（四）系统反思

行动研究的反思包括回顾什么是已经理解的，并确认以前所学到的东西，或者确定以前所学到的是远远不够的。在行动研究中，研究人员既要思考客户群所面临的问题，也要思考自身所面临的问题（如自身的偏见）。

（五）研究人员（顾问）所具有的诊断和介入技巧

行动研究所需的技能包括面谈（如聚合访谈）、诊断技术（如面谈或调查）、参与式观察、开展规划会议、群组易化技术、冲突管理/调解、德尔菲法、名义群体法、群组反馈分析、焦点小组访谈等。

（六）用数据决定每一步做什么

解释是数据收集一部分，可根据所收集到的数据加以展开。在行动研究中，后来的干预与早期的干预有所不同。同样，后来的数据收集与早期的干预也不相同。在此过程中，可以应用简单周期法来实现精确的迭代。

四、行动研究的十个阶段

行动研究主要包括以下十个阶段：

1. 进入（entry）和签约

进入客户系统需要进行商谈或谈判，并且应该围绕原有主题所有层面的商谈。而且，这类谈判往往需要达成对研究人员和客户都有利的某种结果。其中，研究人员可以根据自己的角色灵活性如选择商谈方法或调节自己的角色。一般而言，行动研究始于某种构思/想法，然后去测试这个想法。同时，也需要在研究人员和客户之间形成相对密切的合作关系，以便获得高质量的数据并满足客户的需求。

在整个研究中，都需要维护相应的咨询机制。这就要求双方为彼此的参与建立某种结构，以便在研究人员和客户之间建立起真正的合作伙伴关系。其中，需要重点考虑的是：是否需要与所有利益相关者尽可能多样化地进行商谈。不过，无论采用哪种模式，都应该把尽可能多的观点囊括其中。此外，还需要通过被检视进程，与那些可以批准研究的人保持定期联系。此外，还应该对研究进行持续评估，这不仅仅包括调查评估，而且还包括个人联系。在数据评估中，也需要对客户的问题有所响应，并演示相关的选择。当然，也需要明确指导委员会和研究员或顾问之间的关系，使各自的角色相对清晰。顾问或研究人员和指导委员会应该共同参与这一过程，并在其中灵活地加以应对。

2. 分析、寻找事实和概念化——信息收集和最初收集数据的分析

简单周期法可以提供足够的迭代，并从一开始就需要做出诠释，需要将其作为数据收集的一部分工作并进行报告。每个周期都有数据收集、解释、文献检索和报告。然后，需要进行额外的迭代和更多的周期，以便完整地测试数据。每个周期都相对较短，并制订调整计划。

3. 通过收集信息的其他方式测试信息采集的严谨性

有多个数据源来相互校正。通过寻求例外达成共识，并寻找不一致的解释机器成因。而且，为了提高项目总结报告的质量不断寻找创意，并做出反应。研究人员试图找到可以确认其诠释的结果。

4. 测试其他新的研究主题

在步骤2、3、4阶段中，研究人员/顾问会根据数据做出相应的解释，或者是证实了相关解释，也可能是否定了相关解释。在随后的循环中，研究人员会努力寻求更为详细的信息，并取代以前的数据。

5. 反馈信息：交流（有效的）信息，如与客户群交流组织的当前情况

在这一阶段中，所反馈的信息往往是与行动高度相关的。在此过程中，既可以通过指导委员会来传递信息，也可以通过小组分析的方式把信息反馈给组织内的相关群体。

6. 关于信息的反思——理论化

7. 与客户一道合作制订行动方案或由客户制定行动方案

8. 执行行动方案——通常所说的解决实际问题

9. 观察、评价、反思

在这一个阶段，通常需要努力寻找更多的事实还需要确定为什么干预措施会产生意想不到的效果。

10. 下一个周期开始,即下一个阶段是更为集中的、更加相关的、更加精细化的

在下一个周期中,需要进行反复的提炼和调整。

五、参与式行动研究和欣赏式探询研究

参与式行动研究和欣赏式探询研究是行动研究的两种新方式。近年来,越来越多的研究人员/顾问开始采用上述方法。而且,媒体上也经常提及和报道上述方法。在参与式行动研究中,相对于一般的行动研究而言,往往更加重视客户系统成员在各个方面的参与以及研究过程的迭代。例如,在某个参与性行动研究项目中,目的是帮助原住民卫生工作者获得更大的自主权和责任,那么就需要让卫生工作者参与研究的各个方面。其中包括与首席研究员共同撰写项目报告。另外,在参与式行动研究中,往往也需要赋予弱势群体更重要的地位并使他们获得自由、得到解脱。参与式行动研究起源于发展中国家的研究,也在解放主义意识形态和社区心理学中有其固有的基础(Kidd & Karl,2005)。

欣赏式探询研究和参与式行动研究类似,但相对于一般的行动研究而言,它更加强调利益相关者的参与。然而,欣赏式探询研究还采用了一种更加积极的姿态。因此,与行动研究的问题修正取向相比,欣赏式探询研究的重点是确定和完善组织的能力和实力(Egan & Lancaster,2005)。范德哈尔和霍斯金(2004)指出,欣赏式探询研究最好涉及整个组织,主要包括以下四个阶段:第一个阶段是发现,即通过代表尖峰体验的积极故事,去揭示所选组织的优势;第二个阶段是梦想,即利益相关者试图使用在第一阶段所收集的数据来构思组织理想的未来,第三个阶段是设计,即创建组织结构、政策、实践与程序,以便更有利于实现在前一阶段所形成的愿景;第四个阶段是使命,即通过激发使命感来保持研究的改进和创新。与行动研究一样,这一过程也是迭代的,在使命阶段"发现"新的优势,并因而循环往复。

六、结论

行动研究法涉及把顾问法与研究设计结合起来。行动研究的目的是要改变客户系统,并与此同时产生新的知识。这一研究过程是以周期的形式来进行的,在每一阶段都尽可能收集足够多的数据并进行分析,以便产生该阶段的行动方案并形成与该阶段相对应的认知。其中的一般逻辑是这样:认知/理解可以产生行动,而一旦开始行动了,则会生成新的数据,从而确定下一阶段的行动。而且,反思是贯穿于研究过程的各个阶段,以便思考每个步骤都做了什么。当然,这一研究过程也是具有周期性的,每个周期都会产生一个新的周期。其中,简短的完整周期包括计划、行动、观察和反思四个环节,在这之后又开始新的周期。在研究过程中所获得的知识,可能与所采取的行动研究方法、特定系统的性质或如何改变客户系统有关。此外,参与式行动研究和欣赏式探询研究是传统行动研究在当前情况下使用的两种新形式。其中,参与和解放是参与式行动研究的特点,欣赏式探询研究则以基于优势的积极聚焦为特点。

参考文献

Chisholm, R. F. & Eiden, M. (1993). Features of emerging action research. Human Relations, 46, 275-298.

Egan, T. M. & Lancaster, C. M. (2005). Comparing appreciative inquiry to action research: OD practitioner perspectives. Organization Development Journal, 23, 29-49.

Elden, M. & Chisholm, R. F. (1993). Emerging varieties of action research. Human Relations, 46, 121-142.

Kidd, S. A. & Karl, M. J. (2005). Practicing participatory action research. Journal of Counseling Psychology, 52, 187-195.

Kolb, D. (1984). Experiential learning: Experience as the source of learning and development. Englewood Cliffs, NJ: Prentice-Hall.

Van der Haar, D. & Hosking, D. M. (2004). Evaluating appreciative inquiry: A relational constructionist perspective. Human Relations, 57, 1017-1036.

思考题

1. 什么是行动研究？
2. 行动研究的主要特点是什么？
3. 行动研究的原则有哪些？
4. 列出并讨论行动研究的研究设计有什么特点？
5. 描述行动研究过程中的十个阶段。
6. 参与式行动研究与行动研究有哪些区别？
7. 欣赏式探询研究与行动研究有哪些区别？
8. 欣赏式探询研究有几个阶段？

第3部分
数据收集方法

第6章 提出问题：问卷和访谈
第7章 文献资料法与观察法

第 6 章

提出问题：问卷和访谈

> **学习目标**
>
> 在完成本章的学习后，读者应该能够掌握以下几点：
> - 理解在调查问卷和访谈中使用的不同的问题类型；
> - 解释在调查问卷和访谈中使用不同问题类型的目的；
> - 为调查问卷和访谈设计问题；
> - 清楚调查问卷中的设计可能出现的问题和错误；
> - 设计合理的问题来减少或克服可能发生的错误和问题；
> - 清楚如何在调查问卷和访谈中记录问题的答案。

一、提出问题：问卷和访谈

一般而言，使用问卷和访谈的目的，是向被调查者提问来确定他们对某些问题、事件和行为等方面的想法和意见。当选择问卷和访谈作为数据的收集方法时，研究人员需要考虑许多问题，这些问题在本章中都会涉及。在任何研究设计中都可能会用到问卷和访谈（如实验研究、相关性实地研究、案例研究）。它们是数据收集的主要方法，或者是配合混合方法设计来加以应用，可能是其中同等重要的一部分，也可能是次要部分或主要部分。

问卷是由调查对象自行填写的一种工具（Bryman，2004），经常是指自填式问卷。问卷是在管理学研究中最频繁使用的一种数据收集方法。这种方法简单易用、成本低廉，而且对一些无法直接观测的建构（如态度、价值和偏好、意向、性格）似乎是最合理的备选测量工具（Moorman & Podsakoff，1992）。

正如在第 3 章所阐述的，问卷通常同相关性实地研究（调查）设计结合在一起使用。其中，邮寄的调查问卷是最流行的。调查问卷也可以通过手写、在线或电子邮件等方式进行。问卷是高度结构化的工具，其中可以包括预制的标准化问题。由于其高度的结构化格式，当研究目的是要从大样本中产生定量数据去测试研究问题或假设时，就要使用问卷。

在数据收集方面,访谈是管理研究中经常使用的第二种方法,其使用频率仅次于问卷。访谈能够产生定量数据和定性数据。其目的就是把被访者关于某一主题的信息(如他们的思想和感受)提炼出来,而不是让采访者去影响他们的判断。典型的访谈是面对面进行的,但是电话访谈也十分普遍。访谈通常是在问卷之后对一些问题进行深入探讨,或者在问卷之前用来帮助设计调查问卷。当研究者想从被采访者的角度来看待主题,并且想弄清楚他如何并为什么有这样特别的立场时,访谈就是非常合适的方法。

二、访谈的主要类别

从格式要求和体现出的刚性水平的角度来看,访谈就像是一个连续统一体。其中,结构式访谈位于这个连续统一体的一个极端。结构式访谈包括全部的、前置式标准化问题,通常采用封闭式问题的形式(固定式的选择题)(Seidman,2006)。许多实地调研都是通过结构式访谈展开的,其中包括电话访谈,这与邮递式调查形成了对照。在结构式访谈中,采访者大声清晰地把问题读给受访者并记录下受访者所给出的答案。在这一过程中,采访者必须确保受访者理解相关问题并给出了可信的回答。采访者需要准确地记录受访者所给出的答案,并用相同的方式向每个受访者询问同样的问题。

Lee(1999)把结构性访谈描绘成这样一种问卷:通过口头问答方式对固定的答案进行选择。Crabtree and Miller (1992)也认为结构性访谈类似于口头调查问卷,不过它有着严格的结构式访谈编制目录并将其作为访谈的指引。例如,某个研究人员可能想度量组织人力资源管理策略,可能他有许多不同的情境要呈现给人力资源经理,并以此来体现不同的人力资源管理策略。在访谈中,通过展示这些情境,受访者可以同采访者就这些方案进行广泛的讨论,直至他们弄清楚为止。然后,这些受访者需要为自己的组织选择一个合适的情境。如果这些情境是在调查问卷中进行的,那么就失去了讨论和进行正确分类的机会。访谈能给受访者提供深入谈论问题的机会。此外,采访者也能确信所有问题都被清楚地理解了。

非结构式访谈位于这个连续统一体的另一个极端。在这种类型的访谈中,问题是开放性的(没有固定答案),开展访谈的形式有点类似于进行友好的对话(Seidman, 2006)。而且,访谈问题没有预先规定顺序或者也没有指定的用语的。非结构式访谈包括深度访谈和口头的或传记式的访谈。通常,它只是以提出几个宽泛的开放式问题为开端。例如,可能会使用关键事件法,然后再问两个相反的问题。第一个问题可能是:"在这个工作中,你最喜欢什么?"第二个问题是:"在这个工作中,你最不喜欢什么?"回答完这些宽泛的问题之后,采访者可能会追问一些更加具体详细的问题。

Miller 和 Crabtree (1992)把日常对话与同关键被调查者之间的面谈当作非结构访谈的例子。这种访谈有一个或多个主题需要进行探讨。从非结构式访谈中搜集的数据通常是定性的(描述型数据)。它们适合于描述型主题所要求的研究问题,没有正式的假设检验(King, 1994)。当参与者针对某一研究主题最有可能保持的观点的本质和范围不被人所知道的时候,或者是无法被容易地进行量化时,非结构式访谈也是可以使用的。

在这个闭合的连续统一体的中间是半结构式访谈。根据 Lee (1999)所说,半结构式访谈有一个总的主题、针对性的话题和具体的问题。他们比结构式访谈要更加灵活,但比非结构式访谈更加聚焦性。与非结构式访谈类似,在半结构式访谈中,采访者也可以根据情境所示自由地展开话题(Lee,1999)。Miller 和 Crabtree(1992)指出:半结构式访谈是一种由采访者和受访者共同创造的、发生在日常生活轨迹以外的、具有导向性的、聚焦性的、集中性的、开放式的交流事件。问题、探究和提示都以一种灵活的访谈指南或计划的形式记录下来。

这种半结构式访谈,像非结构式访谈一样,要求有很强的访谈技巧。在半结构式访谈的量规中,Miller 和 Crabtree(1992)涵盖了深度访谈/焦点小组访谈——能够集中地对一个特定的主题进行深入探讨(个人访谈和小组访谈)、传记(揭示个人的传记)、关键事件法、自由列表(可以揭示性格的反射技巧)。

(一)小组访谈

访谈也可能以小组的形式进行(如3~5人),如分组座谈会。当分析的单元是小组时,就需要进行小组访谈了(Crabtree & Miller,1992)。小组访谈并不等于对同样的群体进行个体访谈。要访谈的对象往往取决于研究者希望对谁(如个人或小组)进行推测。因此有的时候,研究者的兴趣是从小组的观点出发的。例如,研究人员可能对一个组织的职能部门如何看待,某些特定问题感兴趣,那么研究人员可能会对中层经理开展一次培训需求分析,把他们分成不同功能的组别,从而描绘出一种不同需求的迹象。在这个例子中,研究人员可能会动员所有中层经理,并把他们分成运营部经理、会计部经理、营销经理、行政管理者等。然后,研究人员可能召集相似功能的小组,把他们集中起来并分别对这些小组进行访谈。一般来说,最好是每一功能都有多个小组(3个),这样可以对特定的功能部门答案进行平均。特别地,这样做可以在变量层面识别出特定功能领域之间的区别。为了达到这个目的,研究人员必须利用高度结构化的访谈格式。在这个例子中,研究人员可能会在经理们如何看待所管理的部门绩效、他们想象中理想的绩效是什么以及如何看待缩小现实绩效和理想绩效的干预活动等方面,向组内的中层经理提出问题,并让他们记录下来答案。然后,研究人员会对所有这些问题的主题进行编码,并利用当前和理想绩效的差异来得出培训需求,而且这种需求是以中层管理者群组和不同的职能领域为单位(不是个体)来统计的。最后,研究人员可以利用所得出的解决方案尽力分清哪些不是培训需求,并识别出其他问题。

这里所说的结构化格式应该包括个人单独回答问题,然后同小组其他成员的答辩汇总起来,最终形成一个综合性答案,并且记录下来。得出这个答案,是靠每个人贡献自己的想法,而不是大家的一致性意见。当主导地位的人控制了大家的想法时,就很可能出现一边倒的情况(永远一致)。然后,由小组成员对当务之急的事进行投票(如举两只手作为第一选择,举一只手作为第二选择)。因此,通过小组所有成员的投票所识别出的重要问题,往往最能代表小组成员的整体意见,是每个小组成员都均衡地发挥作用的结果。按照这样的逻辑,就可以获得在每个小组内进行编码和投票的信息以及相应的重要问题了。然后,在所有组别层面上,把信息汇总起来,并对所有小组在同一时间、同一地点进行访谈(如运营部的几个小组),并让他们投票确定重要问题。总之,为了防止个人操控小组并代表小组,首先是要求个人表达自己的意见,然后以组为单位来汇集意见,最后以投票的方式来识别某个职能部门的总体看法。

作为一种特殊的小组访谈,焦点小组访谈中往往包括着对特定的研究现象有着特别体会与经验的个体(Morgan,1996)。访谈聚焦于受访者的印象、理解和观点(Schmitt & Klimoski,1991)。焦点小组访谈在营销研究中的应用相当普遍,可以用来确定顾客需求和偏好以及他们对新产品的反应。焦点小组访谈对于帮助确定调查的内容和措辞也有用处。或者,焦点小组访谈也可以对特定小组所产生的信息进行归纳和概括。

另外一种面向小组数据或总体水平数据的访谈方法是收敛性访谈。这种方法是用几个开放式的问题访谈几个个体,然后再进行深入跟进加以探讨。因此,在不同受访者中访谈的主题是一致的,而且是清晰的。在进行了几个访谈之后,采访者(通常是2个)就会对照记录加以分析进而确定访谈主题。在随后更为广泛的访谈中,研究人员会提出一些与验证主题相关的具体问题,并重点在有争议的领域深入探讨一些问题。通过这种方法,实际上随着访谈的深入开展,一部分数据分析工作也自然地穿插在其中(两个采访者对主要的题目进行编码,这样就可以计算评判间信度了)。在随后的访谈中,可以继续围绕这些主题展开访谈,并深入探索其他的可能主题。

三、什么时候使用问卷和访谈

问卷和访谈的使用,往往与所提出的研究问题密切相关。由于结构化(标准化)访谈和调查问卷的严谨性,在探索性研究中建议研究者避免使用这类方法。取而代之的是,研究人员应该考虑运用非标准化访谈(如半结构化和非结构化访谈),这是因为研究的焦点是探索性的(Flower & Mangione,1990)。典型性的非结构化访谈主要在解释性研究和归纳性研究中加以采用(如从数据和情境中提炼理论)。

如果研究人员想要测试某个理论(一般会有假设)从而需要自己或别人的报告数据,那么问卷或结构性访谈是可供选择的方法。此时,研究人员需要明确主题和问题,并为答案准备好量表。然而,这并不排除研究者为了获得进一步的信息也会提出开放性问题,或者允许受访者提出一些解释。与问卷相比,结构化访谈的一个优点是访谈者和受访者之间存在着讨论机会并会对受访者的回应展开互动,从而更有助于提高清晰度和明确性。根据Lee(1999)的观点,当调查对象没有足够的语言技能或者没有耐心完成书面材料从而不喜欢非结构化访谈时,结构化访谈也是很有用的。电话访谈是收集结构化数据的另外一个选择。与面对面访谈相比,通过电话访谈收集数据的好处是:低成本和数据收集的高速度。虽然自我管理式调查问卷同访谈研究相比成本相对更低,但关键的问题是:邮递调查问卷的反馈率一般都要比访谈低很多(Bryman,2004)。

访谈可以适用于多项任务,下面是三个例子:

(1)访谈可以用于帮助进一步确定问卷条目的选择问题。如果是这样,那么就需要选定那些拥有这种信息的受访者。这可能包括非正式(观念上)领导(即意见领袖,他们具有良好且清晰的观点)、年长者(经验丰富)、新员工(更加客观的视角)、不满意者、离职的人等。

（2）访谈也可以对相应的小组，即所谓的机会样本进行访谈(Schmitt & Kilimoski, 1991)。当然，前提是他们拥有研究人员所关心的某种知识或者经历。其中上述机会样本可能是完整的小组，如工作小组。在这个情况下，访谈通常会运用主数据分析技术。

（3）因为不可能访谈每一个人，出于效率的原因，经常是对关键被访者进行访谈。而且，他们能够提供研究人员所关注的信息、个体和赞助方。其中，关键受访者是那些通过正式访谈和非正式的口头对话与交流来提供信息的个体。他们可能提供大体上的想法、路径或说明及解释。关键受访者通常在文化或组织中有特殊的位置，并且同研究者保持了较为长时期的联系。研究人员可以向他们学习，原因在于：这些关键受访者拥有特殊的知识、地位或者沟通技能，并且愿意同研究人员分享他们的知识或技能。此外，他们也可能会帮助研究人员获取后者自己无法得到的观点或观察(Gilchirist,1992)。为此，研究人员需要在研究对象的总体中，挑选那些可以提供代表性信息或知识的关键受访者。

四、问卷和访谈的数据问题

问卷和访谈数据的效度和信度经常受到质疑。Foody(1993)回顾了实证研究的相关证据，进而识别出研究访谈中普遍存在的问题。这些问题主要有：
- 一些受访者不准确地回答了一些实际问题（如年龄）；
- 他们的言行不一致；
- 受访者的答案可能不稳定；
- 有时候，措辞上细微的变化可能导致受访者所提供的答案发生了重大变化；
- 受访者普遍地误解了一些问题；
- 对于先前问题的答案可能会影响后面问题的答案；
- 改变题项(response option)的顺序有时会影响答案；
- 受访者的答案有时受到问题格式的影响；
- 即使当受访者对问卷的主题一无所知时也会回答问题；
- 一个问题的文化语境可能会影响受访者回答问题的方式；
- 受访者有保持一致性的心理需求；
- 对相同问题开放式和封闭式的两个版本，也会使相应题项的答案分布出现差异，难以辨别出哪种类型会产生最有效的数据；

资料来源：W Foddy. Constructing questions for interviews and questionnaires. pp. 2-9, 66, 151. Copyright 1993 by Cambridge University Press. Reprinted by permission of Cambridge University Press.

（一）减少问卷和访谈中的问题

Foddy(1993)基于实证研究提出了许多建议，即应该减小问卷和访谈中的潜在困难。这些建议总结如下：

（1）对所需要的信息主题给出清楚的定义并清楚地知道自己想要的信息。
（2）清楚地界定和勾勒自己想要测量的对象。
（3）对建构间的假设关联有着清楚的理论解释。

(4) 先进行小规模试验。对受访者的理解程度和合适的题项类别(response categories)进行先期测试。

(5) 对访谈录音能够有助于回顾解释的过程。

(6) 确定受访者掌握研究人员所需要的信息。

(7) 确定受访者的问题的适用性。

(8) 在特定的研究情境下,确定受访者能够用语言表达出研究人员想要的信息。

(9) 应该清楚地把问题表达出来,达到研究人员希望受访者理解的程度。认真考虑:情境、词语的相关难度、指示词的缺失、意想不到的细微差别、词语的数量、复杂的语法、消极词语的使用、从句的增加以及短语和说明。

(10) 确定受访者愿意提供研究人员所需要的信息。

(11) 确定能够理解受访者的答案。

(12) 对问题进行合理的排序:

- 用通识性问题判断受访者是否具有信息;
- 用开放式问题获取受访者对特定主题的整体认识;
- 用细节性问题得出受访者对主题的某个具体方面的认识;
- 用开放式问题得出对具体主题给出特定回应的原因;
- 用评价性问题指明对具体主题给出回应的程度(借助量表进行程度评价)。

(13) 用非威胁性的方式表达威胁性问题。

(14) 在提问之前用具体清楚的词汇来清晰地定义主题,并讲清楚提问的理由。

(15) 给出参考框架。受访者需要知道他们应该给出哪种类型的答案;如类型、概况程度、对比标准等。

(16) 混合使用开放式和封闭式问题。

资料来源:W Foddy, Constructing questions for interviews and questionnaires, pp. 184-185. Copyright 1993 by Cambridge University Press. Reprinted by permission of Cambridge University Press.

在进行结构化或者标准化访谈方面,Fowler 和 Mangione (1990) 对研究人员的建议主要有:

(1) 培训采访者使用访谈手册、演讲、示范、指导性实践,并通过监督和评价他们的表现给出反馈;

(2) 全手稿式问题(这样写下的问题)可以让受访者充分准备好给出的答案;

(3) 确定问题对每个人意思都是一样的;

(4) 就答案类型进行沟通。其中,这里所说的答案,是构成面向全体受访者问题的合理回应;

(5) 通过实验手段、焦点小组访谈和对前测访谈进行编码等途径,对问题提出反馈;

(6) 逐字逐句地读题;

(7) 向受访者给出模型;

(8) 在访谈前和访谈中提出一致性的指导说明,以便强化预期行为;

(9) 向受访者提出参与的具体程度;

(10) 在能力、阅读技巧和令人喜欢的品格等方面认真挑选采访者。

类似地,Seidman(2006)也针对深度访谈和非结构化研究访谈给研究人员提供了建议,并希望研究人员能够遵守。根据这些原则,采访者应该做到:
- 更加关注倾听,而不是说话;
- 根据参与者提供的信息进行跟进;
- 为了澄清而提问;
- 如果有必要,关于特定主题可以进一步询问;
- 探讨问题,但避免深究;
- 提出一些真正的问题,即研究人员不知道答案的问题;
- 不可以对答案有诱导性提问;
- 可以提开放式的问题;
- 不要打断受访者;
- 让受访者把采访者想象成为他们可以与之轻松沟通的某个熟人;
- 鼓励参与者讲故事;
- 确保参与者注意力足够集中,并试图引出具体的细节;
- 在合适的时机分享其经历;
- 鼓励参与者重新构建(发生了什么?这样的事情或像这样的事),而不是回忆,因为记忆是不可靠的;
- 避免积极或消极地强化受访者的答案;
- 学习运用幽默;
- 跟着受访者的直觉走;
- 学会在间歇和静默中等待。

五、问题的设计

TAP 程序被认为是构建访谈和调查问题的一种方法(Fobby,1993)。实际上,探索并获取有效且可靠的受访者信息,是设计和使用问题(访谈或问卷中)的主要目标。鉴于此,当构建访谈和调查问卷的问题时,缩写的"TAP"所代表的内容可以有效地提醒研究人员应该牢记以下三个问题:
- 主题;适当地定义主题,可以使受访者清楚地知道谈论的内容。
- 适用性:问题适用于每个受访者,不应该向受访者提出他们不会的问题。
- 视角:当回答问题时,受访者采用的视角应该是具体化的,只有这样每个受访者才能给出同类型的答案。

在运用上述方法方面,Foddy(1993)总结了设计访谈和调查问卷中应该使用的一般性原则。其中,对于每一个问题,研究人员应该能够做到:
1. 确定清晰地定义主题。
2. 清楚地知道关于主题所需要的信息和需要这些信息的原因。
3. 确保受访者清楚地知道主题的定义。
- 避免使用"悬乎"的词语(如一些太过抽象、太过概括性的词语、缺乏具体实际意义

的词语等）;
- 避免使用一些所有受访者都不太理解的词语,因为日常生活中很少用到或者是专业术语(术语)。
4. 确保问题同受访者相关。
- 恰当地过滤问题;
- 避免提出受访者可能忘记相关信息的问题;
- 避免提出假设性的问题。
5. 确保问题的无偏性,在引出问题时,确保客观中立(如一些人喜欢×,而另一些人不喜欢×,你喜欢×还是不喜欢×)。
- 确保回答选项的集合是完整的;
- 确保回答选项的集合是平衡的;
- 避免使用一些容易引起固定思维模式的词语。
6. 降低问题的复杂性,以免影响受访者对问题的理解。
- 避免一次问两个或多个问题;
- 避免使用多义词;
- 检查问题是否尽可能地得到了简化;
- 避免在一个问题中使用了太多的"实义"词汇(多义词);
- 避免使用限定从句和短语,避免添加复杂指令,以便防止受访者在没有读完整个句子前就开始回答问题,如果确实要使用这类从句和短语,那么最好应该把它们放在句子的开头,而不是结尾;
- 问句应该尽可能地简短;
- 避免使用否定句或双重否定句。
7. 确保受访者理解需要哪种答案,如:
- 把问题设置在情境当中;
- 让受访者明白为什么提这样的问题;
- 让受访者明白他们给出的信息有什么用;
- 阐明受访者应该选择的视角。

资料来源:W. Foddy, Constructing questions for interviews and questionnaires, pp. 184-185. Copyright 1993 by Cambridge University Press. Reprinted by permission of Cambridge University Press.

(一)开放式和封闭式问题

对于开放式和封闭式问题而言,它们之间存在着一个很重要的区别。封闭式问题的答案选项是固定的,或者是预先规定好的。例如,李克特的题项(items)就是封闭式的。封闭式问题的典型应用,就是调查问卷和结构式访谈。他们适用于标准化的目的,并且在统计分析处理中效果显著。

与此形成对照的是,开放式问题没有固定的选项。开放式问题往往在深度访谈(非结构式的和半结构式的)中应用相当广泛。开放式问题允许受访者在回答问题的时候可以选择他们所偏好的方向,并且给要探讨的问题提供了条件范围(Seidman,1991)。

Hickman 和 Longman(1994)在文章中给出了大量开放式问题的例子。这些开放式问题主要与商业策略有关。不过,无论主题是什么,提问的形式必须要保持一致。开放式问题的例子主要有:
- 用自己的语言说出本企业的业务核心或实质是什么?
- 所在企业的目标是什么?它存在的理由是什么?
- 努力要达到什么目标?目的和目标是什么?
- 如何测量贵公司的成功?
- 对于贵公司来说,最大的优势、劣势、机会和威胁是什么?
- 如果必须有一些关键的事情要记住,以备明天我们可以继续你所做的工作,那么这些关键的事情是什么?
- 描述一下此时贵产业的竞争态势。
- 预期贵企业在未来以何种方式发生变化?
- 什么是运营企业最为关键的因素?
- 能否举个这方面的例子?
- 当事情出问题时要了解到底发生了什么?
- 如果你终止了活动 x、y、z,那么会发生什么事情?
- 让我们了解一下你在工作日是如何度过的?
- 活动 x、y、z 之后,接下来要做什么?

(二)避免难懂的或错误的问题

在调查问卷和访谈中,研究人员应该禁止提出高度复杂的问题,因为这会给知情人或受访者造成困惑然后产生不准确的反响。Foddy(1993)对 Belson's(1981)提出的 16 种要避免的难懂问题做了修改。这些类型以出现的频率降序排列为:

1. 在一个问题中提出了两个问题(如你使用哪个牌子或者你经常换牌子吗);
2. 问题中带有太多的多义词(如每个尺寸的包你买了多少个);
3. 问题中包括限定词或者限定从句(如在过去的 7 天,不包括今天,你是否买了一些巧克力);
4. 问题中含有多个意思或主题(如你听说过或光顾过哪个商店);
5. 问题中含有难懂的或不熟悉的词汇;
6. 问题中含有一个或多个指令(如在你的答案中不要包括"×");
7. 问题以一些委婉语形式开头(如你介意……);
8. 问题中有难懂的词组;
9. 假设性的问题;
10. 有某些问题在意思上取决于前面的问题(如问题 1:你买了一套"×"吗?问题 2:它在哪儿);
11. 问题中带有否定成分;
12. 倒装问句(如你上次买的东西,它们是什么);
13. 问题中含有"若有的话/即便要"或"如果某事真会发生的话"(如即便要买,这些

之中,你都买什么了);

14. 问题太长;
15. 问题中含有现在式和过去式;
16. 问题中单数和复数并用;

资料来源：W Foddy, Constructing questions for interviews and questionnaires, p. 51. Copyright 1993 by Cambridge University Press. Reprinted by permission of Cambridge University Press.

(三) 避免因受到前面问题的影响而出现偏差

Foddy(1993)就一个相同的主题开发了一套提问的方法,而且使前面问题的偏向性的影响做到了最小。对于同一个主题,有关 Foddy 问题格式的方案要求研究人员做到：

1. 提出一个一般性问题,以便判断受访者关于该主题是否拥有必要的信息。如：
你听说过×吗?
是_____
否_____

2. 提出一个开放式问题,用来获得受访者对于该主题的一般性认知或感受。如：
你对×的看法是什么?

3. 提出一个细节性问题,以便弄清楚受访者对于该主题的某个具体方面的认知或感受。如：
你支持×还是不支持×?
支持_____
不支持_____

4. 提出一个开放式问题,以便了解受访者为什么在第三步中针对该主题的特定方面会做出那样的反应。如：
你为什么支持(不支持)×?

5. 提出一个等级问题,以便让受访者指出第三步中关于该主题的特定方面的反应程度? 如：
你觉得这个怎么样?
很强_____
强度一般_____
一点不强_____

资料来源：W Foddy, Constructing questions for interviews and questionnaires, p. 62. Copyright 1993 by Cambridge University Press. Reprinted by permission of Cambridge University Press.

(四) 诱导性问题

对于研究人员来说,在调查问卷和访谈中避免提出诱导性问题这是很重要的。一个诱导性问题可能会影响受访者的方向。如,"你对你的上司有多满意?"的问题是有点诱导性的,因为它把受访者导向了满意性的问题。相反,研究人员应该提出一个导向性弱一点的问题,即"你的上司怎么样"。

（五）不同类型的访谈问题

Kvale(1996)概述了9种相关类型的问题，它们都适用于半结构式和非结构式的访谈。具体如下：

- 导入型问题，从主题开始且帮助构建随后的问题。如"关于……你能告诉我……""当……时，发生了什么""你是否经历过……"。
- 后续（跟进）问题。
- 探索性问题，主要用来搜寻新的信息，而没有必要陈述采访者希望追求的主题。如"关于……，你能说的更多点吗""你能给我举个例子来说明……""你这么说是什么意思"。
- 具体化的问题，指的是更加具体的且跟在概括性问题之后。如"在那时，你都做什么了""你是否有生理和心理反应""这样的事或像这样的事，以前发生过吗"。
- 直接性问题，目的是引出新的话题和主题。直接性问题可能非常带有攻击性，因此必须小心处理。如"你曾经从工作中偷过价值超过10美元的东西吗""当你同你的前任老板打交道时，你是否表现得心胸狭隘"。
- 间接性问题涉及具体的主题，但答案可能是具体的或者是概括性的，也有可能是针对个体或团体的。如"人们辞职的典型理由是什么""你认为这里的士气是什么"。
- 结构性问题，是预先写好的，在当前的对话无法再讨论下去的时候，用来把对话切换到一个新的主题上。如"我想换个新的话题"。
- 解释性问题，是对受访者的话的重申、再解释、总结或者意译。它们的目的使对话更加容易、对讨论重新定向并避免误解。如"让我看看我是否明白了你的意思""如果我听得没错的话，你是说……""让我对你说的话做一下总结"。
- 沉默，是一种得体的间歇，并且在引出评论方面很有效。

资料来源：S. Kvale, Interviews: An introduction to qualitative research interviewing, pp. 133-135. Copyright 1996 by Sage Publications, Inc. eprinted by permission of Sage Publications, Inc.

（六）深度访谈中的叙事和探索性问题

Minichiello, Aroni, Timewell 和 Alexander(1995)对深度研究访谈问题做了归类（半结构式或非结构式和不是结构式的），主要包括叙事类和探索类。在叙事类问题中，采访者试图鼓励受访者讲述一个故事。这种提问的方式，采访者要求对某事进行描述，然后跟着进一步的问题，目的是解释或阐述。探索类问题往往比用于引出主题的原问题更能带来更加完整的信息。原问题或主要问题可以用来开始一个访谈或开始新的话题，而探索类问题是随后的问题，常常可以用来阐明和澄清并能够获得更多的细节。这类探索性问题主要有：

- 非常简单的探索词语。如"多讲一些""哦，真的吗""然后那……""我认为……""请继续""然后发生了……"；
- 更多复合式的探索词，可以获得更为清晰的、更有深度的答案。如"请多告诉我一些……""你为什么……""当你说的时候,你在想什么""那他怎么样……""这之后,发生了什么""那样的话,你觉得怎么样";
- 探索词探究感觉或态度,如"你如何反应""你觉得它怎么样""你为什么会那么认为";
- 探索词帮助正确地理解答案,如"你的意思是这样……""我这么认为是对的吗";
- 反射类探索词反映说过的话,如"让我看看我是否直接掌握了""那么总结你的情况……""我的理解是……";
- 反复核对,同给出的信息相对比,检验一致性,或者对比矛盾;
- 故意持相反意见的问题。这类问题也可以用来当作探索词(反对者可能说什么)、假设性问题(给出貌似真实的情境或事件,向受访者询问他们的反应)或提出理想(要受访者勾勒出他们能想象得到的、最理想的情境)。

(七) 小规模试验中要关注的问题

在实施之前,推荐进行小规模试验调查问卷或访谈是十分有效的。在小规模试验中,受访人数可能多达 30 人,最少也有 5 个受访者。Foddy(1993)提出了这样的程序,可以专门用来判别试验性问题是否需要修改或删除。根据这个程序,应该向小规模试验性访谈或调查问卷中的参与者系统地提出以下问题:
- 任何问题看上去会让受访者不舒服吗?
- 必须要重复一些问题吗?
- 受访者是否误解了一些问题?
- 哪些问题是读起来最难或最尴尬的?
- 有没有一些具体问题是受访者不喜欢的?为什么?
- 有哪一部分看上去很拖沓?
- 有哪一部分是受访者喜欢多说上几句的?

资料来源:W Foddy, Constructing questions for interviews and questionnaires, p. 185. Copyright 1993 by Cambridge University Press. Reprinted by permission of Cambridge University Press.

(八) 在访谈计划中如何组织问题

在访谈计划中问题的结构和顺序能影响提供的信息的准确性和访谈的流程。因此,当进行访谈时,明智的研究人员应该做到:
- 有策略性地开始访谈,包括构建亲密的关系、清楚地解释访谈的目的;
- 把访谈分成覆盖主题的若干个部分;
- 在一个部分内,使用漏斗访谈技术:采访者从广泛的、一般性问题开始访谈,然后围绕特定的主题就特殊的具体问题提出一些更为具体的问题;
- 在各个部分之间,应有过渡性的陈述;
- 能够对访谈进行总结,包括给受访者提供机会,使其可以额外补充他希望提供的更多信息。

六、在问卷和访谈中记录答案

问卷调查通常采用的都是封闭式问题,这样可以给受访者回答问题提供方便,他们可以在调查表上画钩或画圈。显然,在这种方式中,题项的答案是预先编码的(Bryman,2004)。相似的是,随着访谈的进行,结构式的访谈也为采访者提供了封闭式问题的题项类别,以方便记录。即便是那些开放式问题,也往往是一些具体的问题,在访谈(调查)表上留有空间来记录答案。

半结构和非结构式访谈通常用录音带进行记录(如经受访者允许且在其完全自愿的情况下)或使用观察笔记。为了能够准确地记录访谈的过程,观察笔记应该在 24 小时内进行转录,因为这时所记录的信息在采访者的头脑里还是比较新鲜的。利用录音机进行记录经常会失效(如参访者认为机器在工作,但事实上可能却没有进行录音,或是只记录了其中一部分内容,而其他访谈却没有记录下来,或是机器失灵),因此不能过度依赖录音设备。建议研究人员事先应该试验一下机器是否能够正常记录,准备一个备用的录音机,并且要小心谨慎地放置麦克风。在半结构式访谈或结构式访谈中,还会要求完成一份精确的手稿。当受访者在表述时研究人员要逐字逐句地记录下他的想法/回应,而这些想法或回应则是采访者对受访者说话的印象(Sommer & Sommer,1991)。

最后,最好不要采访那些对研究访谈不投入精力的人。然而,研究人员一定会遇上某个等级的知情人同意接受访谈,但随后却变得沉默、烦躁或厌烦。为了减少受访者的顽抗,研究人员应该确定知情人的可接触性、确定主题的范围、重新构建问题、使用探索性问题等,从实例中进行学习,并努力置身于无偏见的措辞和总结之中(Hickman & Longman,1994)。

七、结论

出于特定的研究目的,调查问卷和访谈是研究人员收集数据的常用方法。它们可以单独作为一种研究手段加以使用,也可以是构成较大的复合式研究设计方法的一部分。例如,在案例研究中,为进行三角验证而综合采用多种方法。由于其高度的结构化格式,当研究目的是从大样本中产生定量数据以检验研究问题或假设时,往往要使用调查问卷。访谈从非结构式到半结构式再到结构式,其目的各不相同。典型的非结构式访谈是自然的、解释性的、归纳性的,而结构式访谈则是用来检验理论的。因此,方法的选择与所提出的研究问题的本质密切相关。问题的设计需要建立在研究问题赖以存续的、理论框架的基础之上,而且每个问题的目的要十分清楚。结构式访谈的问题设计需要技巧,类似于调查问卷中各题项的设计。或者为了进行有效的非标准化访谈,需要与建立和维持复杂的人际对话相关的沟通技能。

参考文献

Belson, W. A. (1981). The design and understanding of research questions. Aldershot: Gower.

Bryman, A. (2004). Social research methods. Oxford: Oxford University Press.

Crabtree, B. F. & Miller, W. L. (1992). Doing qualitative research. Newbury Park, CA: Sage Publications.

Foddy, W. (1993). Constructing questions for interviews and questionnaires. New York: Cambridge University Press.

Fowler, F. J. & Mangione, T. W. (1990). Standardized survey interviewing: Minimizing interviewer-related error. Newbury Park, CA: Sage Publications.

Gilchrist, V. J. (1992). Key informant interviews. In B. F. Crabtree & W. L. Miller (eds.), Doing qualitative research (pp. 70-89). Newbury Park, CA: Sage Publications.

Hickman, L. & Longman, C. (1994). Case method. Wokingham, England: Oracle.

King, N. (1994). The qualitative research interview. In C. Cassell & G. Symon (eds.), Qualitative methods in organizational research (pp. 14-36). London: Sage Publications.

Kvale, S. (1996). Interviews: An introduction to qualitative research interviewing. Thousand Oaks, CA: Sage Publications.

Lee, T. W. (1999). Using qualitative methods in organizational research. Thousand Oaks, CA: Sage Publications.

Miller, W. L. & Crabtree, B. F. (1992). Primary care research: A multimethod typology and qualitative road map. In B. F. Crabtree & W. L. Miller (eds.), Doing qualitative research (pp. 3-30). Newbury Park, CA: Sage Publications.

Minichiello, V., Aroni, R., Timewell, E., & Alexander, L. (1995). In-depth interviewing. Melbourne: Longman.

Moorman, R. H. & Podsakoff, P. M. (1992). A meta-analytic review and empirical test of the potential confounding effects of social desirability response sets in organizational behaviour research. Journal of Occupational and Organizational Psychology, 65, 131-149.

Morgan, D. L. (1996). Focus groups. Annual Review of Sociology, 22, 129-152.

Schmitt, N. W. & Klimoski, R. J. (1991). Research methods in human resource management. Cincinnati, OH: South-Western Publishing Company.

Seidman, I. E. (2006). Interviewing as qualitative research: A guide for researchers in education and the social sciences (3rd ed.). New York: Teacher College Process.

Sommer, B. & Sommer, R. (1991). A practical guide to behavioral research: Tools and techniques. New York: Oxford University Press.

思考题

1. 访谈的主要分类有哪些？
2. 什么时候用小组（焦点小组）访谈合适？
3. 在访谈和调查问卷中理论是如何发挥作用的？
4. 访谈和调查问卷的数据有什么问题？

5. 减少访谈和调查问卷问题的方法是什么？
6. 构建问题的 TAP 程序是什么？
7. 用 TAP 方法设计问题的一般原则是什么？
8. 你什么时候使用开放式问题和封闭式问题？
9. 如何避免难题？
10. 如何避免先前问题中的偏差？
11. 什么是对答案有诱导性的问题？如何避免？
12. 访谈问题的不同种类有哪些？
13. 叙事和探索性问题是什么？
14. 在小规模试验性访谈或调研中要注意哪些问题？
15. 在访谈计划中应该如何组织问题？
16. 在问卷和访谈中问题的答案是如何记录的？

第 7 章

文献资料法与观察法

> **学习目标**
>
> 在完成本章的学习后,读者应该能够掌握以下几点:
> - 讨论以文献资料法(documentation)作为一种数据收集的方法;
> - 列出用于研究的文献资料的种类;
> - 了解在何种情形下文献资料可以作为主要研究方法;
> - 以文献资料作为主要数据收集方法;
> - 识别将文献资料作为主要的数据收集方法时所遇到的问题;
> - 概括在研究中应用文献资料的过程;
> - 定义什么是历史研究法以及在什么情形下应该加以运用;
> - 识别应用历史研究法的主要步骤;
> - 找出与历史研究法的每个步骤相关的普遍性问题,并解释如何克服它们;
> - 描述如何使用观察法进行研究;
> - 描述用于研究设计的主要观察法类型;
> - 定义何种情形下观察法是适用的;
> - 比较使用观察法作为研究方法的优缺点;
> - 描述参与式观察法,解释其适用的情形;
> - 识别以观察法作为数据收集的研究方法会遇到的问题,并解释如何解决问题;
> - 如何分析以观察法获取的数据,并回答研究问题。

作为数据收集技术的文献资料法,其目的是为了研究自然行为。观察法和文献资料可以作为主要的数据来源单独使用,或者作为多种方法进行研究的一部分。观察法和文献资料可以用于任何研究设计,包括在相关性实地研究(调查)和实验中加以使用。在案例研究中,往往也把观察法和文献资料作为其研究设计的一个组成部分。

一、作为数据收集方法的文献资料

（一）用于研究的文献资料法

文献资料包括对公共和私人文件，如会议记录、报纸和私人日志、日记和信件等方面的分析研究。根据 Lee(1999)的观点，文献资料的构建与分析既包括文件的存档搜索〔如官方和非官方的公司文件、期刊或记录(日志)、私人信件和日记〕，也包括通过叙述和生活阅历等文档。文献资料通常涉及的是口头内容分析，但也可以是以文献记载形式的量化数据。

（二）用于数据收集的文献资料法

文献资料法可以用于许多不同的研究目的。一旦把文献收集回来，一般就不再需要积极的干预了，如不需要再进行访谈，自管理调查问卷或者利用收集到的主要数据进行实验了。文献资料不引人注目，是不需要反馈的。它可以用于数据的三角验证，帮助克服其他方法的偏差，也可以用作信息补充。各种文件记录包括不同员工和团队对组织生命的理解，因为这些文档是组织中各个层级的个人和团队互动交流的主要副产品之一(Forster,1994)。这类文档允许研究人员通过口头或书面的形式获得被调查者的信息。文献资料代表着重要且缜密的数据，因为该组织已分配了资源并且调查对象也花费了时间对其进行编辑或整理(Creswell，2003)。

（三）用于组织研究的文献资料法

关于文献资料的用途，Forster(1994)曾经做过以下这样的概括：
- 告诉研究者有关公司正在试图向其内部员工和外部客户或潜在竞争对手展示的一种形象和文化；
- 关注组织的历史发展过程和未来发展，帮助调查对象在后面的口头说明时重述公司的历史。

在基于主要数据(如访谈)的研究中，文献资料作为前期的初步数据加以应用，或者作为独立的研究资料加以应用(Forster,1994)。虽然文献资料往往为定性研究提供了合适的数据，但也可用于寻求量化关系的研究之中。例如，可以出于经营战略的视角对公司的文献资料进行编码，然后去剖析它作为自变量对因变量(如员工配置和绩效评估)的影响，并在相应的研究中加以应用。在这类研究设计中，变量可以通过问卷调查来进行测量，并且可能把问卷分发给企业的高层管理者来填写。正如在 Schuler 的理论中所阐明的，通过应用这种设计，可以确定企业经营战略和特定的人力资源管理实践类型之间的关系。因此，这样的研究问题可以用于验证 Schuler 的理论。

（四）文献资料的类型

Forster(1994)已经把研究中可以使用的、主要的组织文献资料类型进行划分。这些文献资料的类型主要有：
- 公司年报（提供诸如利润等硬数据，也可以对质性数据如组织使命及远景（vision）或者人力资源管理方法等进行编码）；
- 公共关系材料和新闻发布稿；
- 会计报表（硬数据）；
- 公司使命宣言（用来评估经营策略）；
- 营销战略的政策；
- 正式的章程和法律文件；
- 制度和程序的政策；
- 人力资源管理的政策；
- 政策在培训、职业生涯管理、岗位变动和重新安置管理发挥指导作用（如培训政策为组织培训战略和培训项目提供信息；职业生涯管理政策提供职业发展政策；以及为接班人计划系统提供可用信息）；
- 不同群体和部门之间的正式备忘录；
- 员工之间非正式的私人信件和研究者与被调查者之间的信件。

当然，还有一些文献资料，如人力资源管理者手里关于投诉的文件，或者与离职人员面谈的文件，则可以用来分析员工的士气和离职的原因等。例如，研究人员可以去收集相关文献资料，进而了解组织员工参与组织员工培训与发展政策制定的情况。一般来说，需要进行编码的文献资料包括：公司年报和公司使命宣言、组织中人力资源职能运作的正式文件、培训政策、员工发展政策、员工招聘政策、所有关于培训计划或培训预算的文件、所有与培训有关的备忘录、收集的所有提供给政府部门关于培训支出的文件、职业发展政策、绩效考核的政策和程序、评估不同类型员工的政策和形式、接班人计划政策、培训考勤政策的辅助措施和人员再配置政策等。

一般而言，研究人员可以从以下两个方面来获取上述这些文献资料：

（1）从宏观的整个组织角度，即关于工作人员培训和发展的政策意向；

（2）从地区或部门内部或更微观的角度，与员工管理相关的、更为广泛的政策的实施。

与此相对，Creswell（2003）提供了另外一种关于文献资料的出分类方法。根据Creswell的观点，文献资料主要包括：

（1）公开文件，如会议记录和报纸；

（2）私人文件，如期刊、日记、书信或电子邮件等。

例如，日记可能早就已经存在了，但也可能是为研究目的而摘录的（Sommer & Sommer,1991）。出于研究的特定目的，通常会要求受访者保留日记或某一时间单元/一天中某一阶段针对某一活动日常记录（如每天经理人的工作任务）。这些既可以是原始数据，也可以是二手数据。发表的日志、日记、书信和自传可以构成个人风格的生活阅历，其中包含着大量的、用于进行系统分析和形成普遍结论的数据。这些方法也可以用来说明基于其他技术所得出的结论，但是研究人员需要根据内部效度（在同一日记的不用地方出现类似的说法）和外部效度（在其他人的日记中出现类似说法）进行选择。

一般来说，档案数据是指由政府和产业所收集的(关于几个组织的报告)公共记录和文件，或者其他跨组织的报告文件。它们都是定性和定量数据的丰富来源。澳大利亚公司的数据有几个来源，可以对这些数据进行编码，然后进行深入的研究与分析。例如，组织规模、经营年限、产业、所有制、总部、收入、离职情况、业务线和国际业务等。其中，上述来源主要包括：Kompass Australia(澳大利亚商会、澳大利亚制造商的相关商会及金属贸易行业协会，2006)、澳大利亚500强企业(Business Who's Who of Australia, 2005)，以及乔布森的在线数据库以及公司年报。此外，一些出版的公开数据也可以为相关研究提供其他方面的变量数据，如《人力开发报告》中关于国家经济表现的变化(联合国开发计划署，2005)。同样，澳大利亚统计局也有着丰富的官方统计资料。

其中，有些数值型的文献资料，如积极活动信息(产业中主要公司中不同管理层级的女性代表数量)，是可以直接进行分析的，进而可以提供有关群体(如银行高级女经理)的某些结论。最近，妇女工作机会均等协会(EOWA)提供了定量和定性的数据报告(妇女的平等工作机会，2004—2005)。凡是出版物，无论是政府、行业，还是某个组织所提供的数值型数据，在当前趋势的对比中都是非常有用的(Sommer & Sommer, 1991)。研究人员应该注意到，在二手数据中低估或少报可能会是一个问题。因此，需要把这一因素考虑在内。

(五) 使用文献资料的优缺点

在使用文献资料时，也会出现一些问题。获取相关文献资料本身可能就有困难。相应的文献资料可能是受到保护的，因公因私可能都无法查看。有时，甚至找到相应的文献资料也十分艰难。此外，这些材料可能并不完整，或者真实性与准确性也有待考究。与文档资料相关的一个主要问题是：原始数据的收集往往有着自己的用途，可能并不包括研究人员所感兴趣的变量(Payne, Finch & Tremble, 2003)。

Forster(1994)概括了将组织文献资料作为研究数据的问题。在实践中，往往很难基于这些记录得出对其他同类组织也普遍适用的结论。它们可能也无法代表某个特定的组织特定生命周期阶段。而且，相应的文献资料也可能具有一定的政治性和主观性，并被动机不明的研究人员所采用。因此，公司的文档或其他形式的文档需要根据其他数据来源进行检查、解释并进行三角验证。根据Forster(1994)的观点，应该把相应的文献资料视作是基于特定情境的数据，而且必须根据其他形式的研究将其情境化。

尽管有如上所述的潜在问题，在研究设计中使用文献资料还是有其优势的，研究者有足够的机会在设计研究中非常用心地检查自己所撰写的文字、文献资料所固有的不唐突性，并且需要相对较少的转录。此外，用于研究目的的大量有用信息，包括定性数据和定量数据都有存档(Lee, 1999)。

(六) 使用文献资料的步骤

下面介绍六种可能在文献资料分析中所运用的程序或步骤，尤其是针对那些在组织机构中获取信息的研究人员。

(1) 尽可能多地获得与研究问题相关的文档；

(2) 制定协议：记录不同的文件，正在研究的主要类别；

(3) 在每个文档中搜索主题，并在文档群中（部分及整体）搜索子主题以及与主题相关的信息；

(4) 与其他数据源进行主题比较，包括访谈、问卷调查、观察，进行三角验证；

(5) 根据研究问题决定关系（如变量间的关系）；

(6) 形成关于总体的演绎理解。

（七）分析文献资料中的数据

文献资料中往往包含文本，如年度报告、公共关系和新闻资料、使命宣言、制度和程序的政策、人力资源战略和管理的要求（如培训方面）等。这就使得数据适合于进行基于文本资料的内容或含义的定性分析。举例来说，人们常常基于特定的情境解释现象——他们身处其中的情境，这时基于特定情境的解释或内涵就是研究的出基本单位，而不是因果变量。在这里，"理解"而不是"假设检验"——构成了需要解决的关键方法问题（Forster，1994）。也就是说，不能把理解或解释简化为几个自变量和因变量。对组织的研究，也往往是从组织内部进行概念化处理和研究的，而不是作为一个分离的观察者加以实施的。有时，不同的甚至是相互矛盾的文本含义可以通过分析各个文本的意义、它们与自己所起源的世界整体的关系、重新演绎不同的文本（Forster，1994）来加以确定的。

在整个过程中，需要一种方法来记录文档，需要建立一种用于记录信息的协议，以便用来确定：有关文件或材料的信息，以及该研究人员正在寻找的信息来源的分类。(Creswell，2003)。需要注意的是，不管信息是来自于一手数据（信息直接从被研究的人或环境中来），还是二手数据（人或环境的二手记录），都是需要进行记录整理的。

（八）提高信度和效度的步骤与方法

Froster(1994)曾描述过从单个组织的角度来分析文献资料的过程以及如何提高信度与效度的技术。其中，他所涉及的步骤与方法如下：

(1) 研究人员对单篇文档资料内涵的理解，需要结合该篇文献中其他相关主题。在此基础上，还需要结合一系列相关文献资料来强化对该文档的理解。

实际上，上述过程就是从局部到总体、再从总体到局部的持续过程。最初，研究人员对文献资料的理解可能是模糊的、不清晰的。因此，最初的工作就是在每篇文献中搜索不同的相关主题，然后扩展到文献群——一组相关的文献资料。这时，注意力的焦点是具体的语义，而不是分析。这样，研究人员就进一步确定了主题和副主题。其中，副主题是相关的语义单位，如文化、人员管理、沟通和力量关系等（Foster，1994）。相关语义单位实际出现的具体次数，是需要格外留意的，它可以表明该语义单位的重要性——特定问题在相关文献资料中的重要性（Forster，1994）。因此，相关主题是基于对基础知识的理解而产生的，是基于对每一个语义单元（如文化）的剖析而产生的。它在文献资料中的出现以及研究人员对语义的理解，都需要综合考虑该语义所存在的广泛情境。有时，还需要考虑同其他情境的关联。

(2) 分清主次。需要把不同主题联系起来，以便探索是否存在着一个核心主题——

这可能促使研究人员对相互冲突的主题形成更高层次的理解。

（3）通过把副主题跟其他主题结合起来进行思考，以便探索是否存在核心主题。这样，往往可以帮助研究人员识别出一系列相关的主题。

在研究中，需要把具有同一主题和共同内涵的多个文本组合起来。这样，就可以根据文献资料的内在联系和逻辑把它们汇聚成主题群。是否存在内在的联系和逻辑，往往可以通过将文献与同一作者的其他文本进行比较、跟访谈资料进行比较以及同其他作者的文本进行比较的方式进行测试。这样，就可以形成密切相关的语义群了。

（4）通过与其他文本和其他形式的数据进行对比或者与研究问题进行对比，进而对文献数据进行三角验证。

然后，可以把具体的语义同特定的研究问题进行对比。在此过程中，需要一次性地把所有文本和其他形式的数据联系起来进行考察，而不是基于研究问题分析文本中的一小部分。当把整个文本作为研究单位或运用所有数据进行研究的时候，特定的文本部分可能与整个文本在语义上存在差别。在实践中，往往很难把某个组织的全部范围和全部数量的文档资料考虑在内。

（5）检测信度和效度。为了测试结论，可以在方法上训练其他研究者来验证信度水平。其他研究人员可以具体检测该研究的一般严谨性和文献的代表性。而且，假如存在效度问题，那么不同研究人员针对同一文本可能会得出不同的解释。因此，为了进行信度和效度的检测，绝对不能单独使用公司文档。

（6）对文档数据进行情境化处理，即将其置于更为广泛的组织情境和过程中进行理解。实际上，只有在更为广泛的组织情境和过程中参照其他形式的数据，才可能真正理解文献的内涵。

（7）在总结报告中使用有代表性的书面材料作引用和说明。在研究报告中，可能需要对文献资料进行抽样，并使用例证材料（例子）。

（九）历史分析法

历史分析法是经常应用于产业关系研究领域的建构主义方法，又是通过研究历史（发生在过去的事件）而产生新知识的方法。其关键是人们过去赖以构建独特现实的方式。因此，历史分析法比较适合跟历史、那时发生的事情、那时人们构建现实的方式有关的问题研究（Bedolla，1992）。历史分析法的目的在于：考虑特定的意义和价值，然后深入了解与特定现象和事件相关的过去意图。因此，历史分析法为我们提供了一种了解文化的出现与发展的方式。

历史是一系列的行动、互动、事件和场景等，而不是过去的简单记录。历史研究人员所提供的记录，不仅仅是过去具体发生的事情。尽管历史研究人员的工作做得既严格又详尽，但最终的结论仍然是主观的、理想化建构。随着时间的推移以及新信息、新视角和新范式的出现，这种建构也会随之发生改变。

历史分析法基于历史数据而产生的研究问题。在研究中，需要对生成研究问题的历史数据进行检测，然后开始分析新的数据。研究人员的洞察力往往是对研究问题的尝试性回答，但这些洞察力是需要被证实的。如果能够对现有的数据进行解释，那么历史学家就掌握了正确回答问题的知识。但现实是只有一部分数据是可以解释的。

(十) 历史分析法的步骤

Mason, McKenny, Copeland(1997a, b) 和 Patemore(1998)都曾对历史研究法做过相关的描述,他们认为,历史分析法的主要步骤包括以下 4 点:

(1) 通过现有的资源来对过去遗留下来的问题进行研究;
(2) 解读研究结果;
(3) 对问题的解读的准确性进行评判;
(4) 围绕解读评判后的正确结论进行交流。

在历史研究法中,研究人员能否听取内部和外界的批判是至关重要的。听取了外部的批判,研究人员就可以对历史的书面材料作出评判。听取了内部批判性意见,研究人员就可以探究出作者的心理状态,从而来推断作者到底想说什么、作者是否相信他自己所说的、这种信念或投入是否得到证明是正确的。当然,历史数据是需要具有信度的。为了达到从经验到理论的进步,还必须确保这些信息是能够理解的,而且这种理解还必须是正确的。在获得了历史数据并已证实了数据的可靠性之后,历史学家就可以进入解读材料的过程。在这个过程中,历史学家先将搜集来的零散数据整合起来,然后再客观地去评价它们。

Bedolla (1992)也曾在书中描述过历史分析法,他认为历史分析法是:

- 调查;
- 解读;
- 对历史的评判;
- 对历史的评价与交流。

二、作为数据收集方法的观察法

(一) 用于研究的观察法

观察研究法可以用直接观察来解释那些较为复杂的问题,通过问问题来澄清特定的问题(Sekaran, 1992)。数据的收集,就是在日常工作中观察并记录下人们的行为。比如说,想要了解经理人员从事的工作,就可在经理工作的环境中观察他们的行为,并记录下他们日常的工作任务以及为什么要这么做。观察法通常是用来研究那些非同寻常的现象,如罢工等。

Somer 和 Somer(1991)曾经强调过观察研究法中的观察与一般的观察查看之间的不同。观察并不是生活中那种没有指导的随便看而:

- 是用作特殊研究的观察;
- 是系统性计划好的观察;
- 是含系统性的记录,而且与很多的命题密切相关,而不是仅仅对呈现在你面前所感兴趣的东西进行观看;

- 需要对观察的效度和信度进行核查与控制。

（二）观察研究法的类型

观察研究法主要有两种分法(Miller & Crabtree,1992)。其中,一种分法是根据研究者参与观察场景的程度来划分的(如可以在背后做一个安静的笔记记录者,或者一边做笔记一边做实际工作)。观察者既可以参与到其中(即参与到活动中去,又兼顾记录的工作),也可以置身事外(即别人活动时他只在一旁做一个静静的记录者)。这也就是人们所说的参与式观察和非参与式观察。其中,非参与式观察者需要在一段较长的时间内进行观察研究(比如连续三个月,每天都如此)。参与式观察者则是要成为活动小组的一部分,将自己完全沉浸在整个活动场景当中(如工作场所和组织机构等)。

另外一种分法是根据观察结构来划分。按照这种分类方法观察研究中的观察既可以是结构性的,也可以是非结构性的。其中,结构性观察要求有预先设定好的、待研究现象的活动类型,然后根据类型来观察个人的行为。行为的观察结果通常是按照一定的范畴来分别记录的。通过结构性观察所获得的数据,主要适合用来进行定量分析。在非结构性观察的条件下,所观察到的一切都要进行记录。非结构性观察的重点,在于对个人细节的描述上,而不像结构性观察那样十分关注预先设定好的活动类型（Sommer & Sommer, 1991)。在参与式观察研究和人种学研究中,通常采用定性研究技巧(在人种学研究中,定性分析研究是用来研究特定人群特定地点的,如社会、法庭、银行等)。

（三）参与式观察研究

观察研究法的另一种常见形式就是参与式观察。参与式观察研究的特点是：研究者和参与者之间形成了长期的互动关系。在参与者的环境当中,系统性地以场景记录的形式来获取所需要的数据(Bogdewic, 1992)。Waddington(1994)曾经这样描述参与式观察：它可以让观察者同被观察者谈话,并了解他们的感受。在特定的情境下,通过日常的接触来获得第一手研究资料。参与式观察可以感受到被调查者的经历,通过了解他们的思维方式,感同身受地获取所需要的信息。参与式观察者常常利用观察法立足于组织内部来研究组织文化,而不是作为一个客观的观察者从外部了解这种文化。

（四）何时运用参与式观察法

当观察者需要了解深层的含义和动机时,通常会用参与式观察法(Waddington,1994)。Bogdewic(1992)曾经指出,当对设定的场景和互动赋予特定的行为和信仰时,可以使用参与式观察法。任何一种文化中的居民都会受到自己认为是理所应当的、假设的影响。通过参与式观察研究,我们可以发现口头和实际行为之间是有巨大差异。随着展现在你面前的真实生活文本的出现,研究人员就可以识别出时间的先后顺序和结果对某种研究现象所产生的作用。

Waddington 认为,参与式观察研究需要同研究项目一致才行(Waddington,1994),那是因为：

- 参与式观察研究强调人文含义、解读与互动；

- 被调查的现象让公众费解；
- 有分歧的时候；
- 当知之甚少时，内部视角可能会了解更多的知识。

然而，如果认为对一个陌生人进行观察并记录其感兴趣的情境是他人的一种冒犯，而且感兴趣的情境又是公众不清楚或完全不了解的或看上去当局人与外部人观点迥异时，就不应该使用参与式观察法(Bogdewic，1992)。根据 Waddington(1994)的观点，研究人员需要：(1)合理地获取信息；(2)研究问题要具有观察性并能够用定性数据来表示；(3)研究情境在规模和位置上要充分地设限，能够有效地进行观察。

一般来说，有四种主要方法可以让参与式观察者融入人们的体验和活动当中。根据 Creswell(2003)的研究成果，研究人员可以扮演以下几种角色：

(1) 完全的参与者，他隐藏自己的角色；
(2) 作为观察者身份来参与，观察的角色让位于参与者的角色；
(3) 作为参与者来观察，他的角色是公开的；
(4) 完全的观察者，他只观察不参与。

（五）参与式观察法的利弊

参与式观察法的首要优势，是在如下条件下可以直接获得关于组织现象的一手信息：(1) 组织现象发生在一个真实世界的情境当中；(2)实时的；(3)对于特殊语言的描述没有潜在歪曲的提示。

比较而言，其不足之处在于：观察者的介入在一定程度上会引起被观察者心理和行为的变动(Lee，1999)。正如 Wadington(1994)所指出的那样：在参与式观察过程当中，容易出现一些问题——这是因为在观察中观察者知道什么样的行为是可取的、什么又是不合理的或是危险的等(如由罢工者引起的危险)。研究人员的出现，可能会影响观察的真实性。这就是我们众所周知的反应性。最终，有一种"入乡随俗"的可能(过于本地化了)，即研究人员太过于像他所研究的群体了(Bryman，2004)。

（六）参与式观察的步骤

Wadington(1994)对基于参与式观察法的研究过程进行了描述，具体步骤如下：

1. 进入观察领域：首先应该确保隐私，确保研究人员的兴趣并不局限在任何场景或一群人中，能够对研究程序和目标给出值得信任的、相对宽泛的一般性描述，以便减少防御式行为与自我意识行为。

2. 在观察领域采取行动：需要保持积极的、没有任何威胁的自我形象。观察者应当强化自己拥有的、与那些受试者相同的特征，而不是要求他们采取偏离以往的行为。

3. 记录下活动的数据：参与式观察跟观察和记录人们的活动行为紧密相连。在适应环境的初期，需要充分了解正在发生什么(应该如何理解活动)。做笔记是必须的，但是需要在自己远离活动场地时进行记录。其中，这种记录应当包含对人的描述、对活动事件的描述以及对整个交流过程的描述、对观察者自身活动情况的描述、对自身的感受和工作假说等描述。详细地记录下何时、何地可能发生的任何事。通过使用多种收集数据的方法所收集来的数据进行三角验证。例如,额外附加的文献(日记、信件和会议记录)以及和受试者的讨论等,即通过录音采访(与受访者随意谈话的录音)或是调查形式的随意访谈。

4. 分析数据:这种分析通常是具有归纳性的。

- 按照研究单位或主题来归类整理所收集的数据,然后去分析识别存在的某种模式或关系,这通常与现存的理论或实地调查中出现的假设相关联。
- 再次将数据进行整理,并针对特定问题给出解读。
- 分析得出的东西经过评判和严格的检查,要么拒绝,要么就可以在稍加修改后接受了。
- 为了进一步检验理论概念、扩大它的普适性,需要反复重复整个过程。

5. 离开观察领域:当再也没有什么新的发现时,参与式观察就可以终止了。建议慢慢地淡化关系,而不是将关系戛然而止。而且,在有了研究结果后,应当告知受试者。

(七)参与式观察的范例

Currall、Hammer、Baggett 和 Doniger 于 1999 年给出了运用参与式观察收集数据的案例。此次参与式研究的目的,是在一组主管当中来研究团体过程。有趣的是,此次研究结合了定量和定性的研究技巧。他们在研究过程中所遵循的研究步骤如下:

1. 让观察者参加公司董事会并得到公司的同意,这样该研究人员就可以作为参与式观察者来对董事会进行研究了。因此,在这种情况下,观察者的角色是作为观察者的参与者角色。

2. 在董事会里,观察者收集了有关董事会群体过程的相关资料。

3. 把记录下来的东西转换成文字材料,如在会议室内谁对谁说了什么。在数据收集的 5 年中,有关董事们口头行为的文字稿由团队秘书进行交叉核查。

4. 按照全部和排他的原则,利用记录手稿的内容分析来对董事们的口头行为进行编码,然后对编码后的材料进行分析。而且在本次研究中,内容分析经历了 15 次迭代,以便确保编码类型是全部的、排他的。

5. 对评判间信度进行评估。在 3 个评判者中,计算了评判间信度指数。

6. 通过大量记录团队成员的日常口头行为,所以形成了相当丰富的文字材料,积累了大量的有关董事们的口头记录。

7. 对董事们的口头行为进行计算整理,然后采用适合于对上述数据类型进行分析的统计技术来验证有关群体过程的假设。这样,就生成了单一变量随时间而变化的测量指标,可以分析两个变量之间的相关关系,并用统计控制来消除混杂变量的潜在影响的多元分析等。

在此次研究中,理论是围绕会议室中各位董事之间的巧妙冲突、权力争斗、利益群体的倡议而逐渐构建起来的。Currall 等人(1999)最后发现:

- 新的外部董事的总体活动水平随着时间的推移在不断增长,但工人董事并非如此。
- 在董事会的讨论和争论中,执行董事处于主导地位,至少跟以前参与进来的外部董事和新加入的外部董事相比是这样的。这种情况,在需要公司专有知识的问题讨论与争论中表现得尤为明显。工人董事在讨论和争论中是话语权最少的群体。
- 对于外公司的收购而言，董事会审议中利益群体的主张和冲突并不多。冲突的产生不仅由于利益群体的主张不同，也是与外部董事（已有的和新来的）对管理决策的批评有关。

Currall 等人在 1999 年曾指出定性观察法在调查群体过程中的优势，这些优势主要包括以下几点：
- 有关群体成员行为和互动的细节观察数据比较丰富；
- 观察者可以亲密地了解群体历史和行为标准，并作为一种解释框架加以使用，如解释群体成员的行为；
- 观察能够让研究人员随着时间的展开而收集更多的群体数据，从而使开展纵贯调查成为可能。

在上述研究中，研究人员也注意到了该研究的不足之处，这些不足主要与下列因素有关：
- 观察者的认知信息是有限的；
- 其他研究人员也不能确定该参与式观察者是如何对观察记录做出解释的；
- 观察记录不能是用来进行统计推断来验证假设的，仅仅是对事件和行为的丰富性描述。

（八）作为研究技巧的结构性观察法

结构性观察法也叫系统性观察法，它在记录观察到的行为时，会不断使用一种得分系统和预先设定好的问题。因此，在实际观察中也需要一份观察清单，告诉观察者一个标题下该记录些什么信息。其中，清单中的问题种类包括情境中经常出现的、可以被观察到和记录到的各类问题。而且，最初也需要随意进行观察，以便确定接下来要重点观察的问题种类。当然，观察者也可以不止一个。在多个观察者同时记录的情况下，取平均值可以提高观察的信度。在信度得到评估之前，至少要有两个观察者同时参与观察。此外，观察者还必须找到一个能记录下被观察者行为的位置。系统性观察法的实施步骤如下：

(1) 确定研究的问题。
(2) 先进行随意观察，区分观察（实际行为）与推理（解读）。
(3) 详细地描述观察种类。
(4) 设计测量工具（如观察清单、种类和编码系统）。
(5) 进行研究设计，以便提高效度。也就是说，确保已经测量了应该测量的东西并确保其具备普适性。
(6) 培训观察者实用工具的能力。
(7) 进行试点测试。
- 检测实际的观察程序；
- 至少配备两个独立的观察者进行观察，以便对其信度水平进行评估。观察者之间的观察一致性程度应该予以统计，如利用 Kappa 等工具来计算观察者间的信度水平（详见本书第 12 章）。

(8) 修正观察程序和工具,如果存在着本质性的改变,则需另行进行预测试。
(9) 收集数据。
(10) 整理、分析和解读结果。

在运用结构性观察法推断人们的态度、信仰或是观点时,往往具有一定的难度。关于个人的态度、信仰或是观点的数据,应当通过访谈或是问卷的形式进行收集。或者,当研究人员想要探究社会文本的内涵意义、诠释和动机时,也可以运用参与式观察法。

(九) 观察研究法存在的问题

在进行观察研究时,研究人员需要规避许多陷阱。无论是参与式观察法,还是结构性观察法,都存在着一些潜在的问题(Sommer & Sommer, 1991),主要表现在以下几方面:

1. 反应性影响:被观察者的反应性影响(在观察过程中的自我意识和自我调整行为等);

参与式观察法对于研究文化群体是比较有用的。因为观察者参与的时间较长,而且受试者也不会因此而改变自己以往的行为方式。此时,观察者要适应,而不是上面所说的反应(Bogdewic, 1992)。

2. 观察者错误:不明确或不可靠的观察范畴种类、观察者自身的偏见以及研究过程中观察阶段的变化所造成的。

在参与式观察中,观察者可能会发现自身很难保持一种主动角色。观察者自身可能会存在一定的偏见,而且观察者也可能会有疲惫和厌倦情绪。因此,可以培训观察者如何观察以及该记录什么。如果有不止一个观察者,那么就可以估算出其信度水平了。

来自参与式观察者从现场给出的记录,可能会缺乏可信度,观察者可能会改变受试者的行为。解决这一问题的另外一种办法就是:采用三角验证法。或者还可以通过使用不同的方法、选派不同的人(一个团队)、在不同的地点用公开或是不公开的方法进行记录、为一个参与式观察研究的结果提供额外检测。这样,不同优点和方法可以用来准确描述同一现象的不同方面。

3. 抽样错误:被观察者不足以代表群体、研究不具有普适性、时间不充分或由于地点而产生了偏见、时间等。

三、结论

文献资料分析通常包括对公司文献的归纳性理解,从而演绎出对公司组织的整体理解。文献资料可能没有什么表面价值。我们不能孤零零地去分析它们,只能在通盘考虑的基础上立足于特定的情境,基于综合视角,并结合其他分析来进行推断。文献资料分析的优势在于它可以强调不同群之间的互动关系和组织政治生活。

在回答涉及自然行为的问题时,常常会采用观察法。随意观察不需要使用预先安排好的问题种类和特定的得分系统,它在观察研究的初级阶段可能是比较有用的。结构性观察则需要采用详尽的问题种类和特定的得分系统。结构性观察中可能会出现一些信息错误,比如反应影响错误,观察者错误和抽样偏差等。鉴于此,在结构性观察研究的初级阶段，可以选派两名或两名以上的观察者同时进行观察，以便提高研究的信度水平。参与式观察研究是指研究者参与到被观察者的情境中去，成为被观察者中的一员。但是，关于信度水平和普适性则有待进一步考究。在参与式观察中，三角验证法可以用来检验信度水平，而且可以使用多种方法、多个观察者、多个观察地点作为对观察者记录准确性的附加检测。

参考文献

Andrews, J. (2001). Group work's place in social work: A historical analysis. Journal of Sociology and Social Welfare, 28, 45-65.

Australian Chamber of Commerce, Associated Chambers of Manufacturers of Australia, & Metal Trades Industry Association of Australia (2006). Kompass Australia (35th ed.). Prahran: Isaacson Publications.

Bedolla, M. (1992). Historical method: A brief introduction. In B. F. Crabtree & W. L. Miller (eds.), Doing qualitative research (pp. 163-173). Newbury Park, CA: Sage Publications.

Bogdewic, S. P (1992). Participant observation. In B. F. Crabtree & W. L. Miller (eds.). Doing qualitative research (pp. 45-69). Newbury Park, CA: Sage Publications.

Bryman, A. (2004). Social research methods. Oxford: Oxford University Press.

Business Who's Who of Australia (2005). Australia's top 500 companies (19th ed.). Chatswood: Dun & Bradstreet.

Creswell, J. W. (2003). Research design—qualitative, quantitative, and mixed-method approaches (2nd ed.). Thousand Oaks, CA: Sage Publications.

Currall, S. C., Hammer, T. H., Baggett, L. C., & Doniger, G. M. (1999). Combining qual-itative and quantitative methodologies to study group processes. Organizational Research Methods, 2, 5-36.

Equal Opportunity for Women in the Workplace Agency (2004—2005). Equal Opportunity for Women in the Workplace Agency Annual Report. Canberra: Australian—Government Publishing Service.

Forster, N. (1994). The analysis of company documentation. In C. Cassell & G. Symon (eds.), Qualitative methods in organizational research (pp. 147-166). London: Sage Publications.

Lee, T. W. (1999). Using qualitative methods in organizational research. Thousand Oaks, CA: Sage Publications.

Mason, R. O., McKenney, J. L., & Copeland, D. G. (1997a). Developing an historical tradition in MIS research. MIS Quarterly, 21, 257-278.

Mason, R. O., McKenney, J. L., & Copeland, D. G. (1997b). An historical method for MIS research. MIS Quarterly, 21, 307-320.

Miller, W. L. & Crabtree, B. F. (1992). Primary care research: A multimethod typology and qualitative road map. In B. F. Crabtree & W. L. Miller (eds.), Doing qualitative research (pp. 3-30). Newbury Park, CA: Sage Publications.

Patemore, G. (1998). Digging up the past: Historical methods in industrial relations research. In K. W. Whit?eld & G. Strauss (eds.), Researching the world of work: Strategies and methods in studying industrial relations (pp. 213-227). Ithaca, NY: Cornell University Press.

Payne, S. C., Finch, J. F., & Tremble, T. R., Jr. (2003). Validating surrogate measures of psychological constructs: The application of construct equivalence to archival data. Organizational

Research Methods, 6, 363-382.
Schuler, R. (1989), Strategic human resource management. Human Relations, 42(2), 157-184.
Sekaran, U. (1992). Research methods for business: A skill-building approach. New York: John Wiley & Sons.
Sommer, B. & Sommer, R. (1991). A practical guide to behavioral research: Tools and techniques. New York: Oxford University Press.
United Nations Development Programme (2005). Human development report. New York: Oxford University Press.
Waddington, D. (1994). Participant observation. In C. Cassell & G. Symon (eds.), Qualitative methods in organizational research (pp. 107-123). London: Sage Publications.
Whitfield, K. W. & Strauss, G. (1998). Researching the world of work: Strategies and methods in studying industrial relations. Ithaca, NY: Cornell University Press.

思考题

1. 作为研究方法的文献资料法指的是什么？
2. 什么时候在研究设计中运用文献资料法？
3. 在研究中使用的文献资料种类有哪些？
4. 在使用文献资料时有什么问题？
5. 运用文献资料法的优势有哪些？
6. 在研究设计中运用文献资料的步骤有哪些？
7. 如何分析文献资料？
8. 典型的文献资料研究包括哪些步骤？
9. 什么是观察研究法？
10. 研究设计中观察法有哪些主要种类？
11. 什么是参与式观察法？
12. 什么时候使用参与式观察法？
13. 在数据收集时运用参与式观察法的优势和劣势各是什么？
14. 参与式观察法的步骤是什么？
15. 结构性观察研究法是如何展开的？
16. 观察法的问题有哪些？

第4部分
测量

第8章 信度和效度
第9章 量表开发

第 8 章

信度和效度

> **学习目标**
>
> 在完成本章的学习后,读者应该能够掌握以下几点:
> - 解释什么是信度;
> - 解释什么是效度;
> - 能区别信度和效度;
> - 描述内在一致性和稳定性信度;
> - 比较不同种类的效度:建构效度、内容效度以及效标效度;
> - 描述如何测量信度;
> - 描述如何测量效度;
> - 解释如何增加信度;
> - 解释如何增加效度。

一、提高研究的质量:测量的信度和效度

(一)建构和测量

根据 Edwards 和 Bagozzi(2002)说法,建构(construct)是面向理论研究所指向的特定现象的概念术语。因此,建构作为一个概念,它的存在是属于理论语言的一部分。举例来说,管理研究中的建构有"全质量管理""变革性领导""情绪智能"等。研究人员把准备进行研究的大多数建构都进行了概念化处理,即变量。而且,无论是定量还是定性的变量,都可以取不同的值或代表不同的状态。正是由于这个原因,所以经常也会把建构称为潜在变量或不可直接观测变量。由于建构是抽象的,所以研究人员就需要在实证研究对其进行操作化的处理,并正确地测量它们——测量指标。其中,这里所说的测量指标是指一个分值或可观测值,以便能够在实证研究中代表或体现相应的建构(Edwards & Bagozzi, 2000)。在研究中,研究人员可以通过不同的数据收集方法,如问卷、文献资料和观测等手段来获得测量指标的值。因此,我们可以把测量或观察到的变量称作其各自潜在建构的

指标。但是,事实上并不存在能够完美再现建构的测量指标,所以实证研究的一个重要部分就是最大化测量的信度和效度。

(二)测量的信度和效度

信度指的是测量不受随机测量误差影响的程度或水平(Smithson,2005)。完美的信度测量是没有随机测量误差的。由于每个观测值(如测量值)都由真实值和测量误差组成的,所以可以把信度定义为真实值方差与观测值方差的比率(方差是各个数据与均值之差的平方的均值,标准差是方差的平方根)。如果有随机测量误差,那么测量的信度就不那么完美了。当然,研究中所使用的大多测量都是不完美的。但是,如果测量的信度过低,它就不能在研究中使用了。需要注意的是信度是数值的一个属性(如测量值),而不是用于收集数据的工具或过程的属性。

效度是指研究人员是否测量了他想要测量的建构。换句话说,效度是指所测量到的结果反映其所想要测量的东西的程度。例如,如果研究人员要测量自尊,那么他就需要问自己是否真的测量了自尊,抑或是它事实上测量的自信(有些相似的自我评估),或是测量了缺乏抑郁症、缺少焦虑、生活满意度(与自尊高度相关的、体现积极情况与态度的其他测量)。

效度是研究人员从一系列数值中进行推理的信心程度,是研究人员对数值所代表的实际意义的信心程度。理解到下面这一点也是非常重要的,即除非测量是有信度的,否则它就不会具有效度。与此形成对照的,测量可以具备信度,但却不具备效度。因此,信度是效度的必需而非充分条件。信度和效度都可以应用于定性数据和定量数据。通常,对于定量数据会更容易地对信度和效度的评价。但是,我们的看法是与定量数据相比,在定性数据中信度和效度也是同等重要的。

(三)信度和效度的必要性

那些使用低信度和效度水平测量的研究,所产生的定性和定量的数据都缺乏逻辑严谨性。结果,由于可以从数据中得出其他解释,研究人员是无法证实这些测量的有效性与合理性的。

例如,由于测量误差的存在,像相关系数这样的统计是会被削弱的(影响大小会降低)。研究人员经常要测量各变量之间的关系(如离职意图和实际劳动力流失之间的关系)。如果研究人员的测量是低信度的,即使变量之间事实上是有联系的,那也不太可能发现它们之间的这种关系。之所以会这样,是因为当测量的信度水平较低时,它就会削弱影响的大小(效应量),因而就制约了发现其与另外一个变量之间存在关系的统计效力。

如果研究人员去开发一个建构的测量指标,并且看起来似乎测量了这个建构(如具有表面效度),但这不能成为足够的证据来证明它的确测量这个建构。例如,智力的测评事实上可能只是看个体能够多好地去回答测试题(个体可能由于受过较好的教育而做得很好),而无法准确反映其内在的智力水平——基因遗传所代表的智力水平。因此,在这个例子中,研究人员实际上是在测量受教育的时间和平均积点,而不是智力水平(内在能力)的测量。那些有较高教育程度的个体在测试中的得分,要高于那些受教育程度较低的个体。结果表明,这种智力的测量就不是有效的测量,因为它事实上只是反映了受教育程度而已。

在开始一项研究之前,研究人员需要首先确定自己在使用具备信度和效度的测量。在有些领域,研究人员会发现相关变量的测量早就已经建立起来了、相对成熟了,因此建议在研究中使用这些测量。而在其他一些领域,可能并不存在已经建立起来的测量指标,因此就需要研究人员去检测相应测量的信度和效度水平。

二、信度的类型

信度就是测量不受随机测量误差影响的程度。在研究中,测量可以是单指标的,也可以是多指标的(如多个测量条目的总值或平均值)。在本书第 9 章中,我们会详细讨论多条目量表的开发与效度检验。接下来,我们会探讨建立估计信度水平的不同方法。

(一) 内部一致性信度

内部一致性信度主要用于多条目测量。如果多条目测量的随机测量误差较小,研究人员就可以认为这些条目之间是具备一致性的。内部一致性信度可以由所谓的"克伦巴赫 alpha 系数"来估计。其中,alpha 系数测量了量表中每一条目与其他条目之间的关联性。alpha 系数之所以是一致性的测量指标,是因为如果在量表中每一个条目都相互联系,那么就表明了该测量是具有内部一致性的测量。

alpha 系数是使用各条目之间的平均相关系数来计算的。为此,为了计算 alpha 系数,至少需要有两个条目。alpha 系数的范围从 0 到 1,除非研究人员自己造成了计算误差(如无法对反向条目进行反向处理)或是量表本身极不具备信度水平,alpha 系数是不可能出现负数的。大体上来说,那些具有高信度水平的、测量的 alpha 系数一般都高于 0.9。同时,那些 alpha 系数低于 0.7 的量表,一般被认为信度水平较差(虽然高于 0.6 的 alpha 系数对于新开发的量表来说也是可以接受的)(Nunnaly,1978)。我们需要明白:克伦巴赫 alpha 系数并不表明量表是单维的或是具有效度的,明白这一点非常重要。除此之外,我们还需要记住,当研究人员增加了测量条目的时候,克伦巴赫 alpha 系数也会随之增大。因此,除非测量条目本身具有很高的相关性,否则由数量较少的条目所构成的量表是很难达到可以接受的内部一致性信度水平的(如三个或两个条目)。

(二) 重测信度(test-retest reliability)

重测信度即对同一测量进行前后两次(或更多)测试时前后所得数值的相同程度。如果测量是完全可信的(信度高),那么就应该在重复测试时得到相同的数值。例如,如果研究人员利用一周的时间来测量个体的智力水平,那么他就可以在两周之后利用同样的测试方法重新测量同一个体的智力水平,从而获得重测信度的估值。如果测量是可信的,那么测试分数就应该是相似的。类似地,如果研究人员想要测量员工在某一天的工作满意度或离职意向,那么在两周之后再次进行测量时,员工工作满意度和离职意向应该是相同的或近似的。这种类型的信度指的是测量的稳定性。与重测信度相联系的误差,往往是指导致多次测试出现不同分值的那些因素。在具体的研究中，两次测量之间的时间长度，也是一个重要的考量因素。显然，越短的时间间隔，可能越会得到更高的相关性。重测信度经常用于测量单一条目测量的信度水平，并假设研究人员所探究的基本建构不会随着时间的推移而实质上发生变化。

重测信度是通过相关系数来测量的（如皮尔逊相关系数）。为了计算出这个相关系数，研究人员只要把第一次得到的测量值同第二次得到的测量值关联起来就可以了。这就意味着研究人员需要获得纵贯数据，并把两次测试所获得的测量值匹配起来。一般而言，这类相关系数应该是正值，并且越高越好。重测（如稳定性）系数经常低于内部一致性信度水平。根据 Corcoran 和 Fischer(1987) 的标准，高于 0.8 的重测系数就表明了具有高度的稳定性；高于 0.71 的系数则表明了具有较好的稳定性；高于 0.51 的系数则表明了稳定性水平一般。

（三）评判间信度

数据一般都是通过观察来进行收集的。对于通过观察所收集的数据而言，每个研究人员的观察可能都会和其他研究人员的观察不同。类似的问题在定性数据分析中也是存在的。在定性数据研究中，研究人员经常要去确定不同文本中是否存在着类似的或相同的主题。此外，一个研究人员的理解可能与其他研究人员的理解是不同的。在这些类型的研究情境中，评判间信度统计就变得尤为重要，而且也是可以计算出这种信度水平的。为了计算评判间信度水平，两个（或更多）研究人员应该为数据中的每个变量提供等级评定或得分。有很多统计方法来计算评判间信度，其中包括同意率（百分比）和 Kappa 系数等。一般而言，为了使研究人员确定他们的评分是一致的，评判间信度应该高于 0.8。

（四）信度水平的其他测量方法

除了上述几种测量信度的方法以外，还存在着一些其他方法。研究人员在测量多条目量表的内部一致性信度水平时可以使用折半信度来代替 alpha 系数。具体而言，研究人员可以将测量条目分拆为奇数项（如第一个条目、第三个条目、第五个条目）和偶数项（第二个条目、第四个条目、第六个条目），然后估计奇数项和偶数项之间的相关系数的大小。如果一个量表测量了想要测量的东西，那么它就应该是具备内部一致性的。因此，把测量分为两等份，然后面向每个调查对象分别计算奇数项的总值和偶数项的总值，进而计算它们的相关性。然后，面向全部样本来计算奇数项值和偶数项值之间的相关关系。

其他形式的信度水平大多是通过开发额外的复本形式（parrallel forms）来实现的，称作复本信度水平。具体而言，就是使用相似、但却不相同的条目来测量相同的建构或现象，然后计算它们之间的相关系数，这就是人们常说的复本形式（parallel forms），即复本信度系数。

三、效度的类型

当研究人员在搜索已发布的或已经建立的测量时，为了做出关于该测量是否是实际测量想要测量的东西的科学决策,就应该对所有类型的效度都非常熟悉。对于那些研究人员自己开发的测量来说,是很难在自己的研究中确定效度水平的。之所以会这样,是因为效度的检验往往需要较大的样本规模并使用多种测量手段。有关多条目测量或量表效度检验的更多信息,请参阅本书第 12 章。

(一) 建构效度

从本质来说,建构效度指的是特定的测量指标是否与其他测量指标存在相关性,而且这种相关性是跟基础理论的预测一样的。建构效度主要由两种子效度组成:聚合效度(convergent validity)和区分效度(divergent validity)。如果某个测量指标真地测量了想要测量的东西,那么在这个测量指标上的得分,就应该与其他类似的建构上的得分高度相关(聚合效度),并且与其他不同的建构不相关或相关度很低(区分效度)。换句话说,聚合效度是指测量同一建构的多个指标彼此之间聚合着或者存在关联。例如,如果有关管理层次的测量真实地测量了管理层次,那么它就应该与那些同管理层次紧密联系的建构高度相关(如工资、管理晋升的次数、对某管理者负责的下属的人数),而与那些与管理层次可能只是表面相关的其他建构不那么相关。后者可以是年龄、全职工作的年限、组织中层次的数量以及组织规模等。因此,如果管理层次的测量是有效的,它就应该与前面的建构高度相关(聚合效度),并且与后面的建构不相关或低相关(区分效度)。换句话说,测量的聚合效度和区分效度是通过实证数据中的关系模式是否与名义关系网中的模式(如该测量指标所测量的建构和其他建构之间的理论关系)相符合来评判的(Schwab,2005)。其他检验建构效度的方法还包括运用探索性因子分析和验证性因子分析来判定聚合效度和区分效度的水平。

(二) 校标关联效度

如果测量是有效的,那么它就应该能够预测研究人员所感兴趣的一些事情。例如,如果甄选面试或甄选测试在选择未来员工方面是有效测量的话,那么它就应该能够预测员工在职位上的表现。校标关联效度就是检验特定的测量指标准确地预测了相关结果的程度。换句话说,它尝试回答"它是否有用"这一问题。校标关联效度是应用导向的,而且也是实用的。但结果变量的选择也是非常重要的,Smithson(2005)强调到结果变量的测量应该是已经被证明具备信度和效度的测量。

校标关联效度可能是预测性的或是并行的,这主要取决于是如何对其进行测量的。其中,预测效度是指一个测量能够预测随后绩效或行为的程度。例如,在甄选面试中可能会获得一个值(如管理能力),随后可能雇用了这个员工(为了达到研究目的,最好雇用所有人以便避免出现范围约束这一问题),并在一年之后对他们的工作绩效进行测量。这时,预测效度就是由在甄选中所测量的管理能力和一年后所测量的实际工作绩效之间的关联强度(被称为效度系数)来决定的。或者,研究人员也可以运用面试法来测量现有员工的管理能力,然后获得他们的工作绩效数据,最后再把这二者关联起来,这就是所谓的并行校标效度——该测量(通过面试测量的管理能力)是与现有结果(工作绩效)之间是相关的。为了使效度系数满足校标关联效度的标准,效度系数应该尽可能的高。其中,具体的通行标准是如果效度系数是0.1就表明其校标关联效度是比较弱的,如果是0.3则表明校标关联效度是中等的,如果是0.5的则表明校标关联效度是很强的(Cohen,1988)。

(三) 内容效度

内容效度是指测量指标在多大程度上涵盖了研究范畴的内涵。例如,一项具备内容效度的考试就是"考试问题是否覆盖了该课程所包括的全部内容"。因此,内容效度聚焦于特定的测量指标在多大程度上代表了想要衡量的范畴的全部内涵。在研究中,在衡量内容效度的时候,经常的做法是回顾相关文献并与特定主题的专家咨询研讨,进而判断该测量指标是否已经充分地涵盖了研究范畴的内涵。

(四) 表面效度

具有表面效度的测量指标是以表面价值来衡量的——就好像他们测量了想要测量的东西一样。表面效度是主观的,是一种主观判断。即使这样,所有测量也一定要具有表面效度。但是,仅仅因为特定的测量指标似乎测量了它所要测量的东西,这并不能确保它就一定有效。一项测量可能具备表面效度,但并没有在实证中展示出有效性。

四、结论

在研究中所使用的测量需要具备一定的信度与效度水平。如果这些测量并不具备信度和效度的话,那么研究人员就会对研究中所得到的结论缺乏信心。无论是定性研究还是定量研究,都是如此。在具体的研究过程这是,无论所收集的数据是什么类型,它们都必须首先是要可信的。同时,测量也需要具备一定的效度水平。换句话说,它需要测量它想要测量的东西、能够预测相关的结果、涵盖了特定建构所包含的基本内容、与相似的建构相似并明显不同于"非相似"的建构。而且,这种测量也不能够受到诸如社会赞许性等方法因素的"污染"。这就要求研究人员尽可能使用已经发布的测量指标,这些测量已经通过了严格的效度和信度检验。或者,研究人员也可以使用硬数据(如运用销售数量来代表绩效),这样就可以更为便利地展示其效度水平了。在实践中,研究人员最好是使用多条目测量方法,这样往往有机会去判定各个测量指标是否表现出了聚合性,进而给建构效度检验提供了证据。

参考文献

Cohen, J. (1988). Statistical power analysis for the behavioral sciences (2nd ed.). Hillsdale, NJ: Lawrence Erlbaum Associates.

Corcoran, K. & Fischer, J. (1987). Measures for clinical practice: A sourcebook. NewYork: Free Press.

Cortina, J. M. (1993). What is coefficient alpha? Journal of Applied Psychology, 78, 98-104.

Edwards, J. R. & Bagozzi, R. P. (2000). On the nature and direction of relationshipsbetween constructs and measures. Psychological Methods, 5, 155-174.

Nunnally, J. C. (1978). Psychometric theory (2nd ed.). New York: McGraw-Hill.

Schwab, D. P. (2005). Research methods for organizational studies. Hillsdale, NJ: Lawrence Erlbaum Associates.

Smithson, M. (2005). Statistics with confidence. Thousand Oaks, CA: Sage Publications.

思考题

1. 什么是信度？
2. 什么是效度？
3. 信度和效度在定性数据和定量数据中有什么不同？
4. 什么是内部一致性信度？
5. 什么是重测信度？
6. 内部一致性信度和重测信度有什么不同？
7. 什么是评判间信度？
8. 评判间信度是如何计算的？
9. 什么是建构效度、内容效度和校标关联效度？
10. 不同测量的效度有什么不同？

第 9 章

量表开发

> **学习目标**
>
> 在完成本章的学习后,读者应该能够掌握以下几点:
> - 确定什么是多条目量表;
> - 开发新的多条目量表来衡量一个建构;
> - 描述开发多条目量表的主要步骤;
> - 描述每个步骤背后的原因及其必要性;
> - 概述开发有信度、有效度的量表需要解决的问题;
> - 应用每一步骤所必须的方法来开发有信度、有效度的量表;
> - 解释如何判断所设计的量表是可靠的、有效的。

一、多条目测量

　　管理学研究人员通常会在研究中使用多条目量表。实际上,多条目测量是管理研究中最常用的测量工具。通常,在测量复杂的不可直接观测的建构(如态度、价值观和信仰)时会使用多条目量表,并将其作为诸如问卷调查等数据采集的主要工具。正如在前面的章节中所讨论的,单一指标是不可能科学测量某个基本建构的。其中,本章所说的量表是指包含两个或更多条目的、旨在测量某一建构的方法量度。每个条目(如问项)都是所测量的建构的一个指标。在实践中,最常见的量表应用就是生成综合得分(各条目的总和/平均),以便用来测量研究人员感兴趣的建构,如工作满意度、魅力型领导风格、工作投入度和动机等。就具体的建构而言,它既可以是单维的,也可以是多维的。因此,如上所述的单一指标量表得分仅仅用于测量单维建构,而多维建构都是由两个或多个维度构成的。对于多维建构而言,每个维度都需要开发出子量表。

　　在研究中,使用多条目量表有许多好处,主要表现在以下几方面:
- 与单一指标测量相比,多条目量表通常具有较高的信度和效度;
- 与单一指标测量相比,多条目量表往往更容易测试出信度水平;
- 可以使用基于两个或三个条目的综合得分(平均/求和)来代表所关注的建构,从而简化定量分析。
- 多条目量表及其测量建构之间的关系可以用因子分析方法进行建模。

二、管理研究中使用测量遇到的问题

Schriesheim，Power，Scandura，Gardiner 和 Lankau(1993)在对管理学文献进行回顾的基础上指出了量表开发和使用中的几个问题。其中，这些问题包括：对单一指标测量的依赖、没有汇报量表的信度水平、仅仅使用完整量表中的部分测量指标、修改原始量表的条目和使用说明、改变原来的响应类别、缺少或存在不正确的测量指标说明。下面就分别对上述问题加以阐释：

- 使用了单项一指标量表，但又没有汇报评判间信度或重测信度水平。而且，单一测量指标常常不能涵盖所测量建构的全部内涵。
- 缺乏量表信度水平的报告意味着未计算测量误差。如前所述，信度水平实际上是效度水平的前兆(虽然它不是效度)。因此，研究中需要报告过去研究中的信度水平，需要计算本研究的信度水平。这是因为：信度本身是样本的一种属性(属于从所使用的特定样本中得到的分数)，而不是数据收集工具本身的一种属性。
- 仅仅使用完整量表中的部分测量指标而又没有解释为什么选择了这些条目。至少，没有重新计算信度水平或检验其内容效度或充分性，即简化的量表是否依然能够涵盖所测建构的内涵。
- 没有论证其合理性就修改原始量表的条目和使用说明。至少，没有重新计算信度水平或检验其内容效度或充分性。
- 没有判断其合理性就改变原来的响应类别。
- 没有详细说明所使用量表的版本，常常汇报了不正确的量表版本。

一些对单项量表(单一指标)的进一步评论也是有些道理的。有人指出，单项量表更适合于测量具体的、容易测量的建构。例如，单项量表常常在调查问卷(及访谈)中用于测量事实型的数据，如年龄、职业等。在大规模调查中，如盖洛普民意测验就使用单项量表来测量民意。他们花费了很多年来设计问卷条目，并且已试用过很多次，其中包括试调研。研究人员可能采用这些测量条目，那是因为它们已经广为接受并被证明是具备信度和效度水平的。

在有些调查领域，研究人员有客观的"硬"数据来测量他们想要测量的东西。这些往往也是单项量表，如对那些财务绩效(如投资回报率、流动比率、净利润率)，它们往往比其他主观的"软"数据更为有效。然而，最好还是在"硬数据"的应用中也采用多条目测量，因为每个测量指标可能只触及测量整个建构的一个方面而已。

Wanous，Reichers 和 Hudy(1997)认为，假如建构的内涵足够窄并且比较清晰(不模糊)，使用单一条目量表也是比较恰当的。例如，常常用单一问题测量总体工作满意度(例如，"你对工作满意吗")。类似地，培训或教学效果也经常使用单一条目进行测量(例如，"总体而言，本次项目的培训/教学效果如何")。Wanous 和 Hudy(2001)描述了两种用来计算单条目量表信度的方法(校正衰减公式和因子分析)。此外，参照一项元分析研究，

Wanous 和 Hudy 得出了这样的结论：对于个体层面的数据来说，最低可以接受的单项量表信度水平是 0.70，而对于群组级数据来说，最低的合理信度水平是 0.80。

（一）已发布的量表

一般来说，研究人员自己开发量表并不是一个明智的做法。最好的办法是使用已经公开发表过或开发好的、信度和效度数据已经在期刊上报告过的量表。在行为和社会科学方面往往都会出版一些著作，其中会发布一些成熟的量表，从而可以给研究人员提供有关特定建构的测量质量的评价信息，如某些量表的效度和信度水平等。附录A列出了一些在组织行为学中使用的书籍。而且，在书中也围绕同一建构提供了若干种量表，从而使研究人员可以根据他的需要来作出选择。图书馆中保存的、已出版的关于测量的任何书籍，通常都不存在版权问题，只要标明被引作者就可以自由使用。在顶级期刊（如 Academy of Management Journal, Journal of Applied Psychology, Journal of Management, Journal of Vocational Behavior, Personnel Psychology）中通常都会保证作者的量表（如果是新量表的话）出现在文章附录里，采纳这些量表也不涉及版权问题。通过电子或人工方式翻翻这些杂志，通常会给研究人员提供其所需要的、全面详细的精确测量。研究人员能够从作者的文章中或通过给作者写信的方式获得量表及其评分方法。

（二）开发新量表

新的多条目测量的开发是一个非常复杂的过程。一般而言，开发多条目的量表来测量建构往往需要几个步骤来完成。具体而言，研究人员需要遵循的步骤如下：

(1) 运用某种理论基础生成条目；
(2) 一个一个地设计条目；
(3) 进行条目分析，以便删除质量不好的条目（模糊的、没有变化条目）；
(4) 运用因子分析法来判定量表的效度；
(5) 判定量表的聚合效度；
(6) 判定量表的区分的效度（区分效度，包括方法效应）；
(7) 评估其信度水平。

Hinkin(1995) 和 DeVellis(2003) 对相关文献进行了回顾，剖析了量表开发方法与实践，并总结出研究人员在开发量表时应该遵循的一系列步骤。

（三）确定量表要测量的建构

作为量表开发的第一步，研究人员应仔细研究与其所希望测量的建构相关的现有理论。理论可以为实现操作化而需要的概念构想开发提供指南。检验理论有助于建立建构的参数，以便确保量表的内容主要集中在研究人员感兴趣的实际范畴之内，而不是那些无关的范畴。研究人员还需要确定量表所需要的具体测量水平，这在很大程度上是由所研究的问题来决定的，因为量表的具体水平应该与所研究问题的具体水平以及其他与之相比较的建构的具体水平保持一致。

（四）生成条目：基于理论依据

研究人员应该从建构的理论（潜变量）中寻找和生成量表条目，使其理论与建构保持一致。如果建构有理论基础，那么就可以据此对建构进行界定，并据此预测该建构同与其有关的其他变量之间的关系类型。例如，自尊代表着一种对自我认同或不认同的情感，也是一种对自我的评价，指的是一个人是否感觉自己是有价值的、有意义的或者是重要的。一般来说，高自尊（high self-esteem）一般应该跟正面影响的感受相关，如自信、不抑郁、不焦虑。然而，它不同于能力和智力，也不同于与工作相关的情感测量，如工作满意度、组织承诺以及离职意图等。

在完成了建构的界定并确立了与其他建构之间的关系之后，就开始从理论出发开发测量建构的具体条目了。其中，一个条目就是一个单一问题或陈述。冗余是最初条目池的一个重要特征，在最终的量表中有些条目会被删除掉。同时，值得一提的是：在最终的量表中应该有一些重叠的条目和看似多余的条目，因为这些条目的共性方面会被累加或汇总，而不相关的方面将被忽视（DeVellis，2003）。在最初的项目池里到底需要包括多少数量的条目，并没有什么好的规定。然而，DeVellis 指出，最初的项目池中的条目数应该是包括在最终量表中的条目数的 3~4 倍左右。因此，对一个包括 8 个条目的量表而言，最初的条目池中可能要包括 32 个条目。

在实际编写条目时，研究人员应该确保它们是相对简洁的，而且所使用的语言不太复杂以避免混淆。此外，还应该努力避免双重否定条目（如"当上司不承认我的成绩时，我漠不关心"）和双重意思条目（如"因为我很满意自己的工作，所以我很忠于自己所在的组织"）。

研究人员也可能会开发反向编码和正向编码（后者是通常做法）的条目。之所以这样做，是为了避免可能出现的默许响应性——当全部都是正向编码时，会使被调研者形成一种积极导向，更倾向于对所有问题都回答"是"。不过，也有些学者基于实证的数据极力主张不应该开发反向编码的条目（Schriesheim & Eisenbach，1995）。

另外一个问题是某个条目的最佳响应类别的数目。最常用的响应格式是五分制或七分制李克特量表（如坚决不同意、不同意、既不同意也不反对、同意和非常同意）。Hinkin（1995）得出的结论是：五分制到七分制的响应类型已经足以满足大多数条目的需要了。此外，另外一种可供选择的（替代李克特量表）是语义差异量表。其中，语义差异量表是用来测量态度的一种两级量表，每一级用相反的形容词进行界定。附录 B 提供了一些常用的条目和李克特量表。

Hinkin（1995）在管理学文献回顾的基础上中指出，条目的生成是开发有效量表过程中最重要的部分。他发现，有些量表常常缺乏内容效度（测量感兴趣的范畴的充分性）。Schriesheim，Cogliser，Scandura，Lankau and Powers（1999）指出，内容效度应该是待测量量表所具备的、最初的心理测量特征。如果量表的内容效度达不到可以接受的水平，那么就无法确定该量表是否能够反映待测建构的理论定义了（即建构效度）。他们认为，如果新开发的量表缺乏内容效度，其建构效度的后续评估可能就是多余的了，至少要等到其内容是否得到足够改善之后，再去考虑建构效度才有意义。

Hinkin(1995)得出的结论是：有必要在开发条目及其理论范畴之间建立起明确的联系。为此，可以采用稳健的分类过程，使各条目分析与建构的定义匹配起来。

（五）使用专家小组检验内容效度

一旦研究人员已经创建了初始条目池，下一步需要做的就是由主观方面的专家组成的小组来审查条目的内容效度（即内容是否充分）了。在此过程中，需要为这些专家提供建构的定义，并请他们根据这些定义对各个条目进行分类，以便确定各个条目的分类与量表开发的概念化相吻合。这时，可能要根据需要删除、替换或修改那些未正确分类的条目。通常，这是一种相对廉价的过程。Schriesheim et al.(1993)建议指出，专家小组可以先为这些条目的内容充分性进行评级打分，然后再将它们进行平均。具体来说，每个条目的打分反映了它达到特定目标/子范畴（如建构定义所涵盖的一部分内容）的程度。因此，评判小组单独评定每一个特定条目代表建构的充分性。Schriesheim 等人进一步指出，在评判小组围绕每个条目的理论相关性进行打分之后，接下来的任务就是利用因子分析法进行分析了。因子分析法可以表明各项目的单维性和内容类别的差异性（相关内容参见第 11 章）。Schriesheim 等人为评定者提供了一种已经开发好了的各条目评级范本。研究人员可以在自己的研究当中对这个评级问卷进行适当修改。总体而言，这种方法的速度相对较快，也很容易进行评分。当然，分析也相对简单。

（六）量表开发研究的设计：进行条目分析

初始条目分析主要是用来确定这些条目是否含糊不清或偏斜的（参与者倾向于对各条目给出相似的响应）。一般而言，基本的条目分析包括从开发样本中获得数据、删除模棱两可的条目、计算基本统计信息，如平均值、标准差和频率，以消除偏斜的条目。研究人员不应该保留那些在受访者当中没有区别度的条目。因此，各条目需要经得起条目分析的检验。其他理论上相关的建构测量也需要围绕开发样本收集数据。然后，为了评估新量表的效度，研究人员可以检验新量表同这些相关的其他建构之间的关系模式(DeVellis,2003)。

Hinkin(1995)发现，为了检验新量表的心理测量属性，应当明确为何选择特定的样本。其中，开发样本应该能够代表量表想要测量的总体。DeVellis(2003)认为，研究样本的规模应该考虑条目的数量以及希望提取的量表的数量。Hinkin 主张，用于量表开发的样本规模最少应该保持在 150 个左右。他还表示，应当认真检查因子载荷以便确定反向编码的条目是否存在问题，并评估它对信度一致性水平所产生的影响。他发现，长的短的量表都会对结果产生不利影响。根据 Hinkin 的研究结果，对于大多数组织量表而言，有 5~6 个条目（五分制或七分制李克特量表）就已经足够了。

（七）量表的建构：确定测量的建构效度

确定测量的建构效度需要对保留的条目进行探索性因子分析。通常，在此种情况下采用的方法是主成分分析(Hinkin,1995)。探索性因子分析的目的是分析几个条目的得分，看看是否能够把它们简化成数量更多的几个维度。那些高度相互关联的条目会载荷到一个因子上。它们在特定因子上的载荷（它们跟该因子的相关程度）应该为 0.30 或 0.40（Kim & Mueller，1978）或更大（载荷范围从 -1.00 至 +1.00 之间）。如果研究人员正在开发总体自尊的测量指标，那么他所期望的是在分析中只出现一个因子。有时，研究人员需要一个以上的因子，因为他们正在开发不同建构的量表或有不同组成要素（如任务多样性、自主性、工作反馈、重要性、任务标识）的建构（如工作复杂性）。测量一个建构的多个条目应该载荷到一个因子上，而测量另外一个建构的条目应该载荷到另外一个不同的因子上。没有生成明确的因子或产生一个因子（对于单一维度量表是这样的）的分析，可能是有问题的。此外，因子分析应该能够解释得分中的大部分方差。基于这些因子载荷量，研究人员需要决定量表中的哪些条目需要保留或删除。

Hinkin（1995）主张：在量表开发过程中，应该使用验证性因子分析（使用 LISREL、AMOS 或 EQS），而不是使用主成分因子分析，以便更有效地检验因子结构的稳定性，完善新量表提供的信息。他之所以主张使用验证技术，是因为在评估测量模型时验证性技术可以给研究人员带来比探索性技术（即主成分分析）更为精确的结果。验证性因子分析假定每一个测量都有其理论模型基础，而且数据跟整个模型的拟合度（如协方差）以及项目的载荷已经得到检验了。例如，工作特性理论认为，工作具有五个核心维度：技能多样性、任务一致性、重要性、自主性和结果反馈性。其中，工作诊断调查使用三个项目来测量如上所述的每一个维度。而且，从理论上讲，上述五个维度之间应该是相关的。因此，就可以开发一个五因子斜交模型（允许各维度之间存在相关性），以检验与数据最佳匹配时的拟合度，并与其他竞争模型的拟合度进行比较：五因子正交模型（不相关的工作特性）、单因子模型（职位复杂性）和一个零模型（基础模型），即所有的 15 个条目的载荷都在不同的因子上。最后，选择与数据拟合最好的模型。在这种情况下，所寻找的就是被验证的五因子斜交模型，因为它与理论模型相一致。

DeVellis（2003）也指出，跟探索性方法相比，验证技术可以提供更高的弹性，如允许研究人员改变误差项的独立性，并把同一模型中的不相关和相关因素合并起来。不过，他也提醒说：盲目应用统计上的标准使数据与指定的模型相拟合的验证技术，可能会导致"过度因子分析"。此外，DeVellis 也提出，如果检验竞争模型并对比模型与数据的拟合情况的实践不能得到很好地应用的话，那么也可能会导致优化了的模型拟合度，而模型说明在理论上却可能是令人费解的。

Kelloway（1998）指出，恰当的方法是在研究的初始阶段使用探索性因子分析，之后，随着对特定主题知识的不断增加，在后期阶段使用验证性因子分析。最后，Hinkin（1995）警告说："量表不应该来源于事后，不能只是基于因子分析的结果。载荷在同一因子上的条目也未必是测量同一理论建构的。"

（八）信度评估

在对因子结构进行检验之后，还需要对这些条目进行信度检验。信度是量表开发中的一项重要问题，是指来源于潜在建构的真实得分的方差大小（DeVellis，2003）。其中，作为表明信度水平的一种形式，内部一致性是通过计算 α 系数来确定的。这个系数应该尽可能地高才好。如果不够高，则应该删除那些较低信度的条目（较低的条目与总分相关系数),同时去开发新的条目。对于效度而言,信度是一个必要的先决条件。Hinkin(1995)指出,完全依赖内部一致性信度水平仍然是不够的。理想的情况是需要同时使用多种信度检验方法。一般而言,相对成熟量表的 α 系数应该在 0.70 及其以上。对于新开发的量表而言,内部一致性系数也需要达到 0.60 或更高水平(Nunnally,1978)。在条目的开发阶段,出现信度问题是因为研究人员缺乏重视。对于以重测相关性来表示的稳定性信度水平而言,如果待检验的建构并不随着时间的变化而发生改变的话,那么也可以利用这种重测信度来体现信度水平。此外,获得多指标量表的信度检验的另外一种方法,是通过对另外一个样本来收集量表数据,并计算内部一致性信度系数(Hinkin,1995)。DeVellis 指出,对于任意给定的样本规模而言,与不可靠的量表进行来说,可靠的量表可以提供更高的统计效力。之所以这样,是因为与较低信度水平的量表相比,信度水平高的量表往往可以把较小的误差带入统计分析之中。

(九)量表评价:效度

需要注意的是开发高信度水平的量表并不能确保由多个条目来测量的潜变量就是实际上量表开发者想要测量的建构(DeVellis,2003)。研究人员还需要确定其测量的聚合效度和发散效度(区分效度,包括方法效应)。具体而言,他需要检验对于量表所测量的结果有没有合理的替代性解释。为了做到这一点,研究人员会从特定的样本中获取该建构的测量数据以及跟该建构相关的其他建构的测量数据,其中还要包括该建构的其他测量(可替代的其他量表)——聚合效度以及同该建构不相关的其他建构的测量(区分效度)。然后通过相关系数来计算上述这些关系(如皮尔逊相关系数,参见第10章)。与该量表不相关的变量可能还包括方法效应,如默许响应性和社会赞许性,这些都要进行测量(Robinson,Shaver & Wrightsman,1991)。如果没有达到大小适当的聚合效度水平(中等到高等水平)和区分效度水平(零至低水平),那么就需要对该量表中的各个条目进行检验,检查时需要依据他们要测量的建构的替代建构,而不是该建构。然后,还需要增加额外的测量条目。再之后,还需要进行效标相关性研究,利用该量表去预测该建构应该关联的其他建构(如销售能力与销售业绩的关系)。具体而言,就是要从受访者那里收集用于测量该建构的数据以及该建构应该预测的其他建构的测量数据,然后计算它们之间的相关系数。

Hinkin(1995)认为,建构效度是开发高质量量表所必不可少的工作。在对有关量表开发的管理文献的回顾中,他指出:不少研究都是通过因子分析来推断建构效度的水平的。与效标相关的效度检验也是必需的。然而,必须指出的是大样本能够得到统计学上的显著关系,因为这会增大统计效力。事实上,Hinkin(1995)也发现,大多数与校标相关的关系事实上都不太大,这意味着其实际意义并不大。如果完成了上述程序,那么最终版本的量表中就包含了适当数量的维度,并且该量表做到了跟应该同它相关的建构是相关的,而跟不应该同它相应的建构是不相关的。这样,一般就可以说该量表具有建构效度了。

三、社会赞许和默许响应性

在设计量表时,研究人员需要确保相关条目不具有社会赞许性。此外,研究人员还需要考虑默许响应性问题。所有这些方法问题都将在下面进行更为详细的阐述。

(一)社会赞许性

社会赞许性(Moorman & Podsakoff,1992;Paulhus,1991;ORichman, Kiesler, Weisband & Drasgow,1999;Spector,1987)是指受访者存在选择社会所期望的响应或回应的倾向,而不管这是真的还是假的。换句话说,在回答问题时表现出对自己有利的一面,而不管他们对问题或主题的真实感受如何。这种倾向被看作是一种问题,这是因为受访者的回答存在潜在偏见,它会掩盖两个或多个变量之间的关系,或产生虚假的关系。在包含社会赞许性的量表中得分高的受访者往往被认为是"伪造好的",这会影响从他们那里所获得的任何数据(Moorman & Podsakoff,1992)。

通常情况下,可以通过在研究开始之初开发具有较低社会赞许性的测量指标来减少这类问题。具体而言,研究人员可以在面向特定样本收集有关新开发条目的数据的同时,也收集用于测量社会赞许性的测量数据,然后在新开发量表中将与社会赞许性具有较高相关性的条目予以删除。Moorman 和 Podsakoff's(1992)在对实证研究进行回顾后指出,社会赞许性往往与心理控制点(外部)、总的工作满意度、角色冲突、角色模糊(均为负)、组织承诺等相关(尽管这种相关性并不大)。

(二)默许响应性

当受访者回答积极措辞的问题并有可能给出正面答案的时候,默许响应性(也称为一致性响应)就会出现了。默许响应性有这样一种倾向:不管测量条目的内容如何,受访者都倾向于赞同该条目的内容(Spector,1987)。即使受访者不同意所有条目的内容,也不论条目的内容是什么,同意或默许的倾向都会发生。减少默许的一种方法,是在多条目量表中包含正反两个方面措辞的条目。尽管开发反向编码的条目可能会减少默许响应性,但将其列入量表中可能会导致被受访者的误解。事实上,Schriesheim 和 Eisenbach (1995)引证了多个著名量表,包括著名的工作诊断调查以及角色冲突和模糊性的常用量表,证实了反向编码的条目真的会造成量表的测量误差。Schriesheim 和 Eisenbach 对反向编码条目进行了区分,即包括"不"这个字(如我不快乐)以及极端相反的自然反向条目(如"我很伤心")。例如,一项最为流行的组织承诺调查的反向编码条目是:"无限地支持组织没有太多收获。"与此相对,另外一个极端的条目是:"通常情况下,在一些与员工相关的重要事务中,我觉得很难支持组织的政策。"

在因子分析过程中,似乎存在着这样的倾向,即积极措辞的条目收敛到一个因子上,而反向编码的条目则收敛到另外一个因子上,而反向的因子往往又具有较低的内部一致性信度水平(即阿尔法系数)。Schriesheim 和 Eisenbach(1995)指出,该反向因子很可能是一个方法因子(它们都是反向编码的条目),增加了整个量表的测量误差。在他们的实证测验中,Schriesheim 和 Eisenbach 发现,积极措辞的条目在各个方面都要比反向编码的条目有更优的表现,如较低水平的误差、方法效应、更高的信度等。因此,设计反向编码条目可能并不是必要的。事实上,这种做法还可能会存在问题。如果把反向编码条目包含在量表之中,则需要进行全面的阿尔法系数检验,既需要针对包括反向编码条目在内的整个量表计算阿尔法系数,也需要针对不包括反向编码条目的量表计算阿尔法系数,以便判定什么时候误差是最高的(即阿尔法系数是最低的)。

四、结论

为了设计新的多条目测量或量表,需要遵循许多重要步骤。首先,需要对相应的建构进行界定。而且,研究人员需要对测量条目的生成方式给予特别的实质性关注,一定要确保各个条目与相应的理论之间有着强且明确的联系。同时,为了稍后删除那些被认为是多余的条目,事先开发充足的测量条目是必要的。如果效度水平较低(通过因子分析和其他研究人员的评价来评价)、效标相关的测试结果或信度较低,则需要删除相应的问题条目。在此过程中,对相关条目进行分配并可靠地把它们分配到想要测量的建构中是最起码的要求。此外,量表还应该有最小反应偏差和足够的长度,以便确保该量表能够涵盖特定建构的全部内涵。为了评估基本的因子结构,还需要采用因子分析技术。当然,也需要计算内部一致性信度(即 α 系数),但需要记住的是信度水平并不能保证效度水平。随着时间的推移,如果认为特定的建构不会随着时间的推移而发生变化,那么也可以采用稳定性系数(即重测相关系数)。最终,量表开发所追求的是建构效度,这可以通过使用内部因子分析来实现,而且还可以通过计算与校标变量的关系来检验。然后,需要根据分析的结果对量表进行修改,并生成新版本量表。应用多个测试/分析(验证性因子分析、校标相关效度)和多个样本(获得一个以上的阿尔法系数)都是必要的。

参考文献

DeVellis, R. F. (2003). Scale development: Theory and application (2nd ed.). Thousand Oaks, CA: Sage Publications.

Hinkin, T. R. (1995). A review of scale development practices in the study of organisations. Journal of Management, 21, 967-988.

Kelloway, E. K. (1998). Using LISREL for structural equation modeling. Thousand Oaks, CA: Sage Publications.

Kim, J. O. & Mueller, C. W. (1978). Factor analysis. Beverly Hills, CA: Sage Publications.

Moorman, R. H. & Podsakoff, P. M. (1992). A meta-analytical review and empirical test of the potential confounding effects of social desirability response sets in organizational behaviour research. Journal of Occupational and Organizational Psychology, 65, 131-149.

Nunnally, J. C. (1978). Psychometric theory. New York: McGraw-Hill.

Paulhus, D. L. (1991). Measurement and control of response bias. In J. P. Robinson, P. R. Shaver, & L. S. Wrightsman (eds.), Measures of personality and social psychological attitudes (pp. 17-60). New York: Academic Press.

Richman, W. L., Kiesler, S., Weisband, S., & Drasgow, F. (1999). A meta-analytic study of social desirability distortion in computer-administered questionnaires. Journal of Applied Psychology, 84, 754-775.

Robinson, J. P., Shaver, P. R., & Wrightsman, L. S. (1991). Measures of personality and social psychological attitudes. San Diego, CA: Academic Press.

Schriesheim, C. A., Cogliser, C. C., Scandura, T. A., Lankau, M. J., & Powers, K. J. (1999). An empirical comparison of approaches for quantitatively assessing the content adequacy of paper-and-pencil measurement instruments. Organizational Research Methods, 2, 140-156.

Schriesheim, C. A. & Eisenbach, R. J. (1995). An exploratory and confirmatory factoranalytic investigation of item wording effects on the obtained factor structures of survey questionnaire methods. Journal of Management, 21, 1177-1193.

Schriesheim, C. A., Powers, K. J., Scandura, T. A., Gardiner, C. G., & Lankau, M. J. (1993). Improving construct measurement in management research. Journal of Management, 19, 385-417.

Spector, P. E. (1987). Method variance as an artifact in self-reported affect and perceptions at work: Myth or significant problem? Journal of Applied Psychology, 72, 438-443.

Wanous, J. P. & Hudy, M. J. (2001). Single-item reliability: A replication and extension. Organizational Research Methods, 4, 361-375.

Wanous, J. P., Reichers, A. E., & Hudy, M. J. (1997). Overall job satisfaction: How good are single-item measures? Journal of Applied Psychology, 82, 247-252.

思考题

1. 在管理研究中,量表开发存在哪些问题?
2. 什么是已公开出版的量表?在哪里可以找到这些量表?
3. 开发多条目测量的五个主要步骤是什么?
4. 怎样生成测量条目?为什么要那样做?
5. 什么是条目分析?怎么做条目分析,为什么要那样做?
6. 如何评估量表的建构效度?
7. 如何评价量表的信度?什么是内部一致性信度(即阿尔法信度)?什么是重测信度?什么是评判间信度?
8. 如何评价新量表/新的测量?
9. 什么是聚合效度?
10. 什么是区别效度?
11. 什么是社会赞许误差?如何避免?
12. 什么是默许响应性?如何避免?
13. 在相关实地研究(调查)中,用来克服测量问题的每一项准则的基本原理是什么?

附录 A:组织、社会心理学以及社会测量工具源

Beere, C. A. (1992). Gender roles: A handbook of tests and measures. New York:

Greenwood Press.

这本书对性别角色领域中的许多量表都进行了描述和评估,其中包括性别角色刻板印象、对待妇女和性别角色的态度、工作与家庭角色的测量、性别角色、员工角色、多元角色以及家庭的测量。

British Telecom (1984). Survey item bank. Volume 1: Measures of satisfaction. Bradford, England: MCB University Press.

该图书包含了有关总体工作满意度、外在工作满意度、内在工作满意度、内部需求和驱动力等量表,主要包括以下三部分:

(1) 外在满足因素,这些令人满意的方面并不是指工作本身的一部分,如报酬、晋升前景、监督、同事、公司、其他员工、物理工作环境、工作保障、社会地位和工作本身等。

(2) 内在满足因素,这些令人满意的方面是指很自然地产生在工作执行过程当中,即多样性、自治和责任。这部分描述了 Hackman 和 Oldham 的工作诊断调查的每一个量表。

(3) 关注工人激励的内部动机。这部分描述了工作参与量表、外在的满足因素需求量表(报酬、安全和尊重等)和内在满足因素需求量表(自治的必要性、增长机会等)。书中给出了所有量表完整版本。

British Telecom (1984). Survey item bank. Volume 2: Measures of organizational characteristics. Bradford, England: MCB University Press.

本图书涉及以下五个有关组织主题的量表:

(1) 组织背景;

(2) 组织结构;

(3) 组织过程(计划、组织、员工的各个方面、制定决策和控制);

(4) 组织的物理环境;

(5) 与人、创新、风险、创意和研究、规则和工作有关的组织价值观和规范。

本书给出了上述所有量表的完整版本。在第 1 卷和第 2 卷的调查条目库中提供了每个量表的信息。大多数量表都是通过简单地将个体条目加总来计分的。在可能的情况下,调查条目库中的每个量表都赋予了百分比标准。

Buros, O. K. (various editions). Tests in prints. Highland Park, NJ: Gryphon Press.

在这一系列中,对所有的心理测试进行了信度和效度的评估。

Cook, J. D., Hepworth, S. J., Wall, T. D., & Warr, P. R. (1981). The experience of work. London: Academic Press

这是量表的最佳来源,也是有关其效度和信度的最好证明。其中包含了 249 个量表来测量总体工作满意度、具体的满足度、异化、承诺、职业健康和健康不良、工作投入、工作动机、工作价值观、信仰和需求、工作特点、组织氛围、领导风格以及其他方面。同时,其中还包括各个建构的定义、信度和效度的证据以及量表在什么地方使用过的许多参考。此外,这本书包括了完整的量表和评分程序。量表必须组合起来进行使用。

De Bello, T. C. (1990). Comparison of eleven major learning styles models. Reading, Writing and Learning Disabilities, 6: 203-222.

这篇文章回顾并评论了 11 种学习风格的测量,包括 Kolb 学习风格调查表。不过,文章中并没有提供具体测量条目,而是给出了测量条目的来源。

Furnham, A. & Gunter, B. (1993). Corporate assessment: Auditing a company's personality. London: Routledge.

这本书中包括了组织文化、氛围、意识形态、员工参与、沟通审核、客户审核、人员系统审计等量表,其中包括人力资源管理实践和组织承诺等内容。其中,本书也提供了几个完整的量表,并回顾了组织文化和氛围的测量指标。不过,书中并没有提供完整的量表,而只是给出了潜在的维度和例子。

Greenbaum, H. H., Clamputt, P., & Willihaganz, S. (1988). Organizational communication: An examination of four instruments. Management Communication Quarterly, 2: 245-282.

这篇文章描述并评价了 4 种组织沟通的测量。

Hackman, J. K. & Oldham, G. R. (1980). Work redesign. Reading, MA: Addison Wesley Publishing Co.

包含了最常使用的、用于测量工作特征的工作诊断调查。

Kline, P. (1993). The handbook of psychological testing. New York: Routledge.

这本书给出了在工业领域中特定的心理测试的信度和效度证据,其中包括智力、能力、资质和成就、个性、投射测验、动机和兴趣测试、态度等。书中并没有给出每个特定的测试细节,但详细描述了全部量表,并提供了测试管理信息以及信度与效度水平的信息。同时,本书也论述了各个量表是否适合使用的问题。

Miller, D. C. (1991). Handbook of research design and social measurement. London: Sage Publications.

这本书中包括了对社会地位、群体结构、组织结构、社区、社会参与、组织领导工作、士气和工作满意度、家庭和婚姻、性格和态度等量表的描述。另外,还提供了有关信度和效度水平的证明以及测量的效用。其中,书中也常常包含了完整的量表。

Pfeiffer, J. W., Heslin, R., & Jones, J. E. (1976). Instrumentation in human relations training. La Jolla, CA: University Associates Inc.

在这本书中包括的量表关注了个体层面(个性)、人际关系层面(一般意义上的、婚姻、家庭和团队活力)、组织层面(组织氛围、管理/领导风格、上下级关系)等方面,但本书并没有提供具体的量表,而只是简单地描述了量表及其积极和消极属性。

Pfeiffer, J. W. & Jones, J. E. (1970-1981). Annual handbook for group facilitators. La Jolla, CA: University Associates Inc.

Pfeiffer, J. W. (1981 to present). The annual: Developing human resources. San Diego, CA: Pfeiffer and Company.

本系列书在每一年的或年度的测量手册中为有关部分提供了沟通、咨询/使能因素(包括培训/学习风格、群体/团队)、管理/领导因素(包括态度)、组织因素(包括诊断、员工态度和价值观/文化)、个人因素(包括冲突/压力、人生规划/职业生涯管理、价值/性问题)、人格、组织发展和氛围、群体进程和行为、领导、沟通、激励和监督等方面的量表。在书中,每一个量表的目的、推荐使用、参考文献等内容都有描述。有时,还提供完整的量表和评分程序。

Price, J. L. (1997). Handbook of organizational measurement. International Journal of Manpower, 18(4/5/6): 303-558.

Price, J. L. & Mueller, C. W. (1986). Handbook of organizational measurement. Marshfield, MA: Pitman.

Price(1997)的这篇文章是 Price 和 Mueller(1986)文章的修订版本。量表覆盖了32个组织方面的主题:缺勤、管理强度、自治、集中化、沟通、复杂性、动机、承诺、一般培训、需求强度、满意度、正规化、标准化、程序化、机械化、有效性、协调、分配公平、部门化、生产力、薪酬分层、权力基础、组织规模、意识形态、创新、暴力冲突、人员流动、工作负荷、工作团体凝聚力等。其中,作者给出了主题的定义以及如何进行测量,然后又对量表与评分程序的效度、信度和参考文献进行了描述。而且,一般都给出了测量一个主题的许多量表,给出了样本条目(但不是整个量表)。

Robinson, J. R. P. & Shaver, P. R. (1975). Measures of social psychological attitudes. Ann Arbor, MI: Institute for Social Research.

本文献包含了生活满意度、自尊、心理控制点、社会赞许性以及其他主题。该文献对上述主题中的每一个领域都进行了全面的回顾,并指出每个主题内的量表哪些是最好的。此外,也对量表、信度和效度、参考文献、评分程序、实施等进行了描述,并且包含了全部的完整量表副本。

Robinson, J. P., Shaver, P. R., & Wrightsman, L. S. (1991). Measures of personality and social psychological attitudes. New York: Academic Press.

这是公认的《社会心理量表》方面最好的教材,所有量表也都适用于组织层面。它所涵盖的量表包括反应偏差、幸福、自尊、社会焦虑和害羞、抑郁和孤独、异化和失范、人际信任和对人性的态度、心理控制点、独裁主义、性别角色和价值观等主题。同时,该书也对量表的信度和效度、参考文献、评分程序、管理实施等进行了阐述,而且包括了全部的完整量表副本。

附录 B:标准的、常规条目题干及其响应分类

以下是一些在管理研究当中所使用的标准条目及其响应分类:

5 分制响应类型

条目题干

请注明自己对下列语句的同意或不同意程度。

量表类型/得分

1. 强烈反对
2. 反对
3. 既不同意也不反对
4. 同意
5. 强烈同意

条目题干

总体而言,有多好?

量表类型/得分

1. 非常糟糕
2. 糟糕
3. 一般
4. 好
5. 非常好

条目题干

你的满意度如何?

量表类型/得分

1. 非常不满意
2. 不满意
3. 既没有满意也没有不满意
4. 满意
5. 非常满意

条目题干

频率如何?

量表类型/得分

1. 太少
2. 很少
3. 适当
4. 很多
5. 太多

或者

1. 从未
2. 很少
3. 有时

4. 经常
5. 一直

或者
1. 从未
2. 很少
3. 通常来说没有
4. 很频繁
5. 总是

或者
1. 几乎从来不
2. 偶尔
3. 有时
4. 相当频繁
5. 非常频繁

或者
1. 很少
2. 少于一半的时间
3. 大约一半的时间
4. 大部分的时间
5. 一直

条目题干

有多少？

量表类型/得分
1. 几乎没有
2. 少于一半
3. 大约一半
4. 多于一半
5. 几乎全部

条目题干

正确性如何？

量表类型/得分
1. 完全错误
2. 大部分是错误的
3. 一半错误一半正确
4. 大多是正确的

5. 完全正确的

条目题干

你如何评价你的机会?

量表类型/得分

1. 没有机会
2. 微小的机会
3. 适当的机会
4. 好的机会
5. 非常好的机会

条目题干

到什么程度?

量表类型/得分

1. 一点也不
2. 很小的程度上
3. 一定的程度上
4. 很大的程度上
5. 非常大的程度上

或者

1. 非常小的程度上
2. 很小的程度上
3. 一定的程度上
4. 很大的程度上
5. 非常大的程度上

7 分制响应类型

这是关于一些条目题干的七分制量表的版本,加入了一些其他元素,这可能会带来更多拓展。

条目题干

请注明对下列陈述同意或不同意的程度。

量表类型/得分

1. 非常反对
2. 反对
3. 不太反对
4. 没有同意也没有不同意

5. 不太同意
6. 同意
7. 非常同意

或者
1. 非常反对
2. 比较反对
3. 稍微反对
4. 没有同意也没有不同意
5. 稍微同意
6. 比较同意
7. 非常同意

条目题干

对这些当中的每一条的满意度如何？
1. 非常不满意
2. 不满意
3. 稍微不满意
4. 既不满意也没有不满意
5. 稍微满意
6. 满意
7. 非常满意

条目题干

多久进行一次？

量表类型/得分
1. 一点也不
2. 几乎没有
3. 很少
4. 有时
5. 经常地
6. 几乎一直
7. 一直

条目题干

正确性如何？
1. 从未或几乎从未是正确的
2. 通常是不正确的
3. 有时但很少是正确的

4. 偶尔是正确的
5. 经常是正确的
6. 通常是正确的
7. 总是或几乎总是正确的

条目题干

这些当中的每一个发生的可能性如何？

量表类型/得分

1. 根本没有可能
2. 几乎没有可能
3. 有点可能
4. 很有可能
5. 适度可能
6. 非常可能
7. 极有可能

或者

1. 极不可能
2. 不太可能
3. 稍微不太可能
4. 既不可能也没有不可能
5. 稍微有可能
6. 很有可能
7. 极有可能

条目题干

重要程度如何？

量表类型/得分

1. 根本不重要
2. 几乎不重要
3. 有点重要
4. 很重要
5. 适度重要
6. 非常重要
7. 极其重要

条目题干

请标明每个陈述相对于……的准确程度如何？

量表类型/得分
1. 非常不准确
2. 大多是不准确的
3. 稍微不准确
4. 不确定
5. 稍微准确
6. 大多数是准确的
7. 非常准确

第5部分
数据分析方法

第 10 章　定量数据——数据建立和初始分析
第 11 章　定量数据：用于回答研究问题和假设检验的多元数据分析
第 12 章　内容分析

管理研究方法
Management Research Methods

第 10 章

定量数据——数据建立和初始分析

> **学习目标**
>
> 在完成本章的学习后,读者应该能够掌握以下几点:
> - 录入计算机之前,原始数据的处理;
> - 在分析数据进行验证研究问题和假设之前需要汇总数据分析的初步技术;
> - 选择描述样本必须的统计方法;
> - 描述相关矩阵,列出在进行多变量分析之前所需的信息;
> - 解释进行分析时处理缺失数据所需要使用的技术。

一、分析数据:初步的定量分析

在收集完定量数据之后,研究人员接下来的工作就是去分析数据。本章所讨论的数据以定量分析为目标。不过,其中涉及的许多原则对于定性数据的数据管理(有些是分析)也是适用的。数据分析的目标,就是尽可能精确和简洁地获得验证研究问题和假设的结果。为此,研究人员需要仔细处理这一过程,不仅要保证准确性,而且还要保证有效性和逻辑性。我们的方法是:研究人员已经建立了假设或特定的研究问题,正在采用技术去验证这些假设和研究问题。所以,方法是我们关注的焦点。

二、数据分析的主要阶段

数据分析主要存在于以下三个主要阶段:

1. 数据录入前的数据处理

在数据收集完成之后,需要对数据进行处理,以便生成计读数据以进行统计分析。这些过程应该在数据输入之前和之后加以实施,以便检验其精确性和质量性。

2. 在数据输入之后,为检查数据的适用性所做的初始数据分析

为了验证基于数据的假设,获得描述性数据,帮助判定测量的属性,有必要进行初始数据分析。为此，这个阶段的数据分析包括原始的或者初步的数据分析、描述样本、核查数据错误、核查面向特定样本的测量指标的信度、构造量表分数、检验数据是否具有使用预期分析技术所要求的属性。这些分析要先于实际的检验。

3. 验证研究问题和假设的数据分析

研究人员需要采用适合于验证特定研究假设和研究问题的技术去分析数据。因此，在第三阶段的数据分析中，研究人员会具体采用一系列分析技术去验证研究问题、评价是否支持研究人员所提出的研究假设。具体而言，研究人员需要根据特定的研究问题和研究假设，谨慎地选择可供使用的分析技术，其目标就是选择一个符合最低限度但非常适用的分析技术（Wilkinson & TFSI, 1999）。本章将描述总结定量数据所需要的基本统计技术。然而，大多数的研究通常都会运用多变量统计技术，就是同时有三个以上需要分析的变量。在管理研究中经常会用到多变量分析技术，主要是因为在数据分析时需要同时考虑控制变量，因而需要同时考量的自变量往往不止一个，而且因变量也往往不止一个，需要计算特定的自变量和一个或多个因变量之间的关系，并且需要考虑其他自变量的影响。多变量分析技术将会在下一章进行讨论。

三、所需要的基本概念

（一）一元、二元和多元（多变量）分析技术

按照分析技术的广泛目标和适用性，存在着多种划分数据分析技术的方法。回答管理研究问题或假设的大多数技术可以划分"一元""二元"或"多元"统计技术。研究人员需要了解这些技术，以便建立初始研究设计、准备数据输入并进行初始分析。

1. 一元统计/单变量分析

一元统计分析只涉及一个变量的分析。单变量分析是用一个关键变量来描述样本或者回答只有一个变量的简单研究问题（如"组织雇用了多少女性员工"）。单变量统计包括百分比和中心度测量（如平均数）和偏差（如标准差）。这是一种典型的初步分析方法。

2. 二元统计/双变量分析

二元统计/双变量分析是评估两个变量之间的关联性。最常用的二重变量统计是相关系数。

3. 多元统计/多变量分析

多元统计/多变量分析是指同时分析三个或三个以上变量之间的关系。有几种多变量统计技术，其中最出名的是多元回归分析。在多元回归分析中，去分析单个因变量和两个或多个自变量。一些统计专家认为，只包括一个因变量的统计技术是一元的，而用"多变量"专指包括多个因变量。在这里，我们采用了更为广泛的一般意义，凡是把三个或更多的变量放在一起进行分析，我们就称之为多变量。多变量分析方法/多元统计分析技术将会在下一章中进行讨论。

（二）不同类型的数据

定量数据包括一系列可以直接观察或可以测量的变量。在众多分类方法中，常用的数据分类方法往往把数据区分成定类数据、定序数据、定距数据和定比数据/量表。

1. 定类量表的测量

定类量表的测量只是把数据分为两个或多个离散类别，并给每一类加以标记（如自己的名字与别人的名字不一样、男性与女性、出生地等）。在定类数据中，各个类别是没有顺序的，但类别必须相互排他并且要相对完整。为了便于进行数据分析，可以给分类的定类变量分配相应的数字，但这里的数字并不代表顺序和数据。例如，计算定类数据的平均值是没有任何意义的，如出生地。通常定类数据用频数和比例对类别进行分析。多元统计技术（如逻辑斯蒂回归）也能对定类的因变量进行分析（参见第11章）。

2. 定序量表的测量

定序量表的测量设置了类别的大小（如级别），但不同的是并不是定量数据（Smithson,2005）。例如，如果研究人员评估子公司的绩效，就可以设置子公司的区间从1（最好）到20（最差）。然后，研究人员可以对评分值进行相关分析，用Spearman等级相关系数，如对选择访谈进行排名。研究人员常用的李克特量表实际上就是定序量表（如强烈反对、反对、不赞成也不反对、赞成、绝对赞成）。严格来说，平均值对定序数据也是没有意义的。在统计上，一般用中位数和百分位数来概括定序数据。

3. 定距量表的测量

定距量表的测量是定量的、等距的，反映了同想要测量的基本建构之间的线性关系（Smithson,2005）。例如，10℃和20℃的差距与20℃和40℃的差距是相同的。而且，20℃不是10℃的2倍，因为它们不是从绝对的0点进行测量的。不过，研究人员可以对定距数据进行算术计算。因此，统计的平均数和标准偏差对定距数据是有意义的。如上所述，严格来讲，李克特反应类别是定序数据，而不是定距数据。换句话说，李克特反应量表的类别之间的距离（如1强烈反对、2反对、3不反对也不支持、4支持和5绝对支持）之间是不一定相等的。然而，在对这类数据进行分析时却把它们当作了定距数据来进行处理的，假定有5个或更多的反应类型，并在概念化过程中把基本建构理解成理论上连续的变量（Tabachnick & Fidell, 2001）。

4. 定比量表的测量

定比量表的测量是定量的，有绝对的0点。定比数据的例子像身高和年龄，都是从一个真实的0点开始的，有相等的间隔。100千克是50千克的2倍，因为有绝对的0点，每一千克的差距是相等的。同样的，1 000万美元的利润是500万美元的2倍。再者，平均数和标准差（和相关统计）在定比数据中也是有意义的。因此，定比量表是最强大的，紧接着依次是定距量表、定序量表和定类量表。在可能的情况下，测量变量的最好目标是用定距或定比数据，因为它们允许使用更大范围的、更为强大的统计技术用于数据分析。

5. 连续变量和类别变量

另外一种数据分类的常用方法就是类别变量和连续变量。其中，类别变量把数据分为两个或多个独立的组或类别(如出生地)。这些类别可能是有序的(定序数据),也可能是无序的(定类数据)。最简单的类别变量是二分变量(dichotomous)(如男/女、在职/缺席)。从理论上讲,连续变量是指能显示在一定范围的任何数值并且数的大小能反映变量大小的变量(Smithson, 2005; Tabachnick & Fidell, 2001)。连续变量可以是定距量表,也可以是定比量表。测量连续变量时,精度主要是由用来生成评分的量表的本质决定的。重量和时间是典型的连续变量。许多心理学中的建构(如快乐和智力)在理论上和本质上都是连续的。研究人员经常把想要测量的变量当作连续变量来测量,但后来可能会对相应的数据进行分类,整理成离散的类别变量。例如,以具体的年数来表示的年龄变量,可以转化成不同的年龄分组以便进行后续的分析。总之,这并不是好的操作方式,因为这样做会导致信息丢失。另外,由于二分变量只有两种可能的数值,所以在数据分析时常常将其做为定量变量而运用许多统计分析技术进行分析。的确,许多读者可能并不了解:把一个变量编码为 0 或 1,平均数等于编号为 1 的案例的比例,并且一样有意义。

四、数据录入之前修订原始数据

在管理研究中,数据通常来自问卷调查。因此,这里主要以问卷调查为例加以阐述。但所说的原则同样适用于研究人员使用任何其他数据来源的情况,包括硬数据(客观数据)或者从公共或组织记录中计算得到的数据(如投资回报率、缺勤率)。

研究人员通常都会把数据录进计算机程序中进行统计分析。其中,最流行的程序是SPSS(for windows)。在把原始数据录入程序之前,研究人员需要验证数据的准确性(精度),这样会节约后续的分析时间。在这一方面,验证数据主要包括以下两个关键原则:

- 在验证和确定正确之前,不要录入数据;
- 缺失数据太多的记录(个人、组织),先不要录入到数据库中。

(一)录入数据

在把数据录入到计算机数据文档之前,研究人员应该采取以下步骤:

(1)所有调查数据记录都要有一个识别码,如果可能,可以标记为来源代码。来源代码可能来自于数据采集的组织(匿名调查中不可能获得该信息)。

(2)检查所有调查的缺失数据。个体调查也需要检查缺失值,看看是否缺失数据太多而不值得继续把该记录录入到计算机中去。

(3)把数据录入到由列(变量)和记录(如调查对象)组成的矩阵中。

(4)所有数据都要用数字加以记录。为了方便后面的数据分析,所有变量都应该以数字的形式进行编码,即使它们本质上是类别变量(定类/定距),也最好这么做。

(5)对于录入计算机中的每一记录而言,都必须包括一个特别的变量(如被调查者),让它们出现在同一列中。每个记录都有确切的、相同的数据录入的列,每一个数据单元只有一个数据编码。任何变量的缺失数据通常都用空白格来处理。

（二）检查错误

研究人员需要确定自己已经检查了所有调研错误。有时，可能在数据编码之前就把错误改正了。有时，研究人员已经提前知道客观数据和正确答案了，但调查对象（受访者）提供的答案却可能是不正确的。例如，即使是精心措辞的问句（其中的每个术语也都清晰地界定好了），但如果是研究人员询问调查对象下列问题"他们是在公共部门还是私人部门工作呢"时，调查对象可能会觉得困惑甚至给出错误的答案。例如，如果某一调查对象在银行工作，那么他可能认为自己受雇于公共部门（因为银行是可以在证券交易所上市的），而实际上他们是在私人部门工作的。在研究人员已经知道正确答案，或者已经找到了数据源的情况下（如组织名称），他们可以在数据录入之前，对每一个调查对象所回答的问题重新进行编码，以便及时发现错误和改正错误。

错误的发生也可能是因为调查对象（受访者）混淆了本组织的管理层阶——下属、上级、基层管理者、中层管理者、高层管理者、总经理、首席执行官。实际上，之所以会发生这样的情况，可能存在着多个原因。研究人员应该确保自己已经检验了所有的调查问题，并进一步核实了所有的回答。例如，研究人员可以验证调查对象既定管理水平和其他人口统计问题的回答是否一致，如要求调查对象写下自己的职位和职业，并回答关于下属的人数、所有者—管理者的状态、薪水和管理层提升等问题。其中，工作职位常常可以给研究人员提供这样一种证据，即调查对象在组织中的等级，而研究人员可以询问调查对象直接授权的下属的数量和对其负责的下属的人数。如果调查对象（受访者）是一位主管或更高级别，那么他就应该有下属。但如果这个调查对象没有下属的话，那么研究人员就能够推断该调查对象不是主管。此外，如果一个管理者升职了，那么他直接授权的下属数量往往会减少，但对他负责的下属的数量可能会增多。而且，研究人员应该检查小企业主提供的答案，他们可能会把自己当成是首席执行官，但实际上他们并不是。此外，调查对象也可能不经意地提供不正确答案：如性别、年龄或者教育信息等。在某些情况下，人口统计信息可能会查出错误。例如，如果研究人员仅仅寄调查表给妇女，对性别不正确的回答就会很容易地检查出来了。类似地，研究人员也可以获得参与者的名字，然后依此辨别他们是男性还是女性。在有纵向数据的情况下，研究人员还可以检查不同时间点所获得的数据是否一致。例如，人们不可能改变性别，也不可能让他们的出生年份变小或早生两年。

（三）检查数据的录入

检查数据录入的准确性，也是任何调查数据分析的必要先决条件。研究人员核实录入数据准确性的一个方法，就是在录入完成之后再重新录入数据。在两次重复录入数据的情况下，研究人员往往可以发现是否有两个不同的数字被录入到了同一个栏目（只能有一个正确的数字）。然而，如果从时间和费用等约束因素的角度看，研究人员无法重新录入数据，那么他们也仍然需要检查数字录入是否正确。另外一种识别数据录入错误的办法，是查验每一个变量的频率。此时，生成的频率表可以提供每一个变量的所有取值（类别）的百分比。例如，研究人员可能有5个答案类别（取值）：1 强烈反对、2 反对、3 不反对也不赞成、4 赞成、5 完全赞成。检查各变量取值的频率可以发现是否存在超出范围的值存在。对于上面的例子而言,正常的取值范围只能是从1到5。如果有任何答案超出了这个范围,那么研究人员就找到了数据录入存在错误的证据。最后,我们建议研究人员认真检查核对原始调查问卷与原始数据分值之间是否完全一致。

五、初步的/最初的数据分析

在开始利用数据分析去检验假设之前,需要完成几个初始的数据分析步骤。进行这些检验,可以帮助判定研究人员是否可以真正按照自己的意图去使用这些数据。

(一)描述样本

在任何研究中,调查者都需要描述样本。为此,往往需要使用一元统计分析技术。这类数据常常用频率/百分比表示个人的人口统计变量(如性别、年龄、教育水平、婚姻状况、管理层级、公司任期年限、全职工作经历年限、职业类型)和组织层面的变量(如行业类型、雇员部门、组织规模、所有权和收益)。同时,研究人员还应该计算连续变量的平均数和标准偏差以及样本中所有变量的取值范围。为此,研究人员通常会提供一张描述其样本基本特征的描述表(百分比、平均数和标准差)以及为读者提供的适当评论,以便读者能理解样本的构成和样本特征(如处于职业生涯中期的所有管理者)。

然后,研究人员需要检查有关样本的各种描述,以便确认是否存在任何奇怪的数据。例如,通过检查描述,研究人员可能注意到在样本中存在兼职员工,但只有全职员工才应该被纳入调查当中。在上面这个例子里,研究人员可能会选出只有全职员工的样本进行分析,并且试图揭露出现异常的原因。

有关样本的描述也需要进行评估,以便判定是否需要在分析中包括一定的控制变量(如在多元回归分析中)。例如,男性员工和女性员工在各变量上往往存在差异(如任期、组织规模、公共/私人部门、教育水平、工作持续性、婚姻状况或孩子的数量),这可能会影响因变量预测的准确性。因此,在分析中就需要对这类变量进行控制,以便更有效地评价自变量对因变量的影响。

(二)检验不回答者和回答者是否存在差异

在进行数据分析之前,研究人员需要评估的另外一种重要问题就是潜在的未反应偏差(non-response bias)。这是调查数据特别关心的重要问题。在实际操作中,研究人员或许可以比较原始样本中做出反应和没有做出反应的样本频率。例如,如果问卷是邮寄给了那些从Who's Who中挑出来的样本,而且如果研究人员知道他们是谁,那么研究人员就可以围绕Who's Who所收集的其他变量,对回应者样本和未回应者样本进行统计比较了。具体而言,研究人员需要从Who's Who那里获得额外的数据并进行编码(如组织类型、规模、行业、利润等),然后与那些已经回答问题的变量进行统计比较。统计检验(如卡方检验)可以用来进行这种比较,比较的目标是看看回应者和未回应者是否不同,如果不同的话,存在着怎样的差异。

例如,Tharenou(1999)在时间1上有一个样本,但她不能描述未回答者的特征。然而，她做的研究是纵贯研究，因此她可以利用后期的邮件打岔来进行上述检验。一年之后她在时间2重新邮寄了问卷，结果发现79%的调查对象做出了回应。利用卡方检验，她发现未回答者与回答者之间存在着系统差异。特别地，与回答者相比较，未回答者更为年轻、更低的教育水平、工作年数更少、在私企比在公共部门的要更多、大多数在较小的组织、更可能单身和无子女、更低的管理水平和工作类型（很少是管理人员和行政人员、专业人员和辅助专业人员，更多是办事人员）。这项研究预示了管理研究的进步，意味着回答者与未回答者之间存在的变量差异可能会对结果造成重要偏差。当然，未回答者的作用在结果中还尚不清楚。例如，由于某些因素的作用（更低的教育、职业类型），未回答者也许更落后于回答者；由于其他因素的作用（更为年轻、组织规模更大），未回答者也有可能比其他人更进步；或者从总体上看，这根本就不会影响结果。因此，分析回应率和样本特征不仅能够帮助研究人员判定相关结论对于更大样本的普适性，而且还有助于研究人员科学地判定在预测因变量的时候是否会存在某些偏差。

在不太可能直接对回答者与未回答者（或许因为调查是匿名的）进行统计比较的时候，也可以从总体上做些比较，进行一些在相关总体层面的统计比较（如用官方统计的行业数据对比商业调查的行业基本特征等）。

（三）数据属性和分析技术的各种假设前提

许多用于验证假设和回答研究问题的统计检验技术，都对所分析的数据有着各种各样的假设要求，而数据分析技术则需要符合这些基本假设前提。Tabachnick 和 Fidell's（2001）的文章针对这一主题进行了综合的讨论，其中对一般线性模型（the General Linear Model GLM）中的多种分析技术的统计假设前提进行全面概括。其中，有关这些统计技术的共同假设前提就是正态性（normality）、线性、齐方差性。不过，也不是所有统计技术都有这些假设前提。因此，在进行某种特定的测试之前，去阅读相应的统计参考书以便获得更多信息是非常重要的。

1. 检验正态性（normality）和处理非正态数据

正态性假设对于很多统计检验取得正确的结果都是非常重要。这些检验在后面会有详细的描述。一元（单变量）正态性是假设一个连续变量的数值是关于平均数的正态分布（也就是说钟形分布）。例如，如果连续变量表现出不可接受的偏度（数值是关于平均数的不对称分布）和峰度（分布太高或太平缓），就不是正态分布，用正态的技术可能就是不正确的。

多元（多变量）正态性是假设所有变量及变量组合都是正态分布的。关于多元正态性，这是许多多元统计分析技术都要求的假设前提。由于不可能检验所有变量的线性组合和检验常常过度敏感，多元正态性实际上更难进行检验。然而，如果范围包括一元正态性的话，那么在一定程度上也一定是违反了多元正态性。类似地，当变量表现出一元正态性的时候，有很大的可能性（但并不能担保）数据也是呈现多元正态分布的。

关于连续变量分值的单变量正态性的简单检验方法，是峰度（kurtosis）和偏度（skewness）检验。例如，峰度的绝对标准应该不超过5，偏度的绝对标准应该不接近2（Kendall & Stuart，1958）。Wilkinson 和 TFSI（1999）推荐用图解技术来评估正态性。

例如,变量的直方图需要有一条粗略的钟形曲线相对称。如果变量不是近似正态的话,那么也可以进行转换,去看看是否会对结果造成差异性影响。Tabachnick 和 Fidell(2001)研究了非正态的近似转换问题。常用的转换是对于轻微的非正态分布进行平方根转换,对中度的非正态分布进行对数转换,对陡峭的非正态分布进行倒数转换。不过,也应该注意的是:许多统计技术对违反正态性的假设也是相当包容和稳健的。因此,除非是有特别的原因(如极度非正态性),一般应该避免进行转换。

2. 检验线性和处理非线性数据

许多统计检验都假设线性关系。线性关系是假设两个变量之间有直线的关系。对于线性关系检验,可以通过检查成对变量间的散点图来实现。或者,利用残差图来检验是否违反了线性假设。其中,残差图用因变量的预测值偏离残差来标志的。这个图可以通过 Windows 操作系统平台中的 spss 程序来绘制。多数统计分析技术都是相当包容和稳健的,除非两个变量的关系是清晰的曲线关系(明显脱离了直线关系)。实际上,违反了线性关系并不一定就意味着分析无效了,而只是弱化了统计检验发现特定影响的统计效力(Tabachnick & Fidell,2001)。在实践中,研究人员可以应用特殊的统计程序(例如,多项回归)来构建非线性关系模型。

3. 齐方差性

齐方差性是假设一个变量的数值与另一个变量的所有值的变化是近似相同的。"齐方差性"这个词来源于希腊语单词 homos 和 skedastikos 的组合。其中,homos 的意思是相同的,skedastikos 的意思是能传播和扩散的。为了检验假设,研究人员应该为变量的每一个组合生成双变量散点图,看看分值是否会随着上下移动而散开。散点图的形状应该大致符合椭圆或雪茄烟的形状。

许多统计技术,包括皮尔森相关系数和多元回归技术,都假定齐方差性。在比较自变量组的平均数的统计检验(如 t-检验和方差分析)中,齐方差性也是一个重要的假设。在 t-检验/方差分析中有关变量的齐方差性检验,可以通过莱文森(Levene)的方差齐性测试来进行。

多数统计分析技术对齐方差性也是比较包容和稳健的。如果严重违背了上述假设的话,研究人员应该考虑用不同的方法对因变量进行转换(如平方根或对数),以便看看是否其中的转变使得相应的关系更表现出齐方差性。不过,需要指出的是,这种转换方法也可能会产生困难,使研究人员很难给出科学的解释——因为所有统计结论都是基于转换后的数值给出的。另外,有些 t-检验和方差分析检验是没有假设变量的齐方差性的(see Kline,2004;Tabachnick & Fidell,2001)。在进行分组比较的时候,可供研究人员选择的另外一个方案是采用更加保守的阿尔法标准(0.025 是为温和的异方差,0.01 是为严重的异方差)去检验统计的显著性水平(Tabachnick & Fidell,2001)。

4. 不存在多重共线性

当两个(或更多)自变量是高相关关系时,就会产生多重共线性(Multicollinearity)。高相关关系的自变量在技术上(如多元回归)会导致一些计算和解释问题。检查多重共线性的一种方法,就是去检查二重相关关系。Tabachnick 和 Fidell(2001)建议指出,如果两个自变量是 0.70 的相关或更高,它们可能会产生多重共线性。如果两个变量是高相关的,往往意味着它们如此相似,以至于应该把其中一个变量取消掉(理论上最少的变量)或者应该通过某种方法将这两个变量合并成一个变量,然后再进行分析(Tabachnick & Fidell,2001)。在多元回归中,也可以通过检查容许误差(tolerances)和方差膨胀因子(VIF)来检验是否存在多重共线性。这两个统计指标测量了其中一个自变量可以解释另外一个自变量的方差程度。容许误差<0.10 或 VIF >10 可能表明存在多重共线性了(Kline,2005)。

5. 异常值

异常值就是极端数值,会对大多数统计技术的结论产生不均衡的影响。一般而言,检查直方图和频率/频次表格,可以发现是否存在单变量异常值(单一变量的极端数值)。在很多情况下,异常值是简单的输入错误,所以很容易就可以纠正。同时,也存在一些统计技术能识别多元变量的异常值(异常的数值在一组变量中)。其中,剔除残差法和马氏距离法(Nahalanobis)就是两种常见的方法。另外,库氏距离(Cook's)可以用来检验异常值是否会产生显著影响(找到具有重要影响的记录)。如果存在问题的话,就应该在分析前把这些记录剔除掉。假设数据是精确的话,那么最好的方法就是去运行存在和不存在异常值的相关统计分析,然后去看看它们是否对结果造成了不同的影响。另外一个选择就是对存在异常值的单变量进行变量转换。异常值常常趋于同非正态分布相联系。通过转换,可以进一步改善数据分布的形状,从而把存在异常值的记录纳入分析当中(Tabachnick & Fidell,2001)。针对单变量异常值而言,最后还有一种方法,那就是修改变量的值,以便使它们不再显得那么异常。Orr,Sackett 和 Dubois(1991)评价了研究人员是如何处理异常值的,他们的结果表明:

- 研究人员对于从数据库中直接删除异常记录的合理性存在不同看法;
- 在检测异常值时,相比数字诊断技术而言,研究人员更多地使用了可视化数据检验去进行检测;
- 尽管剔除异常值影响了个别研究的效应大小,但在测试有效性的大规模数据集里删除数据记录并不是方差变化的重要源泉。

(四)信度测量

研究人员应该检查样本测量的信度。至少,研究人员应该报告所有多条目量表的 Cronbach 阿尔法系数。在此之前,研究人员也可能需要针对多条目量表构建综合指数或计算整个量表的总分(通过求和/平均),包括对反向编码的条目得分进行相应的处理。研究人员可以利用统计包(如 Windows 的 SPSS)很轻松地完成上述工作(Pallant,2005)。而且,在进行单维和建构效度检验之前,还需要对新开发的量表进行因子分析。因子分析是一种多元统计技术,将在下一章中进行讨论。

(五)缺失数据

需要避免缺失数据,因为这会减少样本规模,也是误差的来源之一。针对数据缺失,Roth(1994)给出建议:

- 使用数据采集工具(如调查问卷),这样容易为受访者所接受;
- 对访谈和调查问卷进行追踪和跟进,以减少缺失数据量;
- 利用缺失数据记录重新生成样本。

虽然上述步骤会有助于减少缺失数据,但它们无法消除数据缺失。一旦缺失数据超过样本的10%时,在决定选择用什么最好的工具进行数据分析时就会遇到严重的问题。在统计分析中,常见的处理数据丢失的五种主要技术分别是列表删除法、成对删除法、平均替代法、全信息最大似然法和多重计算法。

1. 列表剔除法(listwise deletion)

在列表剔除法中,任何带有缺失数据的记录都将会从数据分析中予以删除。在多元统计分析技术(如多元回归和因子分析)中,常常会利用列表剔除法来应对数据缺失问题。在列表剔除法中,很小比例的缺失数据就可能会剔除大量的样本观察值(记录),这是研究人员为什么需要在数据分析开始之前就要处理缺失数据的重要原因。例如,在采用列表剔除法的调查数据分析中,由于回答者通常都会有缺失数据,所以最终研究人员能够使用的分析样本可能会变得很小。因此,在数据分析中研究人员应该尽量避免使用列表剔除法。它不仅可能导致剔除掉过多的受访者数据、降低效力,而且也可能会使仅在一个变量(如薪水)上存在缺失值的整个受访者信息都变得无效,从而潜在地对样本产生了偏差性影响。

建议研究人员验证缺失数据的模式,以便判定是否是随机缺失。如果确实是随机缺失,而且有缺失数据的记录比较少,那么列表剔除法可能是一个可以接受的方法(Tabachnick & Fidell,2001)。需要注意的是在许多统计软件包中(如 SPSS),列表剔除法常常是系统默认的选择。

2. 成对剔除法(pairwise deletion)

成对剔除法只是在计算特定的关系时才把存在数据缺失的记录暂时剔除。换句话说,所有有效的、没有缺失数据的成对变量值,都纳入数据计算当中了。与列表剔除法类似,成对剔除法在多元回归和因子分析中应用相当广泛。不过,也有些研究人员指出了成对剔除法存在的潜在计算问题,但这种方法却具有优越于列表剔除法的一些优势:它仅仅剔除了更少的、在具体分析中遇到数据缺失的记录(在其他变量上有缺失值的记录也都包括进来了),因此对样本产生的偏差要更少,而且可以比平均替代法更准确地进行数据估计(Roth,1994;Roth,Campion,& Jones,1996;Switzer, Roth, & Switzer,1998)。

3. 平均替代法(mean substitution)

在平均替代法中,用整个样本中某个变量的平均值替代那些存在缺失数据的记录。问题是:样本的平均值可能并不必然地反应出特定的受访者(调查对象)对该变量的回答。因此,应用这种方法的结果,就是样本里都不存在缺失值了,但它却不够精确。当然,精确性要取决于被替代的变量是什么变量。例如,用平均缺勤率替代某个特定员工的缺勤率可能并不是最好的方法。平均替代法也可能导致细小的差异,也可能扭曲变量之间的相关关系(Schafer & Graham,2002)。因此,我们并不提倡使用平均替代法。

最近,两种新的处理技巧出现了,即最大似然法和多元归因法。这两种方法可以帮助研究人员更好地应对数据缺失问题。与上述常规方法比较而言,这两种方法具有很大的优势。

4. 全信息最大似然法

全信息最大似然法(the full information maximum likelihood,FIML)在处理缺失数据时,假设缺失的数据是随机的,使用观测数据去生成最佳可能的一阶矩阵估计去描述平均数、二阶矩阵估计去描述协方差(See Allison,2002;Little 和 Rubin,1987)。运用FIML,基于每个变量的可用数据点,所有观测数据的信息都得到了充分的使用,包括平均数和方差。利用这个方法估计相关参数,并没有要求研究人员填充(输入)的数据组。这个方法处理缺失数据的优势是:(1)它是基于众所周知的、最大似然统计技术(Allison,2002;Roth,1994);(2)它常常减少由于未反应而导致的偏差。当随即缺失假设不能严格满足的时候,更是如此(Little & Rubin,1990)。相对而言,这种方法的缺点是:(1)它要求相当复杂的计算方法;(2)具体的估计取决于所应用的具体模型(Sinharay,Stern,& Russell,2001);(3)在数据分析期间处理缺失数据。

5. 多重计算法(Multiple imputation)

多重计算法(MI)是这样一个程序:通过一系列迭代来估计缺失的数据,进而生成几个不同的完整数据参数估计。然后,把从每一次估计中得到的参数进行合并,以便生成一个基于完整数据的总体估计(也就是平均数),并估计出标准差(Newman,2003)。多重计算法的优点:

(1)它考虑了随机变化(Allison,2002);(2)多重计算反映了缺失数据的不确定性和抽样变化(Schafer & Graham,2002;Sinharay et al.,2001);(3)它把处理缺失数据的步骤和数据分析的步骤完成分离开来了(Collins,Schafer,& Kam,2001);(4)它生成了基于完整数据的估计(Little & Rubin,1987)。这个技术的缺点是原始数据的准备要求早于程序开始(Graham & Hofer,2000)。最大似然法处理正态分布的连续变量的缺失数据是更为合适的,多重计算法几乎能适用于所有的统计技术(Allison,2002)。

六、二元变量分析

初始数据分析完成之后,研究人员可以采用二元统计技术评价两个变量之间的关系。通常,其中一个变量是因变量,另外一个变量则是自变量。利用二元统计分析技术,可以回答基于两个变量的简单研究问题/假设。然而,二元统计分析无法为研究人员提供回答更复杂的假设或研究问题的方法。这时,研究人员就需要利用多元统计分析技术了。

在管理学研究中,经常会用到如下的二元统计分析技术:

1. 皮尔森积矩相关系数

两个变量间的关系可以用相关系数来计算。在研究中,存在着许多不同的相关系数类型。在组织研究中,最常用的是皮尔森积矩相关系数(*r*),用来计算两个连续变量之间的线性关系的强度和方向,但是有一个变量或两个变量是二分变量(dichotomous)的时候,这种方法也适用。皮尔森积矩相关系数的范围,从 −1 到 1。其中,0 是不相关,1 是完全相关，相关系数的方向（或符号）可能是正的（当一个变量增加时，另一个变量也随之增加）或负的（当一个变量增加时，另一个变量随之减少）。研究人员可以计算 r 的平方，它代表了共同方差的比例，即两个变量有多少交叉和共性。

皮尔森相关系数是测量线性（直线）联系的一个指标。在使用该相关系数之前，需要检查二元变量的散点图，看看变量是否是曲线相关，而非线性相关，这一点是非常重要的。散点图也能识别出异常值，而异常值会扭曲相关系数。在数据分析中，也有可能发现两个变量的相关性可能是 r 接近于 0 的线性关系，但结果却显示是很强的非线性关系。如果是非线性的，则需要使用专门的统计技术来构建曲线关系模型。对于分类变量（定类和定序数据）而言，也存在着其他相关系数（Kline，2005）。例如，当两个变量都是定序变量时，斯皮尔曼序列相关系数就是一个特殊情况。

在研究中，需要去检测相关系数是否显著地不等于 0，这就涉及统计显著性检验问题了。该检验可以验证是否有足够的理由拒绝原假设——样本总体中的观测关系是 0。首先，研究人员应该先检查同相关系数相连的概率值，从而判定是否是显著相关或不相关（$p<0.05$ 或更小，如 $p<0.01$）。如果是后者，就表明不具有统计显著性。另外一个选择就是汇报相关系数置信区间（Smithson，2005）。其中，可以利用置信区间来验证统计显著性，而且它还可以提供有用的信息来理解总体的相关系数值的可能范围。在皮尔森积矩相关系数检验中，假设前提是变量服从二元正态分布。但没有极端的异常值，上述这些检验都是相当稳健的。

如果统计上显著，那么研究人员就应该检验相关系数的方向和大小，以便判断相关系数的强弱和方向（正向或负向相关）。Cohen（1988，1992）指出，从常规的角度来看，$r=0.10$ 是弱相关、$r=0.30$ 是中等相关、$r=0.50$ 是强相关。然而，Cohen 特使也提醒说，任何效应的大小估值都离不开特定的研究背景，需要在特定的背景下对研究效应的实际重要性进行判断。

在解释相关系数时，要注意的是：不要假设相关系数就意味着两个变量之间有因果联系。相关只是推理因果关系的一个条件而已。因果关系的推理更多地是要依靠研究设计的类型（如实验研究 vs 实地研究），而不是取决于所使用的、统计分析技术的类型。

相关系数通常采用矩阵格式加以体现。相关矩阵是管理学研究中所有的变量，即因变量、自变量和控制变量的所有相关性。当研究人员构建相关矩阵的时候，通常也会报道相关系数的统计显著性水平。如果数据缺失，在构建相关矩阵时，本书推荐使用成对剔除法。在以下三种情境下往往会使用相关矩阵：

（1）检验多重共线性，即两个自变量之间的相关系数达到 0.70 或更高，这代表他们是高度相关的；

（2）判定诸如人口统计变量或其他背景变量（不是自变量）是否与因变量相关，研究人员可能希望在后面的研究中对其进行控制（作为控制变量）；

（3）获得每一个自变量和因变量之间的原始（0 阶）关系的证据。

不管什么时候构建相关矩阵，都应该把因变量包括在内，以便使研究人员能够弄明白在二元统计的情况下每个自变量与因变量相关性如何。此外，作为惯例，研究人员应该计算在相关矩阵里（与样本大小的信息一起）每个变量的均值和标准差。研究人员需要知道每个变量的均值和标准差,以便他能够搞清楚每个变量都处在什么水平上以及每个变量值的分布范围。例如,他们都是年轻人吗?在年龄方面有限制吗?他们从上级那里得到的支持充其量是适度的吗(处于反应量表的中间值附近)?这类支持的差异大吗?此外,研究人员还可以把所有变量的范围包括在相关矩阵中内(最大值和最小值)。

2. 交叉表(Cross-tabulations)和卡方检验(chi-square tests)

当比较两个类别变量时,以交叉表的形式来报告数据是很常见的(也叫作列联表)。在这类表格中,列出了两个变量同时发生时的频率(记录数)。为了方便解释,通常会报告百分比。对于那些有很多类别的变量而言,可能不太适合使用交叉表。在研究中,通常是针对定类变量(无序的类别)使用交叉表法。不过,在定序(排名)甚至是定距或定比数据中才可以使用这种方法,当然前提是这些变量的取值范围都比较小。

独立性卡方检验也可以用来确定两个类别变量之间的联系。在独立性卡方检验中,群组必须是独立的,意味着一个观察(记录)只能进入其中的一个组,像性别或产业类型或雇员部门等。一般而言,对于卡方检验来说,最低的期望频率应该是 5 或者更多才能证明是有效的(Kline,2005)。另外一些研究人员使用的一个替代原则是:至少 85% 的列表单元的期望频率应该 5 或更多(Pallant,2005)。如果违反了这些假设的话,在有理论意义的情况下,可以去合并这些类别。独立性卡方检验是去验证是否有充足的证据去拒绝这样的原假设:两个变量是不相关的。例如,研究人员可能希望知道女人是否比男人更有可能就职于办事员和秘书工作、男人是否更可能是管理者、商人和劳动者(上面是按照澳大利亚八个职业标准分类的)。为了回答这些问题,研究人员需要使用两个变量去计算卡方,其中包括看一下它们在类别中出现的频率、两组中是否有相同点(如性别和职业分类)。

如果卡方检验是具有统计显著性的,那么研究人员接下来必须做的工作就是去检验百分比,以便解释相关性的本质。也存在着一些相关系数指标来概括交叉表中的相关信息,其中包括 Phi 系数(2×2 交叉表中的系数)和 Camers V (适合于大表)。Smithson(2005)提供了计算效应大小和相关置信区间的有用信息,而这些信息都是去交叉表中相关强度和卡方分析所必须的。

3. t-检验(t-tests)和单因素方差分析

通常,研究人员都会想比较两组之间是否存在差异。当研究人员拥有连续的因变量时,就可以利用独立样本 t-检验来检验两组之间在那个变量上是否存在差异。独立样本 t-检验可以告诉研究人员,两组的均值是否存在显著的统计差异。换句话说,对于手头的样本而言,是否有足够的证据拒绝原假设:两组的均值相等。也有研究人员应用配对样本 t-检验,目的是比较两个不同的时间点上样本的均值是否相同。例如,在干预研究中,把干预前后两种不同出情况进行比较。

有时,研究人员可能希望比较三个或者更多独立组的均值。组间单因素方差分析能用于检验一个自变量对一个连续因变量的影响水平。其中,自变量被称为因子(如绩效考核),编码为定类变量,一般报考三组或更多出组(对于 2 组的情况,分析的结果与 t 检验是一样的)。因此,这项技术是 t-检验的一个扩展。

例如,其中一组可以用传统技术(实验或处理组)进行绩效考核,另外一组没有任何绩效考核,第三组要进行新的绩效考核。这样,绩效考核就是一个包括三个不同水平的因子,因变量可以是员工的工作绩效。ANOVA 将检验因子(自变量)是否和绩效相关、相关性是否有统计显著性——用 F-检验和显著水平。各组的均值表明哪个组有更好的工作绩效。因此,如果 F-检验是有统计显著性的,那么研究人员就会检查均值,看看三组中哪一组有最高的工作绩效均值。在自变量有三个或更多水平的时候,可以采用特殊的检验来进行检测(所谓的事后比较,如杜克 HDS 测试,the Tukey HDS test)。一旦 F-检验具有统计显著性,则去看看哪一组的均值同其他组存在显著差异。

独立样本 t-检验和组间单因素方差分析都假设各组来自独立的、正态分布的、有相同方差的总体。然而,在没有异常值的情况下,上述检验对正态性的假设要求也是很包容的、分析结果也是相对稳健的。为了检验方差齐性假设,研究人员可以使用 Levene's 方差齐性检验。如果找到了异方差的证据,还可以使用另外一个版本的 t-检验(专门适用于异方差的情况)。当然,对于单因素方差分析而言,也存在着类似的程序 (Pallant,2005)。

在 t-检验和 ANOVA 中,也存在相应的指标来测量联系强度(效应大小)。通常,都会报告埃塔平方(η^2)值,它可以告诉研究人员分组自变量可以在多大程度上解释因变量的方差变化。根据 Cohen(1988)的结论,η^2 是 0.01 时代表效应,是 0.06 时表明存在中等的效应,是 0.14 时表示存在着较大效应。Smithson(2005)也提供了有关计算置信区间的信息,即用来反映 t-检验和 ANOVA 共同效应大小的指标。

(1) 统计显著性的争论。有关统计显著性检验,我们已经做了大量的阐述。检验统计显著性是推理统计,它告诉研究人员:假设原假设是真的,既定效应(或一个以上)发生的可能性(Kirk, 2001; Kline, 2005)。直白地说,统计显著性的检验可以告诉研究人员某种效应的存在是否来源于偶然。

需要进行检验的原假设,通常都是无效应的或零相关的。统计显著性标准(称作阿尔法)是 I 类错误的可能性,即当原假设是真的时候却拒绝了它(Cohen, 1992)。按照惯例,如果相应的可能性(p)值等于或小于 0.05 的显著性水平时,就把统计检验的结果报告成具有统计显著性。0.05 的显著性水平或更小时,就意味着"当原假设为真时,拒绝原假设的机会仅仅为 5%"(20 次中有 1 次)(Tabachnick & Fidell,2001)。

阿尔法设定了在单一检验中的 I 类错误(Kline,2005)。当使用多重显著性检验时,常常使用更为严格的阿尔法水平。例如,当使用多重检验时,可以考虑应用邦费罗尼调整技术(Bonferroni adjustment)来修正膨胀的 I 类错误率。为此,研究人员只需要让最初的显著性水平除以检测的次数就可以了(如 0.05/5 检验=0.01;其中 0.01 就是对每个检验的修正阿尔法水平)。然而,阿尔法水平越低,利用统计来发现某种影响的能力也就越低(Kline,2005)。这就导致了增加 II 类错误的风险——当原假设为真时,却拒绝了原假设。考虑许多管理学研究中特定较低的统计效力,人们对于以邦费罗尼调整技术为代表的修正方法的价值存在着一些争论。

关于统计显著性检验是否真正有意义,存在着一个激烈的争论(Cohen,1994; Kirk, 1996,2001; Kline,2005)。然而,显著性检验却是传统上用来探测是否存在影响的重要方法。统计检验受样本大小的影响很大。但是,研究人员要明白统计检验并不能提供影响大小的信息。甚至,将像众所周知的,在很大的样本中,即使潜在的、不重要的影响也可能具有统计显著性。而且,统计检验也并不意味着观察到的影响是重要的或是有实践价值的。显著性检验只不过表明观测到的影响不可能产生于随机样本错误或偶然而已,这是能够从统计显著性结果中得到的所有东西。此外,需要强调的是:不显著的结果并不是意味着真的没有影响,只是在目前既定样本中并没有找到充足证据来检测到这种效应而已。

尽管存在上述局限性,我们还是认为,统计显著性检验是在抽样误差的情境下对假设进行检验的重要工具。统计检验有助于模式的识别或信号的检验(Wilkinson & TFSI,1999)。然而,我们强烈鼓励研究人员报告效应的大小——因为这些统计表明了特定关系大小的实际意义(Thompson,1999)。效应大小的测量,有助于估计相关结果在实质意义上有多么"重要"(Kirk,2001)。这里需要强调的是:一方面,较大的效应更可能有实质意义;另一方面,"较小的效应"也可能是十分重要的(Prentice & Miller,1992)。

当因变量用有意义的单位进行测量时(如 IQ、死亡数),非标准化的效应大小(如两个均值的差异)是衡量影响大小的重要指标。然而,当因变量的测量单位没有熟知的度量标准时,所汇报的通常都是标准化的效应大小(如相关或标准回归系数)(Wilkinson & TFSI,1999)。Kline(2005)深刻地探讨了可供研究人员使用的标准化效应大小的问题。

为了提升统计报告质量,我们也认为:只要有可能,研究人员都应该报告统计估计的置信区间。例如,置信区间能很容易通过相关系数或者回归系数进行计算。像 Windows 系统中的 SPSS 等程序,都能为一些基础统计生成置信区间。需要注意的是:置信区间不但和常规统计显著性一样传达了相同的信息,但置信区间却包括了更为丰富的信息。置信区间提供了一个给定置信水平下的估计值的可能范围(Kline,2005)。例如,如果相关系数或回归系数 95% 置信区间中不包括 0,那么这个结果就意味着在 0.05 的水平上是具有统计显著性的。但是,置信区间中也包含了效应精确度的信息。总之,置信区间对于帮助判定某一效应实际上是否显著,是非常有用的(Kirk,2001)。

(2)效力(Power)和效应大小(effect size)。在进行统计显著性检验时,研究人员需要确定自己的数据是否有充足的统计效力去验证相关的假设,这一点是很重要的。其中,效力是指拒绝原假设的长期可能性(Cohen,1992)。如果统计效力很低,那么就面临着某一效应确实存在但却检测不到的风险(这就是我们所说的 II 类错误)。在理想的情况下,效力至少应该在 0.80 以上(Cohen,1992)。Mone,Mueller 和 Mauland(1996)发现,许多研究都没有进行效力分析、研究人员很少意识到统计效力的重要性、在发表的研究中效力一般也很低。同时,他们的研究也表明:ANOVA 相比其他技术而言有更低的效力,而这种低效力的产生主要是由于较小的样本规模(太小而无法探测到存在那种大小的效应)。

因此,样本的规模需要足够大,只有这样才能探测到假设影响的最小值。在管理学研究中,较小到中等的效应是经常遇到的。例如,相关效果大小常常在 0.1 到 0.3 的范围。最小的效应就意味着需要最大的样本规模,以便有足够的效力去探测到该种效应的存在。就拿相关性来说吧,当 $r=0.10$ 时,样本规模必须是 783,只有这样才能在 0.80 的效力下在 0.05 的统计显著性水平探测到这种关系。通过这个例子,我们再次理解了管理学研究中大样本的重要性——因为所预测的效应大小实在是太小了。同时,这也证明了取得如此大的样本规模是多么的不切实际。然而,对于较大的效应而言($r=0.50$)、效力在 0.80 在 0.05 的显著性水平上,样本规模只要达到 28 就可以了。对于中等效应($r=0.30$)而言,相应的样本规模是 85。

按照 Cohen(1992)的观点,统计效力主要有三个决定因素,它们分别是:

(1) 显著性标准(阿尔法):指的是 I 类错误的可能性,即拒绝了真的原假设(阿尔法通常在 0.05,但也可能更低,如 0.01);

(2) 样本大小;

(3) 效应大小:反映了总体中某个现象的大小,如自变量对因变量的影响。

Maxwell(2004)指出,持续出现效力不足的研究的一个重要因素,就是许多研究都包含了多重假设。他认为,任何单个检验的效力可能是很低的,当研究中包括多重假设检验时,对至少一个检验获得统计显著结果的可能性却可能是相当大的。

根据 Maxwell(2004)的研究结论,效力的提高可以通过以下途径来实现:

- 增大样本规模(对单个研究人员来说获得大样本不可行时,可以考虑采取协同多重研究);
- 纵向收集数据;
- 提高实验设计效率;
- 提高实验控制;
- 进行元分析,既可以把低效力的研究排除在外,也可以包括所有研究,但要根据出版偏差进行调整(也就是说,那些没有得到显著结果的研究可能没有发表出来),以便避免无偏估计。

所以,增加样本大小仅仅是增加统计效力的一种方法。从理想的层面看,效力分析应该在进行数据收集之前来进行,以便决定所需的样本大小是多少。效力分析面临的困难,主要是一般很难识别总体中相应效应的可能大小。为了估计这类取值,就需要从过去的研究中进行借鉴或在理论上进行推导。然而,在管理学研究中,假设所关注的效应的大小处于较小到中等水平是比较合适的。Cohen(1988,1992)已经开发了适用于大多数统计分析技术(相关性、多重回归、ANOVA、t-检验、卡方)的、计算统计效力的分析表和公式。诸如 SPSS 等软件也都具有了进行效力分析的工具。

七、结论

在进行数据分析之前,研究人员有必要先对数据进行处理,以便使其更适合于数据的录入。这就要求研究人员在数据录入之前要对数据进行检验,以便防止像错误、缺失数据或其他修正等问题。编码后的数据以及录入原始档案中的数据需要尽可能准确,尽可能少地出现数据缺失。为此,需要对数据录入进行核实,而且所有记录(如每一份问卷)都要有一个识别码。而在完成了数据录入之后,在试图进行数据分析、进行研究问题或假设检验之前,还需要做一些初步的分析工作。其中,需要检查变量超出范围的频率,并解决其他异常情况。而且,还需要检验一下是不是存在着组间差异或其他差异,以便在后面的分析中需要加以控制。当然,也需要对量表的信度和效度进行检验。此外,也需要检查评估特定的统计分析技术所需要的假设条件是否都得到了满足。在解释研究结果时,应该重点考虑统计效力和效应大小的问题。我们认为,置信区间是一个有效的结果报告战略。一旦完成了初步的数据分析工作,接下来就需要选择主要的分析技术去验证研究问题或研究假设了。研究人员可能采用二元统计分析技术去估计两个变量之间的关系。不过,这类分析技术对于复杂的研究问题/假设是不够的,还需要采用多元统计分析技术来加以解决。

参考文献

Allison, P. (2002). Missing data. Thousand Oaks, CA: Sage Publications.

Cohen, J. (1988). Statistical power for the behavioral sciences. NewYork: Academic Press.

Cohen, J. (1992). A power primer. Psychological Bulletin, 112, 155-159.

Cohen, J. (1994). The earth is round ($p<0.05$). American Psychologist, 49, 997-1003.

Collins, L. M., Schafer, J. L., & Kam, C. (2001). A comparison of inclusive and restrictive strategies in modern missing data procedures. Psychological Methods, 6, 330-351.

Graham, J. W. & Hofer, S. M. (2000). Multiple imputation in multivariate research. In T. D. Little, K. U. Schnabel, & J. Baumert (eds.), Modeling longitudinal and multiple group data: Practical issues, applied approaches and specific examples. Hillsdale, NJ: Lawrence Erlbaum Associates.

Kendall, M. G. & Stuart, A. (1958). The advanced theory of statistics. NewYork: Hafner.

Kirk, R. E. (1996). Practical significance: A concept whose time has come. Educational and Psychological Measurement, 56, 746-759.

Kirk, R. E. (2001). Promoting good statistical practices: Some suggestions. Educational and Psychological Measurement, 61, 213-218.

Kline, R. B. (2005). Principles and practice of structural equation modeling. NewYork: The Guildford Press.

Little, R. J. A. & Rubin, D. A. (1987). Statistical analysis with missing data. NewYork: John Wiley & Sons.

Little, R. J. A. & Rubin, D. A. (1990). The analysis of social science data with missing values. In J. Fox & J. S. Long (eds.), Modern methods of data analysis (pp. 374-409). Thousand Oaks, CA: Sage Publications.

Maxwell, S. E. (2004). The persistence of underpowered studies in psychological research: Causes, consequences, and remedies. Psychological Methods, 9, 147-163.

Mone, M. A., Mueller, G. C., & Mauland, W. (1996). The perceptions and usage of statistical power in applied psychology and management research. Personnel Psychology, 49, 101-120.

Newman, D. A. (2003). Longitudinal modeling with randomly and systematically missing data: A simulation with ad hoc, maximum likelihood, and multiple imputation techniques. Organizational Research Methods, 6, 328-362.

Orr, J. M., Sackett, P. R., & Dubois, C. L. Z. (1991). Outlier detection and treatment in I/O psychology. Personnel Psychology, 44, 474-486.

Pallant, J. (2005). SPSS survival manual: A step by step guide to data analysis using SPSS for Windows (Version 12)(2nd ed.). Sydney: Allen & Unwin.

Prentice, D. A. & Miller, D. T. (1992). When small effects are impressive. Psychological Bulletin, 112, 160-164.

Roth, P. L. (1994). Missing data: A conceptual review for applied psychologists. Personnel Psychology, 47, 537-560.

Roth, P. L., Campion, J. E., & Jones, S. D. (1996). The impact of four missing data techniques on validity estimates in human resource management. Journal of Business and Psychology, 11, 101-112.

Schafer, J. L. & Graham, J. W. (2002). Missing data: Our view of the state of the art. Psychological Methods, 7, 147-177.

Sinharay, S., Stern, H. S., & Russell, D. (2001). The use of multiple imputation for the analysis of missing data. Psychological Methods, 6, 317-329.

Smithson, M. (2005). Statistics with confidence. Thousand Oaks, CA: Sage Publications.

Switzer, F. S., Roth, L. R., & Switzer, D. M. (1998). Systematic data loss in HRM settings: A Monte Carlo analysis. Journal of Management, 24, 763-784.

Tabachnick, B. G. & Fidell, L. S. (2001). Using multivariate statistics(4th ed.). New York: Allyn and Bacon.

Tharenou, P. (1999). Is there a link between family structures and women's and men's managerial career advancement? Journal of Organizational Behavior, 20, 837-863.

Thompson, B. (1999). Why encouraging effect size reporting is not working: The etiology of researcher resistance to changing practices. The Journal of Psychology, 133, 133-140.

Wilkinson, L. & The Task Force on Statistical Inference (TFSI) (1999). Statistical methods in psychology journals: Guidelines and explanation. American Psychologist, 54, 594-604.

思考题

1. 数据分析的三个主要阶段是什么？
2. 数据分析的三个主要阶段中的每一阶段的目的是什么？
3. 什么是一元统计、二元统计和多元统计分析技术？
4. 一元统计、二元统计和多元统计分析技术在目的上有什么区别？
5. 一元统计、二元统计和多元统计分析技术存在哪几种不同类型的数据？
6. 检查数据错误需要遵循哪些步骤？
7. 如何描述样本？
8. 如何从统计上检验未回应者的特征？
9. 数据属性和分析技术的各种假设前提是什么？
10. 如何处理缺失数据？
11. 卡方检验的目的是什么？
12. t-检验的目的是什么？
13. 什么是皮尔森积矩相关？
14. 相关矩阵是什么，有什么作用？

第 11 章

定量数据:用于回答研究问题和假设检验的多元数据分析

学习目标

在完成本章的学习后,读者应该能够掌握以下几点:
- 列出在管理学研究中最为常用的多元分析工具,并阐述它们的目标;
- 总结常用的多元分析工具的目标,包括多元回归、调节回归、中介回归、多元方差分析和结构方程模型;
- 解释管理学研究中为什么需要多元分析工具;
- 列出层次回归、调节回归和中介回归的一般步骤;
- 解释回归分析。

一、数据分析:多元分析

本章将讨论多元统计分析工具,它是用于检验研究设计中所确立的研究问题和假设的一种技术。例如,在相关实地研究中,经常要使用多元统计技术进行分析。在管理学研究中,研究人员也可能需要进行现场实验,其中包括实验组、控制组(如被训练组和不被训练组),并在实验干预前后对两组中的因变量进行测量。然后,研究人员会使用统计分析工具去对比这两组实验的效果是否显著。

在分析数据去验证假设或回答研究问题之前,强烈建议研究人员去看看跟自己的研究相似的或相近的研究,了解一下别人是否研究和分析过类似的数据。这样做,还可以了解一下在特定的研究领域中已经使用的模型分析有哪些,然后在必要的时候对这些模型进行拓展。

二、多元分析技术

多元分析技术主要用于分析三个或更多变量之间的关系。在研究中,可供选择的多元分析技术有许多。Tabachnick 和 Fidell(2001)几乎描述所有这类技术,在进行多元统计分析的时候,研究人员可以重点参考一下他的文献。而且,对于大部分多元分析技术,Grimm 和 Yarnold 还提供了技术难度较低的解释,从而更有利于读者学习和应用。下面列出了阐述大多数多元技术以及对每一种技术详细解释的文章或章节：

- 多元回归(multiple regression)(Wampold&Freund,1987),包括中介变量和调节变量的回归(mediator and moderator regressions)(Baron&Kenny,1986;Lindley&Walker,1993);
- 判别分析(discriminant analysis)(Betz,1987);
- 逻辑斯蒂回归(logistic regression)(Wright,1997);
- 多元方差分析和协方差分析(multivariate analysis of variance, including with covariance)(MANOVA,MANCOVA;Haase&Ellis,1987;Porter&Raudenbush,1987);
- 探索性和验证性因子分析(factor analysis-both exploratory and confirmator)(Fabrigar, Wegener, MacCallum, &Strahan, 1999; Ford, MacCallum, &Tait, 1986;Henson&Roberts,2006;Hurley, Scandura, Schriesheim, Brannick, Seers, Vandenberg, &Williams,1997;Tinsley&Tinsley,1987);
- 结构方程模型(Structrual equation modeling)(MacCallum&Austin,2000;Fassinger,1987;Harris&Schaubroeck,1990;Kelloway,1996);
- 多层次模型(Multi-level modeling)(Raudenbush&Bryk,2002);
- 元分析(Meta-analysis)(Durlak, 1997; Fried&Ager, 1998; Hunter&Schmidt, 2004;Rosenthal&DiMatteo,2001)。

值得注意的是,以上列出的多元分析技术并不能证明因果关系。这些技术实际上只能证明相关性。因果关系检验更多是与研究设计有关,而不是数据分析技术。另外,即使研究方法能够隐含地体现影响路径的方向,但因果关系的信息也没有包含在数据之中,如结构方程模型。实验设计是证明因果推论的最有力方法。如前所述,在相关实地研究中,为了建立任何似乎合理的推断的最低要求,是强有力的理论基础、能够确定时间先后顺序的纵贯数据以及能够控制其他潜在影响变量的分析方法。

下面,将对管理研究中最为常用的几种多元分析工具进行简要的介绍。

（一）多元回归

当研究人员想要搞清楚两个或更多个自变量和一个因变量之间的关系程度时,就需要利用多元回归技术来分析。在此过程中,研究人员通常还要考虑其他变量,特别是控制变量。在管理学研究中,多元回归技术是最为流行的多元分析技术之一。

在多元回归分析中,包括多个自变量(也就是我们所说的预测变量),同时估计它们与单一的因变量(也就是我们所说的效标变量)的关系程度。这种分析的目的,是为了判定因变量中的方差在多大程度上可以由这些自变量来预测,判定自变量中的哪些变量最具有预测性。

普通最小二乘法(ordinary least squares regression)是多元回归分析中最为普遍的一种形式,它是使用最小二乘估计程序的一种线性技术。它要求因变量应该是连续变量。

因此，普通最小二乘法不能用于二元（类别变量）因变量的分析，如人员流动，此时（以人员流动为因变量）可以使用逻辑斯蒂回归技术。另外，也有一些回归技术可以针对定序因变量进行分析（如有序 Probit 模型）(Tabachnick & Fidell, 2001)。

在多元回归分析中，自变量可以是连续变量，也可以是二分（类别变量）变量。其中，二分自变量之所以可以在多元回归中进行分析，是因为二分变量只有两个取值，与因变量只能存在线性关系(Tabachnick & Fidell, 2001)。因此，对于拥有三个或三个以上类别的分类自变量（如婚姻状况）而言，就必须将其编码成一系列的二分变量了。其中，这些二分变量通常编码为 0 或 1，也称为哑变量。为了避免多重共线性，在多元回归中，哑变量的个数要比分量变量的类别少一个，关于分类变量编码的更多详细信息，可以参见 Tabachnick 和 Fidell(2001)的文章。

在回归模型中，用统计量——多元 R^2 来表明在因变量方差中能够被一系列自变量予以解释或预测的比例。这个统计量可以告诉研究人员回归模型的预测力度。在小样本（如 $N<100$）中，还应该报告调整后多元 R^2 的大小，因为它能更好地估计总体效应值。

为了解释任意自变量与因变量之间关系的方向与大小，研究人员通常会检查标准化（也就是把数据转换为以 0 为均值，1 为方差的标准分值）的回归系数(β)。其中 β 系数使研究人员能够比较不同量纲(scale)上的变量。与自变量关联的 β 系数的概率水平能够指示自变量是否具有统计显著性。其中，概率水平可以由 T 检验计算得出。在通常情况下，研究人员往往会去解释那些只有统计显著性的系数（如 $p<0.05$ 或者更小）。需要注意的是同样可以计算得出回归系数的置信区间，参见 Kelley 和 Maxwell(2003)的文章。统计上具有显著性的回归系数表明：在包含样本的总体中，该自变量与因变量的关系是显著不等于零的。β 系数或正或负的方向，则表明了这种关系的方向。然后，研究人员会检查上述显著关系的大小（效应值），以便估计自变量在预测因变量时有多么"重要"。由于其他自变量对因变量的影响都已经在等式中得到了控制，所以 β 系数具有独特的贡献。因此，多元回归分析的优势在于：当它计算某一自变量的回归系数时，实际上同时移除了（分离了或控制了）其他自变量的影响。所以，研究人员能够估计特定的自变量对因变量的独特影响或者相关贡献，而不受其他预测变量的影响。

多元回归分析存在着一系列假设前提，主要有：

(1) 因变量服从正态分析（具有正态性）。在没有异常值的情况下，回归分析技术对适度的非正态性是比较包容的，分析结果也是稳健的。但是如果因变量表现出太强的非正态性，则应该对该变量进行适当的转换。

(2) 因变量和每一个自变量之间是线性关系。特殊的回归程序（如多项式回归）可以用来对非线性关系进行建模。

(3) 齐方差性。这一假设意味着：因变量的值围绕回归线具有相同的离差或变异值，也就是说它们的波动延展是相同的。回归分析技术对适度的非齐方差性是比较包容的，结果也是相对稳健的。在出现严重的异方差的情况下，应该在进行回归分析之前，先对相应的变量进行转换。

(4) 独立性。每个样本都应该是相互独立的。为确保统计检验是精确的，这是一个十分关键的假设。如果数据具有层级结构（如工作小组里面的职员），那么使用多层回归技术可能更为适合（详情见 Tabachnick & Fidell, 2001）。

上述有关回归分析的假设，在一定程度上可以通过因变量的分布和二元变量散点图来进行检验，或者是在进行初始的回归分析之后去检验残差（观察到的因变量得分和预测到的因变量得分之间的差异）。例如，如果总体呈现正态性，那么残差将也应当服从正态分布。关于多元回归分析技术的假设细节，可以参见 Tabachnick 和 Fidell(2001)。

虽然回归假设中没有提到这个情况，但自变量绝对不能是共线的。根据 Tabachnick 和 Fidell(2001)的结论，解决共线性最好的选择，就是从回归等式中删除一个或多个多余的自变量，或者是以某种方式将产生共线性的自变量合并起来（如主成分分析的得分）。

从理想的角度来看，在收集数据之前，研究人员应该先进行效力分析，以便确定多元回归所需要的样本规模（Maxwell, 2000）。这样做的目的是收集最小数量的样本，但具有合理的统计效力去发现假设的某种效应。其他一些研究人员推荐了有关最小样本规模的规则。Stevens(1996)建议：每个自变量至少要有 15 个样本观测值。不过，也有一些研究人员认为每个自变量最少有 5 个观测值就可以了。考虑到许多管理学研究中发现某种效应的统计效力一般都较低，所以在应用上述这些经验法则时应该特别谨慎。而且，为了最小化在回归分析中的样本损失，建议对缺遗失数据进行成对剔除或者使用前面章节中所介绍的一种或多种更高级的技术。

（二）多元回归分析的分类

多元回归分析有很多不同的种类。其中，最常见的一种类型是标准回归分析。在标准回归分析中，所有变量都同时进入回归方程。对于检验许多简单的模型，这种方法都是适用的。在控制了等式中所有其他自变量之后，多元回归会检验每个自变量对因变量的唯一预测性。另外还有两种多元回归技术，它们分别是逐步回归和层次回归。

1. 逐步回归分析

在逐步回归分析中，最能够解释因变量的预测变量将第一个进入模型。然后，将这个预测变量的预测效果移除，下一个最能解释效标变量的预测变量则进入模型当中，然后是第三个最有解释力度的自变量（如果还有剩下要移除的），依次类推。因此，只有那些可以显著解释因变量的自变量才可以进入模型，而其他一些变量会因此不能进入最终的回归模型。逐步回归实际上是不断尝试，它过多地利用了机会，因此不应该用来进行假设检验。

2. 层次回归分析

在层次回归中（也称作顺序回归），研究人员根据理论或逻辑，分块或者分步地选择进入模型的变量。例如，假设研究人员想要测试参加培训的激励措施对实际参加培训和发展项目的影响，并希望排除所有其他影响。那么他应该怎么办呢？首先，该研究人员应该先把人口统计变量（如年龄、性别、婚姻状况等）作为一组变量纳入模型中，以便在一定程度上去除这些变量的效应；其次研究人员会在下一步同时把工作和行业变量（如管理水平、职业水平、组织规模、公司类型）也纳入模型当中，进而去除这些变量的效应；然后，研究人员需要同时将工作环境变量（如监督者对于培训过程的支撑、培训的阻碍和公司培训政策)等纳入模型当中,以便去移除组织的影响;最后,研究人员需要把参加培训的激励措施纳入上述模型之中,从而确定它是否存在独特影响,是否超过了所有之前变量的影响。这就是所谓的增量效应(incremental effect)。在每个步骤中,方差的增量都表示在这一步骤中新增变量所解释的方差(R^2)。同时,研究人员也可以针对新增加的解释方差计算F统计量,以便确定每一步中新增加的变量其效应是否是具有统计显著性。为了检验激励措施是否有效,研究人员应该检查最后一次增加的方差,并判定整个等式的方差是否具有统计显著性以及每一步估计出的β系数的方向和大小。

(三)调节/交互回归分析:当测试

在管理学研究中存在着两种特殊的多元回归技术,即调节回归和中介回归。围绕着这两种回归技术,Lindley 和 Walker(1993)给出了清晰、简短、简单易懂的界定。在调节回归分析中(Aguinis,1995),研究人员尝试去检验第三个变量是否会对因变量和自变量之间关系的强度和方向产生影响。当两个变量之间关系的变化是第三个变量的函数时,那么第三个变量就是一个调节变量。因此,调节回归分析检验的是何时两个变量之间的关系最强(Lindley&Walker,1993)。调节变量和自变量之间相互交互、相互作用,进而对因变量产生影响。虽然大多数调节回归模型中都只有一个变量作为调节变量,但有可能存在着不止一个调节变量。首先,研究人员需要弄清因变量是什么;其次,研究人员需要决定自变量是什么;最后,研究人员需要决定调节变量(即"何时"变量)。这些选择都要建立在理论基础之上。因此,研究人员常常利用调节回归分析来探究另外一个变量是否影响自变量和因变量之间的关系。例如,这种关系在一种条件下比在另外一种条件下更高(男人与女人比较、公共部门与私人部门比较)。

从调节回归的步骤来看,首先,要计算自变量和调节变量之间的交互作用。为了计算这种交互作用,研究人员只需要把两个变量相乘,这叫作乘积项并用它来代表交互效应。为了避免多重共线性,研究人员应该对自变量和调节变量进行转化,具体的方法如下:用均值减去每一个单独的得分,即中心化,或者可以将它们转化为标准值(z)(根据界定,z值就是中心化的)。通过将两个变量(中心化或标准化之后的)相乘,进而判定它们的系统化变化是否与因变量的变化存在关系。例如,对男性和女性进行比较,相对于男性而言,工作不满意度对女性缺勤率的影响更大。如果在等式中同时包括了自变量和调节变量,而此时的乘积项是具有统计显著性的,则存在着交互效应(调解效应)。当然,也可以把乘积(交互)项放进模型中作为层次回归分析的一个独立步骤,进而检验交互效应。如果新增加进来的交互项所导致的解释方差的增量大于没有乘积项的模型,那么交互项应该是具有统计显著性的。Tabachnick 和 Fidell(2001)指出,如果调节回归分析想要得到一个标准的解决方案,那么研究人员就应该在生成交互项并对得出的非标准化系数β做出解释之前,将所有的变量标准化(z score),其中也包括因变量和自变量。按照这一程序,可以生成调节回归模型中有关乘积项的、正确的标准化β系数。图11.1就是描述调节模型。需要注意的是在该模型中一共有三条路径指向结果变量:(1)预测变量对于结果变量的影响(路径a);(2)调节变量对于结果变量的影响(路径b);(3)预测变量与调节变量的交互项(乘积项)对于结果变量的影响(路径c)。

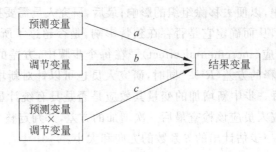

图 11.1 调节模型

在找到了具有统计显著性的交互项之后,把这种效应绘制成图并用图形的方式把调节效应表示出来,是十分有帮助的。在上面的例子中,可以将男性和女性的调节效果绘制在一张图上,进而清晰地看到回归线之间的差异。在绘制的图形中,可以清晰地表明单独绘制针对男性和单独绘制针对女性的图形时,有关工作满意度和缺勤率关系的回归线是如何上升的。其中,Y 轴表达缺勤率(因变量),X 轴表示高工作满意度和低工作满意度。这样的图形有助于解释所发现的调节效应。不过,在上面的例子中,由于调节变量是一个二分变量,所以研究人员也可以将样本按男性和女性进行划分,然后重新进行回归分析。之后,研究人员可以检查两个等式中关于男性的回归系数强度与关于女性的回归系数强度,进而解释两个分组中工作满度与缺勤率之间关系的差异。在调节回归分析中,当自变量和调节变量都是连续变量时,也可以绘制交互作用图。关于交互作用图的细节,可以参见 Tabachnick 和 Fidell(2001)。

(四)中介分析

中介分析的目的(Baron & Kenny,1986)是检验一个自变量是否会导致另外一个变量(中介因素),然后这个中介变量是否会把自变量的影响传递给因变量。也就是说,在这种情况下,自变量对因变量的作用是通过另外一个变量——中介变量来传递的。虽然中介分析可以包含三个以上的变量,但现在大多数讨论都集中于包含三个变量的模型。检验中介变量最常见的方法,是利用多元回归分析。为了测试更为复杂的中介模型,研究人员还可以选择使用结构方程模型,这将在后面的章节中进行讨论。

Baron 和 Kenny(1986)阐述了为检验出中介效应需要遵循的三个步骤。这些检验可以通过标准回归或层次回归来实现,其中,这三个步骤分别如下:

(1)将中介变量对自变量做回归(路径 a),因为如果中介变量确实对自变量起中介作用的,那么它们之间需要是统计显著相关的。

(2)将因变量对自变量做回归(路径 c),因为在 Baron 和 Kenny 的模型中,如果自变量需要通过另外一个变量的中介来产生影响,那么它们需要是相关的(即回归系数需要具有统计显著性)。

(3)在最后一个等式中加入中介变量(路径 b)。为了检验这一点,进行包含自变量和中介变量的回归分析来预测因变量。如果中介变量完全传递了自变量对因变量的影响,那么自变量的回归系数就不再是具有统计显著性的(路径 c),因为自变量的所有影响都被中介变量转移了。需要注意的是在这个等式中,在控制了自变量之后,中间变量的回归系数必须是具有统计显著性的。如果中介变量的回归系数是具有统计显著性的,而自变量的回归系数不再是显著不等于 0 的(在第二步中,自变量是显著不等于 0 的),那么就存在着完全中介效应。当然,也有可能存在部分中介效应,此时自变量的回归系数会大幅度下降,但依旧具有统计显著性(James & Brett,1984)。

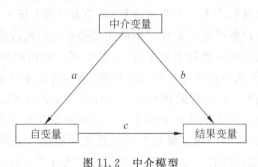

图 11.2 中介模型

(五)逻辑斯蒂回归分析

逻辑斯蒂回归用于分析因变量是具有两个或更多类别的分类变量。逻辑斯蒂回归最常见的形式,就是用于因变量是二分变量的情况。这也叫作二项逻辑斯蒂回归分析。在因变量具有两种类别的情况下(如人员流失和人员不流失),研究人员不应该采用前面所阐述的多元线性回归分析,因为二分的因变量不能够满足普通最小二乘回归分析中的假设。在逻辑斯蒂回归中,自变量可以是分类的或连续的。逻辑斯蒂回归系数能够用来估计模型中每个自变量的概率。

研究人员同样可以实施层次逻辑斯蒂回归分析技术,即让变量分步骤或分批地进入模型中,并计算和运用 χ 方检验来剖析上述这些步骤是否显著地增大了对因变量的预测、是否大于等式中已经存在的变量。研究人员也可以加入交互项(interaction terms)来检测调节效应。不过,逻辑斯蒂回归分析无法像多元回归那样提供 R^2 来描述总体解释方差值。但在逻辑斯蒂回归分析中,存在着一个叫"Pseudo" R^2 的统计量,用以表明模型的预测力度(Tabachnick & Fidell,2001)。

最后,逻辑斯蒂回归也可以用来分析因变量具有三个或三个以上类别的情况。这种情况叫作多项逻辑斯蒂回归,会在更高级的统计书中做进一步的讨论,如 Tabachnick & Fidell,2001。

(六)判别分析

在管理学研究中,逻辑斯蒂回归分析已经基本代替了判别分析。在因变量具有两种类别的情况下,建议研究人员使用逻辑斯蒂回归技术,因为它更加灵活,而且还没有任何有关变量分布的假设(如多元正态性)。

判别分析(简述请参见 Betz,1987)检验两组或多组(如男人和女人、私人部门和公共部门)是否在一组变量上存在着显著差异。组与组之间应该是互斥的。这是一种多元分析技术,因为每一组都涉及多个变量需要同时进行比较。当进行比较时,任意变量的估计效应都是将所有其他变量的效应剥离之后的结果。总之,判别分析检验两组是否不同(平方的典型相关分析表明在多大程度上解释了方差),并建立一个或多个判别函数去区分两组。

对于构建基于每个观察样本特征明确小组成员身份的预测性模型而言,判别分析是有价值的。判别分析的过程产生一个判别函数(对于多于两组样本,将产生一系列的判别函数),这些判别函数是以提供组间最佳区别的预测变量之间的线性组合为基础的。判别函数是基于成员身份已知的观测样本而生成的,然后可以应用所生成的判别函数去分析新的样本,这些样本的预测变量是可以进行测量的,但其成员身份是未知的。

判别分析的结果表明:什么样的依存变量组合能够显著地区分组别以及区分变量的相对强度大小。单个变量的大小或显著性水平可以表明该变量是否在组间存在差异。这些判别载荷是结构性载荷,即预测变量和判别函数之间的相关关系。对它们进行解释多少有点复杂,但基本上也存在着一个组均值(质心),它通过符号可以表明一组的结构系数是否低于或者高于另外一组的结构系数。通过每组成员的预测准确性的比例,可以检验两个分组被某些变量的线性组合预测的程度有多好。在判别分析中,可以保留一个组,在计算得出初始组的权重之后,将其应用到保留组中,进而是否能够准确地预测成员身份。关于多元回归的许多假设,在判别分析中也是存在的(详见 Tabachnick & Fidell, 2001)。

(七) 多元方差分析(MANOVA)

多元方差分析涉及两个或多个层次的多个因子以及两个或多个因变量。如前所属,首字母缩略词"ANOVA"代表了方差分析,而"MANOVA"则代表了多元方差分析。关于 MANOVA 的描述,请参见 Haase 和 Ellis, 1987。在检验实验设计或准实验设计中,经常要用到方差分析和多元方差分析。这些技术用于检验自变量的水平或变量是否会对因变量产生影响。为此,MANOVA 通过比较跨水平因变量的均值实现了上述目标。在具体分析中,通常把上面所说的因子作为主要效应(自变量效应),并在交互项中进行检验(即它们如何一起变化——"何时"检验)。这样,就可以检验各因子的主要效应以及因子之间的交互效应对因变量的影响了。

例如,就像 Tharenou(1995)的研究那样,研究人员可能希望检验在引入新的绩效评估项目之后,受访者的绩效会不会更好。如果有一个因变量(如绩效),研究人员会使用 ANOVA。然而,在有些情况下,可能存在着不止一个因变量,而且如果因变量之间是有相互关系的话,则可以使用 MANOVA 来进行数据分析。在进行 MANOVA 分析以判定整个检验是否具有显著性之后,研究人员可以使用单变量 ANOVAs 进行分析,每次运行一个因变量。

MANOVA 假设因变量之间是相关的(正向的或负向的),但如果存在着正向相关非常高的变量时,就不起作用了(Tabachnick & Fidell, 2001)。在 MANOVA 中,存在着总体 F 统计量,用来检验总体检验的主要效应和交互效应是否具有统计显著性。然后,如果是具有统计显著性的,正如前面的段落描述的,研究人员会去检查 ANOVA 的结果——分别独立检查每个因变量,以便判定特定的效应的本质。

研究人员同样也可以在 ANOVA 和 MANOVA 中把控制变量的影响分离出去，如人口统计变量。这项技术也被称为 ANCOVA 和 MANCOVA，其中的字母 C 意味着将协变量的效应从因变量中分离出去［关于协变量分析（ANCOVA）的详细解释，请参见 Porter 和 Raudenbush，1987］。因此，在 MANCOVA 中，研究人员会把其他变量控制成协变量（它们将一同变化或者与因变量相关联，否则这就是多余的），然后看看把这些因子考虑进来的时候，各因子的效应是否还是显著的。研究人员也可以进行 stepdown 分析，把变量顺序加入模型中，然后检验每一次最后进入的变量是否依旧能够解释因变量。

（八）因子分析

因子分析是一种多元分析技术，它能够把测量的变量数量降低，由最相关的变量组成更少数量的维度而取代之。其中，上述这些更少数量的维度就是我们所说的因子（不要与 ANOVA 中的因子相混淆）。例如，要为某项研究开发一个新的多维量表，研究人员需要对量表问项进行因子分析，以便确定这些问项是否是单一维度的。在量表构建中，因子分析的目的是检验因子结构的稳定性，并且提供便于完善新量表的信息（Hinkin，1995）。

Ford，MacCallum 和 Tait（1986）给出了组织研究中因子分析的最简洁描述，Tinsley 和 Tinsley（1987）也对因子分析进行了介绍。存在着两种主要的因子分析类型，分别是探索性因子分析和验证性因子分析。Kelloway（1996）认为，研究人员基本上都比较恰当地应用了这些技术：在研究的初始阶段，主要利用探索性因子分析（如主成分分析）。然后，随着围绕特定主题方面的知识的不断积累，继而转向使用验证性因子分析。

1. 探索性因子分析

探索性因子分析的目的，是通过分析样本中的一些变量的得分，来观察它们是否能够被降低到基本维度水平。那些相互之间高度相关的变量将会负载到一个因子上。在组织研究中，最常见的探索性因子分析方法，是带有正交旋转的主成分分析（PCA）（Hinkin，1995）。依照一些方法学家的观点，虽然主成分分析不能算是严格的因子分析方法，但主成分分析的目标是识别出相对较少数量的因子（技术上称为成分），这些因子从相对大的变量集合中俘获总方差中的最大部分。在研究过程中，很多分析家都推荐使用主轴因子分析法，以便提取尽可能少的因子去解释共同方差，即变量共同分享的方差。无论采用出是何种因子分析方法，提取的第一因子都是解释最多方差的因子，第二因子解释第二多的方差，依次类推。如果较小的因子不能解释很多方差，那么研究人员就不会再对因子提取产生兴趣了。

为了得到因子结构的更清晰意义，一般都要对因子分析的初步结果进行旋转。在实践中，经常会使用两种类型的旋转：第一，正交旋转（如最大方差法），假设因子结果不是彼此相关的；第二种类型，斜交转轴法（如 Oblimin 斜交旋转法，Promax 斜交旋转法），假设因子之间存在着某种方式的关联，并允许因子之间存在一定的相关性（对许多建构更加现实的假设）。即使更容易对正交旋转结果进行解释，但斜交转轴法现在在研究文献中的应用却越来越普遍（Henson & Roberts，2006；Tabachnick & Fidell，2001）。

为了找到需要进行旋转的因子个数，研究人员普遍采用了两种方法。在软件程序中默认的方法，是旋转大于 1 的特征值，也就是 Kaiser 标准（Cattell，1958；Kim & Mueller，

1987),这是决定旋转因素个数最常用的方法。其中,特征值代表着被特定因子解释的方差数量。然而,提取大于1的特征值最终可能会产生很多因子(过度估计)。因此,另外一种工具是Cattell碎石检验,也可以用来决定旋转因子的个数。Pallant(2005)围绕着找出最优旋转因子个数的方法进行了更为详尽的阐述。

研究人员需要解释最后提炼出来的每一个因子,并给其赋予一个名字或标签。在因子命名中,需要重点考虑载荷量到该因子上的几个变量所代表的实际含义,根据这些变量的内涵找到该因子真正可以代表什么意思。研究人员应该对因子负载至少大于0.4的变量进行解释(Ford, MacCallum, & Tait)。不过,有些研究人员也会解释因子负载大于0.3的变量。如果存在负向载荷,那么它们对于理解一个因子代表什么也是非常重要的。而且,那些不存在载荷的变量对于解释因子和给因子命名也是不容忽视的。对于斜交旋转而言,研究人员通常会解释模式矩阵,但结构矩阵会在因子结构方面提供额外的信息。研究人员还需要报告斜交旋转因子之间的相关关系。载荷在多于一个因子上的变量,不能清晰地代表一个或多个因子。处理这类问题的方法,就是删去这些变量并重新进行分析。探索性因子分析普遍适用于来自原始数据的皮尔森相关矩阵。因此,潜在假设变量之间的关系是线性关系。当对量表进行因子分析时,通常会把单独的问项(如李克特问项)视作连续变量。

对于多条目量表而言,研究人员可以通过下面两种方法中的任何一种来生成相应的分值:研究人员可以选择因子载荷大于临界值(cutoff)(如0.4)的条目,然后对这些条目进行加总或平均。在这种情况下,实际上赋予这些条目单位权重(权重为1)。对于研究人员来说,当对条目进行加总或进行平均时,把所有负向符号都转变为正号是十分重要的。此外,如果这些条目是用不同的度量单位来测量的,还要在构建量表分值之前先对数据进行标准化(z值)处理。另外一种计算多条目量表分值的方法,是利用因子分析程序为每一个因子计算加权得分。实际上,上述任何一种方法都适合于多条目量表。不过,Cattell(1958)认为,赋予条目单位权重是比较好的。

在进行探索性因子分析时,为了得到相对稳定的结果,一般建议每个条目需要5~10个观测样本(如调查对象)(Guadagnoli & Velicer, 1988)。因此,如果研究人员有一个包括20个条目的量表的话,那么就需要有100~200个观察样本。Hinkin指出,对于量表开发程序而言,一般最少需要150个观测样本。Tabachnick和Fidell(2001)则指出,对于因子分析来说,比较理想的是有至少300个观察样本。然而,在实践中,150个观察样本对于许多应用来说可能是比较充分的。在进行因子分析时,为了避免数据缺失,对数据缺失采取的最好方法是成对剔除法。通常,最好得到每个变量的均值、标准差和观测样本数,以便提醒研究人员是否有一些地方是错的或者应该注意。下面这种情况是有可能出现的,即研究人员有一个很大的样本,但由于数据缺失,因子分析仅仅是基于该样本的1/3进行的。因此,研究人员可能面临着非常小的"观测样本-变量比率",这意味着因子分析的结果可能很不稳定。

2. 验证性因子分析

验证性因子分析用来评估研究人员先验假设的因子是否能够得到数据的支持。因此,假设研究人员已经测量了雇员对管理的渴望。其中,用来测量"理想的渴望"的量表包括13个条目、测量"规定的渴望"的量表包括6个条目(Tharenou & Terry, 1998)。如果这是一个探索性因子分析,研究人员会把这19个项目都放进主成分分析当中,并希望13个条目载荷到一个因子上,而另外6个条目载荷到另外一个因子上。

然而,在验证性因子分析中,研究人员会把假定的13个"理性的渴望"条目载荷在一个因子上,并假设它们在另外一个因子上的载荷权重是0。对于第二个因子而言,研究人员会把6个条目载荷到该因子上,并假设它们在第一个因子上的载荷权重是0。这是一个双因子模型(如Tharenou & Terry, 1998)。研究人员同样可以检验单因子模型,在单因子模型中,所有条目都载荷在唯一的因子上(如Tharenou & Terry, 1998),然后比较单因子模型与双因子模型比较而言,哪一个与数据更加匹配。如果双因子模型比单因子模型更好(如0.9与0.86, Tharenou & Terry, 1998),这就意味着支持了双因子模型。关于验证性因子分析的更多信息,可以在后面的结构方程模型中找到。

3. 结构方程模型

可以使用结构方程模型(Structural equation modeling, SEM)来检验含有一个或多个自变量以及一个或多个因变量的复杂模型(Tabachnick & Fidell, 2001)。简单来说,SEM是多元回归和因子分析的结合。在结构回归模型被估计的同时,测量(因子)模型也同时得到了估计。Harris和Schaubroeck(1990)、Fassinger(1987)以及MacCallum和Austin(2000)都对结构方程模型进行了非常精彩的解释。同时,Kelloway(1996)则专门阐述了结合方程模型在管理学研究中的应用。此外,Kline(2005)也概括性地介绍了结构方程模型技术。

从本质上讲,结构方程模型检验了几个自变量通向一个或多个因变量的交互路径模型。自变量通过路径相互联系,通常包括中介(干扰)变量。换句话说,自变量可以直接影响因变量,或者间接地通过影响中介变量影响因变量。

被检验的概念模型一般都是基于特定的理论,用来对因变量进行解释。在结构方程模型中,使用几个指标(即所谓的直接观测变量,如量表条目或其他分值)来测量模型中的每个建构。其中,可直接观测变量通常都被假设为连续变量,但也允许二元自变量。那些假设可以通过可直接观测变量来进行测量的建构,一般被称为潜变量或因子。结构方程模型检验特定的模型与数据的匹配度,并同时测量在可直接观测变量中的测量误差(不可靠性)。与一般线性模型(GLM)中的其他技术不同,SEM的优势在于:通过因子模型把每个潜变量的测量误差都考虑进来了,而且是在对模型与数据进行匹配的同时估计这些潜变量的。因此,结构方程模型估计特定模型中的路径大小(类似于标准回归系数)以及模型对于数据的总体拟合度,并在同时校正了测量误差。

在对实质关系(理论模型)进行检验时,如果同时能够构建并验证测量模型就最好选择。然而,正如Kelloway(1996)所指出的,许多研究人员都使用了两阶段方法来检验假设。在这种方法里,在估计完整的潜变量结构模型之前,先是通过验证性因子分析来检验测量模型并对其拟合水平进行评价。在这类情况下,就需要运用验证性因子分析来获得拟合较好的因子结构。然后,运用这个因子结构(观测变量映射于潜在因子上)去检验结构路径模型。

在验证性因子分析中,每个潜变量至少有三个指标可能是最为普遍引用的标准,并且研究人员同时估计测量和结构模型时都倾向于应用这条准则(Kelloway,1996)。Harris和Schaubroeck(1990)曾经建议,研究人员最多包括20个观测变量或者测量指标。潜在因子(潜变量)包括太多直接观测变量的可能结果是经常无法获得拟合模型。然而,结构方程模型也可以用于单个可直接观测变量(如单个条目的测量,或平均的多条目评分),并利用信度水平来修正单个可直接观测变量的测量误差(如 alpha 系数或者重测信度水平)。在小样本的情况下,第二种方法更加适用(参见下面关于样本大小的规则)。然而需要注意的是有些研究人员并不提倡在运用结构方程模型的时候使用总的量表分值。如果把总的量表分值作为潜变量的多元指标的话,属于例外情况。

研究人员经常会对竞争模型进行评价,以便比较哪一个模型跟数据的拟合度更高。通常,都是有一个基于理论的完整模型(主模型),还有一些基于理论假设、只包括少量路径的模型(即嵌套模型)(如 Tharenou,1993)。然后,通过比较各个模型的拟合度来判定哪一个模型拟合数据最好。Kelloway(1996)发现,在管理学研究中,大约有2/3的研究通过测试竞争模型来判定哪一个模型对数据来说拟合度是最好的。Harris 和 Schaubroeck(1990)指出,在下面的情境下可以使用结构方程模型:

- 关于模型中的关系过去已经有了大量的实证研究和理论;
- 当模型中有20个或者更少的测量指标(潜在建构的);
- 当基于同一批数据构建的多个模型可以进行相互比较以选择出最佳模型时。

与多元回归类似,调节效应也可以在结构方程模型中进行检测。不过,具体的检验过程多少有点复杂(Kline,2005)。当调节变量是一个类别变量时,可以利用结构方程模型中的多组分析功能。首先,先估计完全模型;然后,将样本分为两个组进行调节检验(Kelloway,1996)。这两个组代表调节变量高、低两种情况(例如,比动机的中位数要高,或者比动机的中位数要低;或者将样本分为男女两组)。例如,在一项研究中,研究人员基于全部样本检验了某个模型,综合考虑了许多个体和情境变量来解释管理先进性(Tharenou,Latimer 和 Conroy,1994)。如果意识到相关的解释在男性样本和女性样本之间可能有所不同,那么就可以按照性别把样本分成两个组,然后基于两组样本分别重新进行实证分析。接下来,就可以对完整模型的拟合度与分组模型的拟合度进行比较了,进而判定完整模型与分组模型相比是否有更差的拟合度(Tharenou et al.,1994)。如果是这样的话,就表明存在调节效应。

结构方程模型是一个大样本建模工具,并且与多元回归分析有着共同的有关变量分布和其他相关假设条件(Kline,2005)。关于样本规模,尽管只有150~200个样本也可能利用结构方程模型进行分析,但依然建议研究人员获得更大的样本量。依据 Kline(2005)的观点,含有200个观测的样本规模是大规模样本,而低于100个观测的样本规模通常是不合适进行结构方程模型分析的。Kelloway(1996)指出,在管理学研究中样本的平均规模一般是大于600个受访者。但对于潜变量模型而言,样本的平均规模要小一些(M=278)。

三、元分析

元分析是从许多围绕在同一现象而展开的研究中总结出的实证结果,并得到变量间

"真实的"实证关系的一种工具。元分析是一种统计程序,能够准确地总结一些关于相同关系的研究结论。通常,在对各个独立的研究进行综合处理之前,需要对独立研究中的单个统计量进行修正,这些修正分别如下:
- 抽样误差,因为样本规模太小;
- 变量的范围约束,特别是标准或者因变量的范围约束,因为申请者对选择策略的打分是有严格限制的;
- 缺乏测量信度。

元分析一般应用在下列情境中,即许多研究都已经对同样的关系进行了检验。例如,组织承诺与离开意向是负向关系,用于测量关系的统计量是 Pearson 相关系数。元分析基本上是对所有研究的相关系数进行平均,以便计算得到一个平均的 r(如相关系数)。另外,这项分析技术同样也可以应用于对下列研究的实证证据进行总结分析:检验不同群体在某一现象中表现出来差异。例如,拥有特定的难度目标的群体,其绩效水平往往要优于拥有模糊的、简单目标的群体。D-检验可以将实验组和控制组的均值差异在修正之后进行计算并求得均值。

例如,可以对预测效度的证据进行分析,选择成功的未来执行者的选择策略的预测效度(Tharenou,1994)。

较早的关于证据的总结回归了选择策略的效能,如能力和其他预测工作绩效的检验,而这些总结得出结论:选择策略并不是普遍适用的。例如,通过智力预测工作绩效可能由有效性系数来表现,即 Pearson 相关系数,它的变化范围是从 -1 到 1。这看似不太稳定。例如,在某项研究中这个系数是 0(即没有关系),而在另外一项研究中是 0.21(即非常弱的、没有意义的关系),在第三项研究中是 0.43(即正向的、有意义的关系),在第四项研究中是 -0.24(即弱关系,但是负向关系)、在第五个研究中是 0.56(即正向的、有意义的关系)。研究人员认为,这些预测差异,主要是由于工作的种类、组织的类型或者其他地点条件不同而造成的。因此,选择策略的效果是随着工作类型和组织的不同而发生变化的。换句话说,选择策略的效度是依特定的情境而定的。

然而,最近有研究总结了大量的研究文献,即来自成千上万的雇员和大多数一般选择策略的研究,这些研究汇总揭示了跟以前完全不同的结论:已有证据表明,之前研究中研究设计的不合适性是导致以上不断波动的有效性系数的重要原因(Tharenou,1994)。如果把上述研究设计中的不合适予以修正的话,就会发现选择策略实际上是有普遍适用性的。在之前的研究设计中,主要的缺陷是样本规模过小(少于 400 个样本)时所产生的抽样误差:申请者对选择策略的打分限制过多、抽样策略缺乏可靠性(Tharenou,1999)。实际上,正是这些缺陷导致研究人员得出了错误的结论。有关这类问题的影响,在之前都是不知道的,所以人们对于单个的有效性系数特别有信心。由于从跨研究中总结结果这一过程的局限性,回顾之前的研究或是在较少有研究的领域中进行元分析,都会得出错误的结论。

已经研究给出了总结性的结论:选择策略的有效性无法从单个研究中的有效性系数中估计出来(Guion,1987)。与此相对,研究人员需要基于许多过去的实证研究来计算有效性信度系数的平均数(Guion,1987,1990;Guion& Gibson,1988)。如前所述,之前研究

中研究设计的不合适性是导致以上不断波动的有效性系数的重要原因。其中,导致错误结论的主要缺陷概括如下:
- 由于样本规模过小导致的抽样误差;
- 基于选择策略所挑选的参与者的评分受到了严格的限制;
- 选择策略并不具有完美的信度。

(一) 元分析的步骤

在进行元分析的过程中,需要遵循一系列步骤。下面列举预测工作绩效的例子,即工作绩效从申请者访谈评分中得出来阐述所需要的分析步骤。本书所阐明的方法是基于Glass,McGaw和Smith(1981)的研究。不过,需要指出的是进行元分析的程序有着很大的差别(参见Hunter & Schmidt,2004;Rosenthal & DiMatteo,2001)。由于许多组织研究都是通过相关系数来评价不同研究间的关系程度的,下面就以相关系数为例来加以说明。概括而言,元分析需要遵循以下7个步骤:

(1) 研究人员决定自己想要判定的准确关系中系数的真实大小。例如,组织承诺与离职意向呈现负相关关系。前人的研究多是用Pearson相关系数 r 来计算的。即把所有发表的或者没有发表的检验这种关系的研究都检索出来。研究人员应该找出每一个运用这一统计量来检验这种关系的所有文献资料。

(2) 对这些研究文献进行剖析,看看它们是否都是使用共同的统计量来估计组织承诺和离职意向的关系的。在管理学研究中,研究人员常常使用简单的Pearson相关系数来估计任意两个变量之间的关系程度。

(3) 决定用于修正每一个相关系数的修正因子。一般而言,有三种修正因子:样本规模、因变量的信度(离职意向)和解释因子(组织承诺)以及离职意图与组织承诺的得分范围的限制。有研究表明,单个有效性系数常常容易受到下列因素的影响:抽样误差、缺乏可靠性和范围限制。因此,由于统计假象的存在,非常大的差异导致了单个相关系数也存在差异。因此,有必要计算有效性系数分布的平均值(Guion,1987)。用于提供统计修正的那些数值来自于现有的数据。由于基于许多以前所做的大样本研究,这里所估计的值是最精确的。

(4) 然后利用修正因子对每项研究中相应的相关系数进行修正。每项研究的有效性系数由于其统计局限而需要被修正。当75%或更多的系数变化是由于这些误差所导致的时候,因情境不同才造成差异的假设就不再成立了,而效度的普遍适用性就得到了支持(Guion,1990;Guion & Gibson,1988)。

(5) 然后,平均值将取代修正的相关系数 rs,即两个变量之间真实关系的修正程度。这个值可能是0.32。因此,当每项研究的相关系数都被修正之后,就可以用新的平均值来取代所有的相关系数了。

(6) 通过计算90%的置信区间,也可以取代对平均值信度的估测(Guion,1990)。

(7) 然后,基于任意调节变量来进行研究。可能存在许多方法来将研究进行分类,从而使修正的 rs 可以面向不同的子样本计算平均值。研究人员可以按照任何分组变量,以任何其他形式对样本进行分组(如性别、产业和组织规模等),前提是只要有足够多的研究这么做。例如,对承诺的研究可以分成两大类:一类是测量态度承诺的;一类是测量计算承诺的。所以,研究人员这时可以考虑任何可能影响特定关系的变量。通过把修正的相关系数划为两个组,可以在每一组中都来计算有效性系数的平均值。如果两组的平均值是不同的,那么该关系就受到该调节变量(分组变量)的调节。实际上,通过这样的方式,可以对许多调节变量进行检验。当每一个独立的分组中都包含着大量研究时,结果也将获得更大的置信度。这个时候,还可以计算不同子样本的 rs,以便验证是还否存在一个调节变量。一般认为,态度承诺和离职意图的 r 大概是 0.5,而计算承诺和离职意图的 r 大概是 0.2。由此可见,这里的确存在着一个权变效应(调节效应)。在研究中,常常针对每种人口统计变量都做相同的计算,以便判定不同分组的相关性会在各组间存在差异。如果的确存在差异,那么我们就说该关系是被调节的。

(二)元分析结果的可信度

为了确保元分析是稳健的,还必须要满足特定的标准(Guion,1987,1990;Guion & Gibson,1988;Hunter & Hunter,1984)。概括而言,这类标准主要包括以下 6 点:

(1) 研究数量平均而言必须是巨大的,最好是存在上百个有一定时序的研究,特别是当设定子分组来测试调节效应的时候,对样本的要求往往是更大的。否则,元分析可能会矫枉过正。

(2) 修正必须是基于大样本进行的。否则,有关修正的估计将是不准确的,并且修正后的系数也将会显著地不同于与未修正的系数,因而修正后的系数将是可疑的。

(3) 预测变量(如访谈)和因变量(如绩效)之间的关系必须是线性的,否则皮尔森相关系数是无法准确使用的。

(4) 为了克服上述三种错误,可能要数次修正有效性系数。如果修正的有效性系数与未修正的系数显著不同的时候,研究人员需要去剖析这是怎么发生的。在实践中,可能会出现同样的低可靠性的情况,从而造成实际问题。

(5) 应该检测调节效应,以便弄清楚有效性是否在某些特定的组或情况下会更大。在许多关系中,都找到了相应的重要调节变量。

(6) 如果针对相同关系的、不同的元分析产生了不同的结果,那么就需要对元分析进行检查,以便找到原因。根据 Tharenou(1994)的研究结论,在出现下列情况时可能会出现上面所说的情况:

- 元分析中没有包含同样的研究。
- 元分析实际上使用了不同的建构,虽然这些建构看起来是一样的。
- 其中一项元分析包含了一个单个的、含有许多有效性系数的大规模研究。如果在选定的研究集合中把该研究排除在外的话,所得到的结论会有不同。
- 其中一项元分析中仅仅包括了已发表的研究,而另外一项元分析中则把未发表的研究也包括进来了。那些未发表的研究通常是没有发现显著性结果的研究,因此很可能会提供更为保守的估计。不过,来自于大量研究的、未发表的结果,也可以提供不那么保守的估计。元分析应该尽可能多地把未发表的研究包括进来。
- 其中一项元分析针对每项研究使用了多个系数,而另一项元分析可能只针对每项研究使用了一个系数。通常,许多研究都倾向于使用许多相关系数来评估相同的关系。有些元分析则针对一个研究,计算了所有这些相关系数,或者是取它们的平均值。相对而言,其他一些元分析则可能仅仅选择了其中的某一个系数,通常是随机选择的,并把该系数包含在元分析当中。为了避免投机主义,最好是针对每个研究仅仅采用其中的一个系数(Guion,1990)。

四、结论

多元分析技术包括多元回归技术以及回归技术的一些特殊类型,如调节或中介回归、逻辑斯蒂回归、判别分析、MANOVA、因子分析和结构方程模型。这些技术,如多元回归分析,同时考虑了多个自变量,并且允许检查某个特定自变量的独特效果及其相对于其他自变量的相对重要性。在做任何多元分析之前,研究人员都应该确保自己的研究问题有一定的理论基础。这是因为结果只有在依照这一理论方法的前提下才有意义。另外,本章还简要介绍了元分析方法。元分析的主要作用是对一系列以相同现象为研究主题的研究的实证结果进行总结分析,从而获得不同变量之间真实的实证关系。

参考文献

Aguinis, H. (1995). Statistical power problems with moderated multiple regression in management research. *Journal of Management*, 21, 1141-1158.

Baron, R. M. & Kenny, D. A. (1986). The moderator mediator distinction in social psy- chological research. *Journal of Personality and Social Psychology*, 53, 237-248.

Betz, N. E. (1987). Use of discriminant analysis in counseling research. *Journal of Counseling Psychology*, 34, 393-403.

Cattell, R. B. (1958). Extracting the correct number of factors in factor analysis. *Edu- cational and Psychological Measurement*, 18, 791-838.

Durlak, J. A. (1997). Understanding meta-analysis. In G. Grimm & P. R. Yarnold (eds.), *Reading and understanding multivariate statistics*. Washington, DC: American Psy- chological Association.

Fabrigar, L. R., Wegener, D. T., MacCallum, R. C., & Strahan, E. J. (1999). Evaluating the use of exploratory factor analysis in psychological research. *Psychological Methods*, 4, 272-299.

Fassinger, R. E. (1987). Use of structural equation modeling in counseling psychology research. *Journal of Counseling Psychology*, 34, 425-436.

Ford, J. K., MacCallum, R. C., & Tait, M. (1986). The application of exploratory factor analysis in applied psychology: A critical review and analysis. *Personnel Psychology*, 39, 291-314.

Fried, Y. & Ager, J. (1998). Meta-analysis. In C. L. Cooper & I. T. Robertson (eds.), *International Review of Industrial and Organizational Psychology* (pp. 123-158). New York: John Wiley & Sons.

Glass, G. V., McGaw, B. & Smith, M. L. (1981). *Meta-analysis in social science research*. Beverly Hills, CA: Sage Publications.

Grimm, G. & Yarnold, P. R. (1997). *Reading and understanding multivariate statistics*. Washington, DC: American Psychological Association.

Guadagnoli, E. & Velicer, W. F. (1988). *Relation of sample size to the stability of component patterns*. Psychological Bulletin, 103, 265-275.

Guion, R. M. (1987). Changing views for personnel selection research. *Personnel Psychology*, 40, 199-213.

Guion, R. M. (1990). Personnel assessment, selection and placement. In M. D. Dunnette & L. M. Hough (eds.), *Handbook of industrial and organizational psychology* (pp. 327-398). Palo Alto, CA: Consulting Psychologists Press.

Guion, R. M. & Gibson, W. M. (1988). Personnel selection and placement. *Annual Review of Psychology*, 39, 349-374.

Haase, R. F. & Ellis, M. V. (1987). Multivariate analysis of variance. *Journal of Counseling Psychology*, 34, 404-413.

Harris, M. M. & Schaubroeck, J. (1990). Confirmatory modeling in organizational behavior/human resource management: Issues and applications. *Journal of Management*, 16, 337-360.

Henson, R. K. & Roberts, J. K. (2006). Use of exploratory factor analysis in published research. *Educational and Psychological Measurement*, 66, 393-416.

Hinkin, T. R. (1995). A review of scale development practices in the study of organiza- tions. *Journal of Management*, 21, 967-988.

Hunter, J. E. & Hunter, R. F. (1984). Validity and utility of alternative predictors of job performance. *Psychological Bulletin*, 96, 72-98.

Hunter, J. E. & Hunter, R. F. (2004). *Methods of meta-analysis*. Thousand Oaks, CA: Sage Publications.

Hunter, J. E. & Schmidt, F. L. (2004). *Methods of meta-analysis: Correcting error and bias in research findings* (2nd ed.). Thousand Oaks, CA: Sage Publications.

Hurley, A. E., Scandura, T. A., Schriesheim, C. A., Brannick, M. T., Seers, A., Vanden-berg, R. J., & Williams, L. J. (1997). Exploratory and confirmatory analysis: Guide- lines, issues, and alternatives. *Journal of Organizational Behavior*, 18, 667-683.

James, L. R. & Brett, J. M. (1984). Mediators, moderators, and tests for mediation. *Journal of Applied Psychology*, 69, 307-321.

Kelley, K. & Maxwell, S. E. (2003). Sample size for multiple regression: Obtaining coefficients that are accurate, not simply significant. *Psychological Methods*, 8, 305-321.

Kelloway, E. K. (1996). Common practices in structural equation modeling. In C. L. Cooper & I. T. Robertson (eds.), *International Review of Industrial and Organizational Psychology* (pp. 141-180). New York: John Wiley & Sons.

Kim, J. O. & Mueller, C. W. (1978). *Introduction to factor analysis*. Beverly Hills, CA: Sage Publications.

Kline, R. B. (2005). *Principles and practice of structural equation modeling*. New York: The Guilford Press.

Lindley, P. & Walker, S. N. (1993). Theoretical and methodological differentiation of moderation and mediation. *Nursing Research*, 42, 276-279.

MacCallum, R. C. & Austin, J. T. (2000). Applications of structural equation modeling in psychological research. *Annual Review of Psychology*, 51, 201-226.

Maxwell, S. E. (2000). Sample size for multiple regression. *Psychological Methods*, 4, 434-458.

Pallant, J. (2005). *SPSS survival manual: A step by step guide to data analysis using SPSS for Windows (Version 12)* (2nd ed.). Sydney: Allen & Unwin.

Porter, A. C. & Raudenbush, S. W. (1987). Analysis of covariance: Its model and use in psychological research. *Journal of Counseling Psychology*, 34, 383-392.

Raudenbush, S. W. & Bryk, A. S. (2002). *Hierarchical linear models*. Thousand Oaks, CA: Sage Publications.

Rosenthal, R. & DiMatteo, M. R. (2001). Meta-analysis: Recent developments in quan- titative methods for literature. *Annual Review of Psychology*, 52, 59-82.

Stevens, J. (1996). *Applied multivariate statistics for the social sciences* (3rd ed.). Mahway, NJ: Lawrence Erlbaum.

Tabachnick, B. G. & Fidell, L. S. (2001). *Using multivariate statistics* (4th ed.). New York: HarperCollins.

Tharenou, P. (1993). A test of reciprocal causality for absenteeism. *Journal of Organizational Behavior*, 14, 269-290.

Tharenou, P. (1994). Selecting the right people for the right jobs: The utility of per- sonnel selection. In K. M. McConkey, H. J. Wilton, A. J. Barnier, & A. F. Bennett (eds.), *Australian psychology: Selected applications and initiatives* (pp. 69-80). Melbourne: Australian Psychological Society.

Tharenou, P. (1995). The impact of a developmental performance appraisal program on employee perceptions in an Australian federal agency. *Group and Organization Management*, 20, 245-271.

Tharenou, P. (1999). Is there a link between family structures and women's and men's managerial career advancement? *Journal of Organizational Behavior*, 20, 837-863.

Tharenou, P., Latimer, S., & Conroy, D. K. (1994). How do you make it to the top? An examination of influences on women's and men's managerial advancement. *Academy of Management Journal*, 37, 899-931.

Tharenou, P. & Terry, D. J. (1998). Reliability and validity of scores on scales to measure managerial aspirations. *Educational and Psychological Measurement*, 58(3), 475-493.

Thompson, B. (1995). Stepwise regression and stepwise discriminant analysis need not apply here: A guidelines editorial. *Educational and Psychological Measurement*, 55, 525-534.

Tinsley, H. E. A. & Tinsley, D. J. (1987). Use of factor analysis in counseling research. *Journal of Counseling Psychology*, 34, 414-424.

Wampold, B. E. & Freund, R. D. (1987). Use of multiple regression analysis in counseling research: A flexible data analytic strategy. *Journal of Counseling Psychology*, 34, 372-382.

Wright, R. E. (1997). Logistic regression. In G. Grimm & P. R. Yarnold (eds.), *Reading and understanding multivariate statistics*. Washington, DC: American Psychological Association.

思考题

1. 什么是多元分析技术？二元分析和多元分析在目的上有何不同？
2. 什么是多元回归分析？
3. 什么是调节/交互回归分析？
4. 什么是中介回归分析？
5. 什么是逻辑斯蒂回归分析，什么情况下使用？
6. 什么是判别分析，什么情况下使用？
7. 什么是多元方差分析（MANOVA）？

8. 在什么情况下使用 MANOVA？
9. MANOVA 与 ANOVA 有何不同？
10. 什么是因子分析以及什么情况下使用？
11. 什么是结构方程模型以及什么情况下使用？
12. "结构方程模型组合了多元回归分析和因子分析的一些特点"，请加以说明这句话。简述结构方程模型如何超越多元回归分析和因子分析的组合。
13. 什么是元分析？
14. 为什么元分析被称为"定量"的文献回顾？
15. 元分析最后会提供什么样的结果？

第 12 章

内容分析

学习目标

在完成本章的学习后,读者应该能够掌握以下几点:
- 定义内容分析并描述该方法的大致内容;
- 识别内容分析中所使用的研究设计;
- 概述内容分析的基本步骤;
- 阐明内容分析是如何帮助回答研究问题的;
- 区分内容分析的不同类型;
- 解释什么是扎根理论;
- 解释什么是模式匹配;
- 从总体上解释计算机辅助软件对内容分析的作用;
- 介绍如何增强内容分析的信度和效度。

一、分析定性数据:内容分析

在收集完定性数据之后,研究人员还必须对其进行分析,以便得出研究问题(或假设)的答案。定性数据有一些形式,除保密资料外,一般包括访谈记录、公司/组织和公共文档、开放式调查问题的回应、印刷媒体、观察记录和档案/历史资料以及非文本资料,如图片和声音等。这些方法彼此各不相同。本章只重点描述内容分析法(也称文本资料分析法),它是一种分析定性数据的基本技术。

在管理学研究中,有几种不同的研究设计类型都使用定性数据,可能需要使用内容分析法(Mossholder, Settoon, Harris & Armenakis, 1995; Sommer & Sommer, 1991)。如前所述,有些研究设计只能使用定性数据,而有些则使用一部分定性数据,其他的则主要使用定量数据。不同的研究设计所使用的研究数据是不同的,有时使用定性数据,有时采取定性数据与定量数据相结合的方式,下面就加以详细的阐述。

在以下情境类型中,定性数据构成了回答研究问题的主要方法:
- 定性数据(如深度访谈、公司文档、观察记录)只有进行内容编码后才能回答研究问题。研究成果是一段叙述或故事。呈现的叙述或故事,可以从现实主义观点出发,即直接的实事求是的文字描写或者以印象派的方式,选择戏剧性的材料来加以讲述(Creswell,2003)。当然,还有许多其他呈现叙述的方式。
- 定性数据也可以用来构建理论,从而对特殊的现象进行解释。
- 定性数据可以通过一种允许比较的研究设计方式来收集,例如,通过实验组和对照组的比较,得到实验组的数据(如组织、国家)。
- 定性数据也可以用来比较跨时间的趋势(如公司文档、历史账目),然后将其与其他建构联系起来。

或者,定性数据也可以在一些混合方法设计加以应用中,下面是一些实例:
- 定性数据(如开放式调查问题、访谈案例)可以用作所关注建构的替代测量,如对定量测量进行验证(如问卷测量)。
- 定性数据也可以用来分析获取与其他资料相关的得分(来自标准问卷的量表、公司的客观数据等)。通过计算这种统计关系(如相关性),可以来验证特定的关系或存在的差异(如不同组织所采用的不同业务战略类型和对管理者有关人力资源管理实践类型的感知的影响等)。
- 定性数据还可以用来阐明定量发现。Creswell(2003)介绍了如何利用定性数据来阐明一些关系的信息,就像从定量数据中得到发现一样。

二、内容分析

内容分析是系统描述书面或口头材料形式和内容的一种技术(Sommer&Sommer,1991)。Holsti(1969)提出的定义覆盖了十分广阔的领域:"通过客观地、系统地识别特定的信息特征做出推断的一种技术。"

在内容分析法中,分析的可以是内容(content)、特定的专题(topics)或主题(themes)或者结构(structure)以及在文本中位置等。有些内容分析法也把正式的量化作为分析目标(如内容分析法可以将定性数据简化为数字,以便适合于进行统计分析)。然而,其他内容分析法从本质上更多是解释性的(定性的)。有些内容分析法是归纳性的,从所识别的主题中得到解释/理论和未来假设,而其他方法更多是演绎性的,针对先前的理论和正式的假设来评估数据。有些研究人员把"内容分析法"限定为对文本资料进行定量分析。本书所说的内容分析是指更多通用意义上的一种技术,即从定性数据中提取主题信息。在研究问题上以及什么是已知的研究主题方面,分析方法的选择是依情况而定的。如果目标是为了主观理解、探索或产生新的见识或新的假设,而且目前几乎没有知识,就建议使用解释型风格。

内容分析法也可以通过手工或计算机来进行。截至目前,在管理学研究中,大多数内容分析都是通过手工方式进行的。现在,计算机软件能够用来辅助内容分析,下面将详细加以介绍。借助计算机软件进行内容分析时,研究人员仍然需要确定主题、类别和能够代表它们的单词、短语等。因此,无论采用的是什么样的分析技术,一般都会用到如上所述的研究过程。

（一）内容分析的基本步骤

Creswell(2003)对内容分析的详细方法进行了阐述。具体来说，他列出了对定性数据进行编码（coding）的八个步骤。研究人员可以按照这八个步骤，利用计算机软件进行内容分析。对资料进行编码分类的八个步骤具体如下：

（1）对材料的整体把握。通过仔细阅读所有文本，把灵感记下来。

（2）挑选文档。仔细检查该文档并提问"这是关于什么的"思考其潜在的意义，而非内容大意。

（3）挑选多个文档并列出主题清单。对主要的、独特的及其他主题进行整理，将相似的主题聚集在一起形成专栏。

（4）获取主题清单并返回来关注具体资料。将主题简化为编码，在文本适当的段落旁边写下编码。提炼出初步组织方案，并判断是否有新的分类和编码出现。

（5）找出最具描述性措辞并对主题进行分类。通过对相互关联的主题进行分组，考虑简化整个类别清单（如在类别之间画线说明相互关系）。

（6）最终确定每一个类别的简称（即编码），并将编码按字母顺序排列。

（7）在一个地方收集属于每一个类别的数据资料，并进行初步分析。

（8）如有必要，对现存资料进行重新编码。

从以上八个步骤可以看出，编码是内容分析法的核心过程之一。编码是建立类别的过程。简而言之，编码涉及设定文本片段或组块标签（Miles & Huberman,1994）。对研究人员来说，最简单的方法为：首先，通过阅读所有的材料，识别出他们发现的主要主题/论题并列出清单；其次，将主题形成更大的类别。简单地说，类别是指"相似意思或含义的单词组"（Weber,1990）。重复的类别是最好的。然而，也需要使用低频率重复的类别。重叠的、重复的类别相互之间是可以合并的。为了能进行分析，类别清单必须是广泛的，能覆盖所有类别。

（二）样版式内容分析法

Both King(1994)、Miller 和 Crabtree(1992)总结出用于分析定性数据的内容分析的不同方法。作者们所提及的、对资料进行分类的最常用方法，是样版式内容分析法（Crabtree & Miller,1992）。样版式内容分析法是指利用一个由许多或与研究问题相关的主题或类别组成的分析指南或样版，对文本进行分析。在遇到文本之后，样版或编码本是开放的、经过修订的。主题、模式和相互关系的产生，一般是一种解释的（而非统计）的过程。

样版式内容分析法在一定程度上是有变化的，因为编码本是建立在现有知识（先验）或者是从最初的资料分析中发展出来的（后验）。前者考虑到理论的检验，而后者则更多考虑的是归纳分析。实际上，样版式内容分析法最常见的应用情境是存在先前的知识（文献），并利用它们对资料编码过程进行指导。不论样版如何，它都被应用在文本中，以便识别出有意义的单元或部分。其中，这些单元是行为或语言单元，比如单词或词组。如果文本在样版中揭示不足的话，那就要对其进行修改和校订，并对文本进行再检查。随后，分析进入解释阶段,即那些单元连结着符合文本的解释性框架。为促进这种连结的产生,可能会用到矩阵和表格。这些最终的连结,就构成了报告的结果。

King(1994)提出了用于分析访谈资料的六步结构样版,具体如下:

(1) 两个研究人员对四个完整的访谈抄本进行编码。编码过程是经过比较的,存在的分歧要经过相应地讨论。

(2) 把相同的四个抄本交给专家组,请他们设计出编码。通过对专家组与研究人员的编码进行比较,识别出影响因素。

(3) 研究人员再对所有抄本进行编码。必要时进行讨论,也可以增加新的编码。

(4) 将编码聚合成较少的高阶编码数字。

(5) 对调查对象样本进行高阶编码时,需要进行内部评判者比较。比较不同研究人员的编码,计算出一致性统计系数。

(6) 修订高阶编码,并对所有的抄本进行再编码。

通过运用样版式内容分析,研究人员在文本中可以应用一个样版,识别出导致类别被修改的主题单元(随后将文本与类别进行对照检查)。然后,需要对类别进行解释,以便判定相关的连结,接下来再对照文本进行检验(Miller & Crabtree,1992)。

总之,样版式内容分析的步骤包括:样版→应用于文本→识别主题单元→修改类别(返回应用于文本)→解释确定连结→检验→报告。

(三) 编辑式内容分析方法

Miller 和 Crabtree(1992)提出了一种在内容分析法中被称为编辑式内容分析的方法。编辑式内容分析法是指"解释者"重新整理文本,为的是识别出基于他们自身以及与其研究目的相关的、有意义的片段。研究人员运用编辑式内容分析法来输入文本,就像编辑寻找有意义的片段那样,然后进行剪切、粘贴和重排,直到总结简化成能够揭示解释的事实。由于对关注点具有较强的解释性和归纳性,当研究目标是主观认识、新见解或假设的探索和产生,而且缺乏知识时,编辑式内容分析法往往比样版式内容分析法显得更加适合。

由于主观解释是从特定主题或类别分析中产生的,然后再去对原始资料进行反复比较,所以编辑技术也具有周期性的本质。与样版式内容分析法类似,在编辑式内容分析法中,报告也来自文本。然而,文本是在这样的情况下被使用的,即没有找到与研究相关的样版、有意义的单元或片段。这些单元随后组成了相应的类别。然后,解释者去探索类别,并确定模式与主题之间的联系。从这一点开始,编辑式内容分析过程以样版式内容分析法同样的方式加以展开(Miller & Crabtree,1992)。编辑式内容分析法的分析步骤是解释者或编辑者→应用于文本→识别主题单元→发展类别(返回应用于文本)→解释确定连结→检验→报告。

(四) 内容分析结果的阐释

内容分析的最后结果是一组总结手头资料的类别。为了回答研究问题,还必须对这些类别进行解释。在某些方面,对每一个类别进行相互关联,讲述一则与研究问题相关的故事。这个故事不应该仅仅是对资料的描述或者简单总结。相反,它应该能够包含被解释的核心建构和其他可能的解释或对其产生影响的变量。研究人员尝试着去识别和描述相应的模式,并试图理解和解释它们。

Creswell(2003)提出了以下呈现内容分析结果的策略:长的、短的和嵌入式文本引用是多样化的,会话可以照着稿子念,文本信息可以以列表的形式加以呈现,调查者可以使用类别名称,引用可以与研究人员的解释交织在一起,缩排可以用来表示引用。感兴趣的读者,可以阅读Miles和Huberman(1994)的著作,该书中提出了展现定性分析结果的广泛策略。

Lee(1999)认为,研究人员经常应用以下三个过程来确定主题内容:

(1) 在两个或更多的研究人员中,要仔细检查主题内容的一致性。不同的人对同样的资料可能得出多重观点。

(2) 通过三角验证来进行一致性检验,尝试说明在不同来源或资料类型之间的一致性。例如,一致的主题将被提交并返回到参与者手中,进而对编码检查做出判断。

(3) 检查显著的事件或主题(里程碑、危机事件),这些事件或主题来自个人故事或访谈,是占主导地位的、引人注目的,并且也是至关重要的。

有时,内容分析的结果是以数字形式来有效传达的。例如,研究人员可以对类别的频次计数,以便对其普遍程度形成一定的把握。在所谓的准统计内容分析方法中,正式量化的运用也是常见的。据King(1994)所说,一个准统计方法力图将文本资料变为定量数据,这样才能进行统计上的操作。在这种方法中,内容分析人员选择一个适当的测量单元,即单个单词、词组或主题对每个找到的单元进行分类。通过实施统计分析,比较个人与组群之间跨类别单元的分布。利用这种技术,内容分析人员基于一个编码本寻找单词、语义的单元或主题文本,之后将这些单词或主题分成不同类别进行统计分析。对内容分析来说,这种方法具有三种区分的特征:客观性、系统化和数量化。因此,内容分析法可以用于假设检验、归纳,出于客观目的,对研究人员和资料进行分离。

Chang和Tharenou(2000)利用内容分析法找到了29个主题或论题,通过询问跨文化工作团体中的管理人员,形成了关于技能和行为管理的资料。这29个论题可缩减为五个显著的类别(称为能力):文化移情(cultural empathy)、工作中学习、沟通技能、一般管理技能和个人风格。例如,关于文化移情类别,有6个主题或论题:文化意识、文化认知、尊重其他价值观、把人作为个体、利用不同的观点、其他文化中的经验。沟通技能类别包括倾听、打开心扉/推心置腹、清晰地表达、非口头的细微差别以及通晓其他语言。

Taber(1991)提供了这样一个例子:关于工作满意度调查的开放式问题是如何进行内容分析的。他提出了四个步骤,即分析、归纳、解释和检验,具体如下:

(1) 分析(Analysis step)。将每一个书面的篇章分解成单一主题,并且逐字逐句地把每一个主题的文字记录书写到一张卡片上。每一张卡只包含一个主题,尽管这个主题可能趋向于不止一个句子或表述。

(2) 归纳(Inductive step)。研究人员和另一个分析人员分别对主题卡片进行分类、再分类,归纳出相应的类别,使主题卡片在一种类别中有一些共性,而不同于其他类别。对这些篇章分别进行内容分析,得到满意和不满意的反应。

(3) 解释(Interpretive step)。两个分析人员通过讨论,重新定义和组合类别,直到他们达成一致,并形成最终的一组类别。通过接下来的过程,产生一些类别(对满意和不满意的主题进行分类时,同样的类别也是有用的)。在文字记录中,类别包括所有主题的类型,并在足够的抽象水平上利用一些易控制的类别对所有主题进行独特分类。

(4) 检验(Verification step)。对类别的定义和特殊性的清晰度逐一进行检验,分析人员再次分别对主题卡片进行分类,并对要解释的类别进行修改。当分析人员存在分歧时,还要对主题卡片进行讨论,然后再将其放在独特的类别中。

三、专业数据分析技术

(一) 扎根理论

扎根理论技术最初由 Glaser 和 Strauss(1967)发展起来,经常应用在定性数据的分析中。例如,深度访谈。扎根理论(grounded theory)的应用,必然会导致外显理论的产生和扩展(Lee,1999)。"扎根理论"这个短语经常泛指从一组资料中发展出理论来,在这里则被定义为一种系统性方法,能产生有关令人感兴趣的特殊现象的实质性理论(Creswell,2003)。这个理论通常由一系列从分析中产生的假设或命题构成。严格地说,扎根理论不是一种分析技术,而是一套完整的收集和分析资料的方法。关于扎根理论的详细描述可参考 Strauss 和 Corbin(1998)的文献。

从很大程度上来说,扎根理论也是一种归纳技术,但实际上,为了构建某一理论,在收集和分析资料的迭代过程中,它还结合了演绎和归纳逻辑。Creswell(2003)提出扎根理论的两个基本的要素:一是形成信息类别时经常性的资料比较;二是在资料中提出理论抽样的相同点和不同点。

Lee(1999)非常简明地提出了扎根理论一般方法的定义特征,Strauss 和 Corbin(1998)也进行过详细论述。总之,扎根理论是指:
- 导致清楚的、明确的、可测试的理论创立;
- 利用迭代的方法论,贯穿研究项目的过程,检验作为结果的假设;
- 用开放式登录、轴心式登录和选择式登录的编码方法对资料进行分类;
- 系统地检查资料中的概念性发展和联系,这包括不断地比较;系统地询问产生的以及与概念相关的问题;理论抽样;系统程序编码;为获得理论概念的密度、变异度和整合性,提出建议指南。

Lee(1999)提供了一个如何进行扎根理论分析的例子。第一,从一些定性数据来源中识别出一般的主题;第二,凭借预感,提出基于资料的假设;第三,在随后的资料收集和检验中,尝试检验这些假设;第四,基于新的资料修改观点(修改假设);第五,基于新资料对修改的假设进行重新检验(即不断比较的方法)。总之,在涉及理论建构之内以及之间的过程中,归纳出了相应的主题。

(二) 模式匹配

模式匹配是在案例研究中经常使用的一种分析技术(McCutcheon & Meredith,

1993;Yin,2003)。它是一个很有用的技术,在研究人员的案例研究中,能够提高因果结论的有效性。通过模式匹配,自变量和因变量的理论建构是可以进行比较的,对于每个案例,针对观测特征的模式来确定它们是否与每一个新案例相对应。

模式匹配更倾向于对定性数据的演绎分析。在资料收集前,这种方法允许对变量的特殊模式、现象和结果进行预测。这种预测的模式源于现存的理论或一组概念性的命题。预测的资料可能出现在一个案例或跨多个案例之中。模式可能是静态的,也可能是动态的。通过不太正式的模型,这种预测模式能够作为一种基准来解释案例资料。对于较正式的假设和理论,这种预测模式能够用来修正或证实先验的观点。

根据Lee(1999)的观点,在模式匹配中包含以下两个步骤:

(1) 在收集案例资料之前,需要在变量、事件、行为或其他有趣的现象中指定一种预测模式。这种模式来源于某个正式理论或一套非正式的概念性命题。

(2) 这种模式与随后收集到的实证案例资料进行比较,以便查看二者的拟合度。

Yin(2003)提出了模式匹配的以下步骤:

(1) 通过对从理论或文献中得到的预测模式结果进行比较,找到相应模式;

(2) 进行解释构建,寻找因果关系的联系或探索貌似可信的或有争议的解释,并尝试建立一种对案例解释;

(3) 随着时间的推移,在模式发生变化时进行时间序列分析。

四、其他问题

在内容分析中,经常用到的是已经获得的材料,比如公共的或其他文档(如公司年度报告)。Sommer和Sommer(1991)指出与实施内容分析相关的几个优势,具体如下:

- 当资料是可获得的(如公司报告、使命说明书、人力资源管理政策),内容分析是不引人注意的,研究人员在收集资料时不会产生影响;
- 这种技术适合于比较,比如时间趋势或组织趋势;
- 这种技术允许同时应用定性和定量方法。

Kabanoff和Holt(1996)、Kabanoff、Waldesee和Cohen(1995)都阐述了使用内容分析法的优势。他们通过对年度报告、内部杂志和使命说明书进行内容分析,评估了组织的价值观。有关价值观,他们也识别出了内容分析法的优点,具体如下:

- 谨慎地描述了组织价值观;
- 允许系统的和定量的方法处理定性数据;
- 通过量化那些通常认为是质性性质的资料,使定性和定量元素相结合;
- 通过长时间,以及相对大样本对组织价值观进行测量,文档分析适合于纵向研究,纵向研究一般源自长时间里不同类型文本的可用性;
- 使用自然诱发语言行为作为价值观方面资料的来源。

Kabanoff和Holt(1996)指出,内容分析法假设语言反映了人们和组织察觉到的重要现象,以及特殊语言被使用的相对频率,作为他们认知中心性和重要性的一个象征。

Kabanoff等(1995)人提出,在公司文档中,为测量组织价值观,以内容分析法的使用为基础的假设,是组织有特色的价值模式下留下的痕迹,这些痕迹是可观察的和可测量的。在被分析的文本中,对涉及的不同价值观,通过计算频数完成测量。频繁引用是那些价值观的中心性或重要性的一个象征。

五、内容分析的计算机方法

当对管理学研究中的定性数据进行分析时,手工和计算机分析方法都被运用。通过计算机软件进行内容分析有确定的基本方法和原则。Wolfe、Gephart 和 Johnson(1993)探讨了在文本检索、文本分析和资料库管理方面,计算机促进了定性数据分析。当计算机软件的处理优势符合正在进行分析的目的时,应该使用计算机辅助分析方法对定性数据进行分析(Mossholder 等,1995)。资料的数量是重要的,例如,如果有 30 个访谈,研究人员可能会使用计算机分析;如果只有 10 个,研究人员可能会决定采取手工进行分析。研究的目的也决定着如何使用计算机辅助分析。

Reid(1992)和 Tesch(1990)创立了使用计算机辅助对定性数据分析的实践指南。分析资料经常使用的计算机程序有 NVivo(QSR NVivo)或 Ethnograph。尽管也可以使用非文本资料(如照片),但由于数据资料是定性的,所以经常要对文本进行分析。例如,研究人员可以通过询问调查对象,了解组织中的评选和晋升过程,以及一些关于歧视的开放式问题。在这个例子中,如 NVivo 软件能够用来帮助研究人员对文本进行编码和检索,文本是与歧视有关的主题和类别。在这些程序中,一个有价值的功能是允许编码的重叠和嵌套。这使得资料的编码过程更快、更高效。熟悉计算机程序是很重要的,比如 NVivo 没有自动地对资料进行编码。研究人员仍须对文本进行阅读和解释,并从资料中确定主题或类别。然而,软件取代了手工储存和检索资料,比如 NVivo 程序能在文本中寻找要选择的词,并告知报告出现的频次。利用软件寻找文本时,研究人员仍要列举出寻找的是什么。当所有的编码被输入时,研究人员就能通过所有的或挑选出的访谈子集,找到选择性编码,或检索出编码的组合。例如,在 NVivo 软件中,把编码结果排列成"树"或目录,以促进资料和之后理论解释的检索。Gibbs(2002)对 NVivo 软件进行了详细介绍。

Kabanoff 和 Holt(1996)在两个时段(三年和两年)利用公司文档,完成了组织价值观的内容分析。截面资料用到了年度报告、公司范围的内部杂志、使命说明书、公司价值观说明书以及组织发给员工的涉及组织目标和价值观的其他公司范围内的文件。然而,像财务的、工艺的和描述性的部分是不能用的,只有人力资源管理政策、企业哲学说明书、管理概述、CEO 的年度报告或者与股东的信件以及一些人们感兴趣的故事,才可以用来进行分析。以下则是计算机辅助下进行内容分析的步骤:

- 针对内容词典中指定的单词,来分析文本中的单词。词典是由不同含义类别组成,每一种类别包含的单词都涉及被测量的价值观。词典可能是一个可用的标准,将单词指派到特定的含义类别。除了词典可以提供补充之外,利用软件也能为特定的目的创立含义类别。这可能涉及识别目标价值观的句子,以及确定什么单词与那些价值观是一致的。

- 根据每个句子是否包含一个或多个词典类别,文本分析程序对它们进行打分。句子就是分析的单位。
- 每一项组织价值的初步评价频率除以每个组织分析的句子数量,在每个时期,允许对不同的大量文本进行分析。对文档类型的评分进行标准化处理,以符合事实,但并不是所有组织都具有每一种文档类型。所有文档类型的总体价值分数除以每个组织分析的文档类型数量,计算出每个组织标准化的价值分数,反映了涉及每个时期内的任一价值的频率。
- 然后利用这些价值对各个组织进行聚类分析,从而识别出不同的价值类型,每一种价值类型都会随着时间的推移而在统计上确定出来。

更重要的是,Kabanoff 等(1995)人在对内容词典中指定的单词进行分析的过程中,利用软件程序检查文本中的单词,所用的词典是由含义类别的实例组成的,每个实例都由遵循适用于被测量的价值主题的单词组成。根据文本程序是否包含一个或多个词典类别来评估每个句子。

在使用计算机辅助文本分析时,有许多明显的优势(Kabanoff 等,1995),这些优势包括:
- 单词、词组或术语的客观计数。在要求类别量化时,这种客观的方法是一个重要的优势。当研究人员对文本进行判断时,他们可能会对有争议的问题过高评价或只看到他们想要得到的。
- 可靠性。通过计算机程序归类/测量方面具有可靠性,因为编码规则总是以同样的方式被应用。
- 高效编码。和弹性一样,因为同文本的理解知识一样,随着完善词典能力的增加,再把这种能力运用到同样或新文本当中。
- 标准化和可比较性。跨越资料的形式,标准的词典能够用来增强分析的效度。

以下是使用计算机辅助定性分析时伴随而来的劣势(Mossholder 等,1995):
- 计算机辅助分析不能揭示嵌入资料中所有错综复杂的事物。随着关键词的计数和汇编,因为计算机只处理资料中明显的部分,所以资料中的一些观点可能会损失。资料可能被迫进入一个计算机易控制的,以及反映资料解释程序的框架中。
- 上下文语境的陈述不可能被考虑(尽管像 NVivo 这样的软件可以分析)。计算机辅助分析经常脱离上下文语境。然而,在上下文中,关于人为编码能否更好地判断单词的意义仍然是有争议的(Kabanoff 等,1995)。
- 有许多需要人为的介入,抵消了计算机辅助定性分析的效率。例如,研究人员需要阅读文本,并确定主题或分类,以及每一个主题或分类的单词。研究人员需要决定寻找的是什么程序,以及检查评判间信度水平,评价其他研究人员是否赞同那些主题和阐明的单词。
- 除非理论的基本原理为分析提供了基础,否则这个过程正好取代"数字压缩",变成"单词压缩"。
- 研究人员可能远离了资料。

六、内容分析的信度与效度

（一）如何增强内容分析的信度

Weber(1990)指出："从文本中进行有效推断,从一致性的意义上来说,分类程序的可靠性是重要的,即不同的人应该以同样的方式对同样的文本进行编码。"在文本要求量化时,信度是特别重要的。在内容分析中,信度需要通过以下两个阶段来确定:

(1) 获得分类。如果两个(或更多)人不同意或认为资料中的主题/分类是相同,则主题/分类就不可靠。

(2) 计算分类。如果两个人未计算出相同的分类数目,则信度是缺乏的。

用于编码文本的类别必须是可靠的。不论内容分析的类别是通过手工,还是计算机软件得到的,都要求两个评判者在利用相同的资料进行内容分析时应能得到相似的结果(Sommer & Sommer,1991)。当编码类别被清晰地阐明,并且不会重叠时,信度是最好的(Sommer & Sommer,1991)。为了得到最初的编码类别,使用不止一个评判者,并在他们之间进行比较。计算出一致性的统计系数,如果较低,需要确定并固定评判间一致性的原因。合作研究人员在没有相互商议的情况下无计划地编码,并计算出他们统计上的一致性数值(King,1994)。据此,合作研究人员分析不一致的原因,决定对编码进行调整,之后,编码新的副本评估他们的一致性(如需要再进行调整)。与研究不相关的独立评判者有时也被使用。一旦通过一套可靠的方式得到类别,随后就可以对材料进行可靠地内容分析了。为增强内容分析的信度,评判者必须经过训练,向他们提供得分系统的详细解释,并在得分资料中付诸实践(提供正确的答案并反馈给他们)。

Goodwin 和 Goodwin(1985)提出一种简单的公式来确定评判间信度。具体公式为:$1/(a+b)$。a 是指两个评判者一致的项目数,b 是不一致的项目数。一个满意的一致性水平被认为是 90% 或更大。另外,研究人员可以对文本资料编码两次,隔两周进行一次。在第二次,研究人员不要参考之前的编码,对资料进行重新编码。据此,他们可以重新计算出系数,并确定最后是否可靠。Armstrong、Gosling、Weinman 和 Marteau(1997)提供了对定性数据进行编码时对评判间一致性的有用信息。有趣的是,他们发现在基本的主题上,评判者间的紧密一致性容易出现,但是每个评判者对主题的表述则各不相同。

还有其他对评判间信度进行计算的统计方法。然而,对于一致性比率的计算,问题在于有没有对事实做出解释,研究人员期待评判者相互达成一致,可能会简单地基于偶然得到某个时间的一致性比率(Cohen,1960),为了防止这种不足,可采取 Cohen 提出的 Kappa 分析技术来计算信度,当编码是 1 时为完全可靠,是 0 时为没有一致性,不同于偶然得到的结果。Kappa 是用于评判间信度最常用的方法,关于内容分析中信度指标体系的论述,可以参考 Krippendorff(2004)的文献。

（二）如何增强内容分析的效度

对效度来说,信度是必要的(尽管不充分)的标准。在内容分析中,根据上文内容,关心的是解释的效度——研究人员的结论是否有效，即"x"是从定性数据中出现的最重要主题。有一些程序可以让研究人员能够对定性数据的效度进行改善。例如，他们利用专家小组对所作的解释进行比较。当研究人员的解释被提供给调查者来检验和发展理论时，还会采用反馈回路。此外，研究人员还能积极地从资料中寻找否定证据，试图"扰乱"他们的解释。最后，通过对相似研究结论进行比较的不同方法的三角验证以及使用多重资料来源（如多重调查对象）、多重来源（如参与式观察、访谈、记录等）和其他研究结论进行比较的三角验证，从而获得聚合效度（Gilchrist，1992）。

七、结论

内容分析是进行系统描述的、分析书面的、口头的或可视化资料的一种技术。这种方法适合于分析定性数据、进行比较和研究时间趋势。内容分析可采用手工或计算机辅助的方式开展，但要取决于需要编码的资料数量以及所提出的研究问题的类型。它涉及资料归纳（主题的派生与更宽泛的类别）和对主题内容的解释。为了实现数据资料的一致性（信度）和测量实际建构的准确性（效度），以及数据达到严谨的标准，研究人员还需付出更大的努力。

参考文献

Armstrong, D., Gosling, A., Weinman, J., & Marteau, T. (1997). The place of inter-raterreliability in qualitative research: An empirical study. Sociology, 31, 597-606.

Chang, S. & Tharenou, P. (2000). Competencies for managing a multicultural workforce. Melbourne: Monash University.

Cohen, J. (1960). A coefficient of agreement for nominal scales. Educational and Psychological Measurement, 20, 37-46.

Crabtree, B. F. & Miller, W. L. (1992). A template approach to text analysis: Developingand using codebooks. In B. F. Crabtree and W. L. Miller (eds.), Doing qualitative research (pp. 93-109). Newbury Park, CA: Sage Publications.

Creswell, J. W. (2003). Research design qualitative, quantitative and mixed methodapproaches (2nd ed.). Thousand Oaks, CA: Sage Publications.

Gibbs, G. R. (2002). Qualitative data analysis: Explorations with NVivo. London: Open University Press.

Gilchrist, V. J. (1992). Key informant interviews. In B. F. Crabtree & W. L. Miller (eds.), Doing qualitative research (pp. 70-89). Newbury Park, CA: Sage Publications.

Glaser, B. G. & Strauss, A. L. (1967). The discovery of grounded theory: Strategies for qualitative research. Chicago: Aldine.

Goodwin, L. D. & Goodwin, W. L. (1985). Statistical techniques in AREJ articles, 1979—1983: The preparation of graduate students to read the educational research literature. Educational Researcher, 2, 5-11.

Holsti, O. R. (1969). Content analysis for the social sciences and humanities. Reading, MA: Addison-Wesley.

Kabanoff, B. & Holt, J. (1996). Changes in the espoused values of Australian organisations, 1986—1990. Journal of Organizational Behavior, 17, 201-219.

Kabanoff, B., Waldesee, R., & Cohen, M. (1995). Espoused values and organizational change themes. Academy of Management Journal, 38, 1075-1104.

King, N. (1994). The qualitative research interview. In C. Cassell & G. Symon (eds.), Qualitative methods in organizational research (pp. 14-36). London: Sage Publications.

Krippendorff, K. (2004). Content analysis: An introduction to its methodology. London: Sage Publications.

Lee, T. W. (1999). Using qualitative methods in organizational research. Thousand Oaks, CA: Sage Publications.

Lee, T. W., Mitchell, T. R., & Sablynski, C. J. (1999). Qualitative research in organizational and vocational psychology, 1979—1999. Journal of Vocational Behavior, 55, 161-187.

McCutcheon, D. M. & Meredith, J. R. (1993). Conducting case study research in operations management. Journal of Operations Management, 11, 239-256.

Miles, M. B. & Huberman, M. A (1994). Qualitative data analysis: An expanded sourcebook (2nd ed.). Newbury Park, CA: Sage Publications.

Miller, W. L. & Crabtree, B. F. (1992). Primary care research: A multimethod typology and qualitative road map. In B. F. Crabtree & W. L. Miller (eds.), Doing qualitative research (pp. 3-30). Newbury Park, CA: Sage Publications.

Mossholder, K. W., Settoon, R. P., Harris, S. G., & Armenakis, A. A. (1995). Measuring emotion in open-ended survey responses: An application of textual data analysis. Journal of Management, 21, 335-355.

Reid, A. O. (1992). Computer management strategies for text data. In B. F. Crabtree & W. L. Miller (eds.), Doing qualitative research (pp. 125-145). Newbury Park, CA: Sage Publications.

Sommer, B. & Sommer, R. (1991). A practical guide to behavioral research: Tools and techniques. New York: Oxford University Press.

Strauss, A. & Corbin, J. (1998). Basics of qualitative research: Grounded theory procedures and techniques (2nd ed.). Newbury Park, CA: Sage Publications.

思考题

1. 什么是内容分析？
2. 内容分析采取的广泛方法是什么？
3. 内容分析中包括哪些研究设计的类型？
4. 如何手工进行内容分析？
5. 内容分析的基本步骤是什么？
6. 什么是内容分析的样版式分析法？
7. 什么是扎根理论资料分析技术？
8. 为什么使用样版式内容分析法？
9. 样版式内容分析的结果是什么？
10. 什么是模式匹配数据分析技术？

11. 为什么使用模式匹配分析法？
12. 什么是内容分析的计算机方法？
13. 计算机辅助资料分析的优势和劣势分别是什么？
14. 在内容分析中如何增强信度？
15. 在内容分析中如何增强效度？

第6部分
报告研究发现与道德思考

第13章 定性或定量研究的写作
第14章 研究实践中的道德伦理问题与行为

第 13 章

定性或定量研究的写作

学习目标

在完成本章的学习后,读者应该能够掌握以下几点:
- 概述撰写期刊文章或专题论文时各部分的前后顺序;
- 比较为定性,定量研究而撰写期刊文章或专题论文时各部分的大致顺序;
- 明确引言/文献回顾的内容;
- 明确研究方法的内容;
- 明确结果部分的内容;
- 明确讨论部分的内容;
- 解读最终形成手稿或论文的总体原则。

一、撰写

本章讲述的是如何撰写一份发表在期刊上的实证研究以及专题论文。大多数期刊论文在使用12号字体并且使用双倍行距的情况下,一般会包含30~40页的篇幅,要比研究报告短些。本章重点针对实证研究的写作分析,在这类研究当中,需要收集定性或定量资料并进行分析。专题论文可能会更长一些,因为在论文中,研究人员需要清楚地展示并证实自己所做的一切。报告书有两种类型:定量报告和定性报告。其中,定量报告表示研究所用的主要方法是定量分析法,定性报告则是用来描述那些主要采用定性分析法的研究。

在动笔之前,要先找到一两份做过相同主题研究的期刊,并在写作过程中参照模板。本章描述的是关于传统的实证研究内容。对于这类研究,Academy of Management Journal、Strategic Management Journal、Journal of Applied Psychology、Journal of International Business Studies、Administrative Science Quarterly 和 Journal of Management 都提供了很实用的模板。某项研究计划也可能需要适合于其他类型的杂志,因此可能还需要找到更多的模板。研究人员判定一篇期刊论文能否成为模板论文,也已成为衡量一个杂志水准高低的标准。(Caligiuri, 1999; Institute for Scientific Information, 1997; Tahai & Meyer 1999)。

写作时作者应该遵从出版手册或写作风格指南的要求。例如,美国心理协会的综合出版手册(APA,2002)或者美国管理学学会的风格指南等。其中,名为"投稿须知"的指南发表在每一期 Academy of Management Journal 的首页,"写作样式指南"也可以在网页 http://aom.pace.edu/amjnew/style_guide.html 上找到。除表格版式和参考资料目录之外,这两种指南与出版物写作风格的标准大致相同。

为了有助于写作阶段的顺利进行,参考多种资源对于研究人员而言可能会很有价值。Bem(1995)向人们展示说明了如何撰写文献回顾。还有一些其他好的参考也列举了不同的写作风格,如"芝加哥大学"(1993)(*University of Chicago*)和"布莱恩"(1991)(*Brown*)等著作。期刊也会给出作者"撰稿须知",并且 Personnel Psychology(Campion,1993)提供的一个有关报告定量和定性资料的清单,很具有实用性。这个杂志还包括一篇对审稿人很有帮助的文章(Gilliland & Cortina,1997)。

二、总体原则

有些写作原则和方向是定量和定性研究论文(或者兼容两者的研究报告)所共有的,因此应该放在前面来进行探讨。

(一)沟通基本原理的贯穿

撰写研究报告的要点,在于告诉读者(审稿人或检查者)现在正在做什么以及曾经做过什么研究、原因是什么。一份好的研究报告到处都设有"路标"。否则,读者就无法明了。那么,怎样才能做到这一点呢?这就要求在报告的每一部分都要阐明正在做的研究及其原理。这些对于作者本人来说可能是显而易见,因此作者可能会认为其他人对这些也很了解,但事实并非如此。

在文献回顾(也就是引言)中,需要说明为什么在这一部分或这一段中要谈论某个话题、某个变量或者某个理论。也就是说,需要说明这些内容与当前的研究报告、研究课题或假设有着什么样的关系。因此,作者需要让自己所说的内容与自己的研究课题相匹配。在研究方法部分,需要说明选取某个样本的原因。例如,为什么要包括公共部门和私营部门的员工?为什么要选择职位在中等管理层面以下并且资历在新手与中等资历之间的员工?解释说明为什么选择这些测量指标、为什么要使用这种分析方法,或者说为什么要这样收集资料。清晰、具体的解释,是十分重要的。"为什么"是一个大问题,作者需要一直为审稿人或者评审人提供有关这一问题的答案。需要记住的是:读者就是作者的消费者。自始至终都要使读者感到轻松、简单。

一般而言,在第一章节的开端,就应该写下该章节的原因说明,并在每一段的开头指明该段的内容及阐述的理由。在第一、二次草稿中,作者可能都不知道自己说的是什么。因此,草稿中缺乏那些具有指引作用的句子。当思路渐渐清晰的时候,作者就能够在段首"安装"文章的"指路明灯"了,即指引读者了解该段落大概内容和如何应对所研究的问题的"指路明灯"。

确保术语清晰完整、表格与数据采用了标准的格式,以便使评审人满意。确保准备工作是完美的。如果要理解论文,请不要遗漏任何读者可能需要的信息。

(二) 标题的分节法

在研究过程中,作者最好要确定下论文的标题,因为任何研究都需要有一个明确的方向。另外,标题往往会帮助作者进一步明确想要研究的变量,如因变量,作者试图解释的因素,和主要的自变量,即影响因素或假定的起因。第一页往往是标题页。基于所研究的问题确定标题,并率先在论文中写下来(而不是最后写),往往可以为作者提供指引,帮助作者进一步明确论文是关于什么的研究。然后,随着论文写作的推进,再不断多提炼标题,以便使读者看标题即可知道这项研究的目的。

(三) 演示文稿

本章末附录 A 提出了一些演示和打印研究论文、报告或学位论文的基本原则。

1. 完美的演示文稿

任何研究报告或论文都需要优质的演示文稿,即不存在拼写错误、标点错误、语法错误、时态错误等问题。如果演示文稿存在问题,那么期刊的审稿人或论文的评审人凭什么会认为作者能够正确地应用多重回归技术呢?如果拼写、标点及引用的格式出现错误,那么他们为何要相信作者在结果表格中能够输入正确的数字呢?一些常见的文稿错误往往以如下的形式出现:

- 主语和谓语与单复数保持一致。
- 状语从句用动词表达,而非句子。
- 在不是所有格的时候,用"its"表示缩写,只有作者想要说"it is"时,才能使用"its"作为缩写。
- 主动、被动语态的误用,比如那被动句"管理水平是由抱负决定的"(Gere,2006),改为主动句:"盖尔发现抱负决定了管理的水平。"如果引用一位作者的研究成果或评论,就像给出的例子那样,要将作者的名字放在句首,并将被动句改为主动句。例如,"如果在过去的时间里确实做了什么",则可以说:"我重申一年以后的数据收集。"
- 在论文中,代词"我们"指代的不是作者,而是按平时的用法指代我们自身。代词"我们"在使用时,应该指代论文或报告的作者。

2. 展示

提交学术期刊的论文字体大小一般要求是 12 号字,论文(包括段落间)通常为两倍行距(学位论文中是 1.5 倍行距,从没有过单倍间距)。通常,键入的内容都是连续的,没有过度留有空白。空白范围要求限制在所有四个边缘都不超过 1 英寸(2.54cm)。在论文中,可以使用一级标题、二级标题、三级标题(如有需要还可以使用四级标题)。读者可以找一篇研究论文或查看在 APA(2002)中的论文标题格式是如何安排的。查找有关讲解标点、统计符号等方面的写作指南(如 APA 手册)。APA 中还储存有大量其他有价值信息,如时态的选用。在没有用标签标记摘要的情况下,要缩排每个段落。

3．段落

写研究论文或学位论文时应当应用段落，而不是以要点的形式或点式列表。要点的形式或点式列表无法确立论点、整合文献、通过理论提出解释或分析评论之前的作品，而只能提供不完整的信息。段落不是单一句子的集合，因为单一句子不能清晰地表达主要思想。每一个段落都有开头句和总结句。在通常情况下，只有当作者写出来并重复阅读的时候，才会更清楚某一段落的主要内容，所以作者可以选择在完成初稿之后再写开头句，或者在第二稿、第三稿中再撰写或修改，而且段落之间要求衔接紧密、文笔流畅。

4．文笔流畅

学位论文的每一章节都需呈现出整体结构，摆出论据，并在章节之间有恰当的关联。正如刚才所提及的，段落内容的安排也应当合适，而不是简单的描述。章节中论点顺序应当有助于作者的逻辑推理和论证。而且，论文中不应该使用带编号要点体系来阐述自己观点，这一点不同于一般的商务报告和科技报告(比如，章节中不应出现 1.1、1.2 且不在章节段落中出现 1.1.1，1.1.2 或分为 1.1.1.1，1.1.1.2 等)。如上所述的、带编号要点体系是用于报告，而非研究论文或学位论文的，它无法体现论文通过段落和段落间的相连性来提出批判性观点这一特点。研究论文或学位论文的基础就是批判性观点，而这一点无法通过带编号要点体系来实现，而是需要连续性，可以自由表达。在读者需要了解章节与章节间不同内容的分界时，使用陈述或使用标题作为要点(如 1.1)也可达到同样的效果。同时，还可以使文笔更加流畅，更清晰地表达论文的主旨。BEM(1995)和 APA(2002)在如何实现文笔流畅方面提供了很好的建议与方法。

5．简洁性

作者需要呈现出简洁的写作风格，文章中不应出现赘余、重复的内容，使其冗长无味。

6．学术抄袭

作者应该独立完成研究报告，而不应该拷贝他人的句子或段落，也不应该对他人的研究成果进行改编利用，在使用他人的短语、句子时要直接引用，并明确标注。

7．引用

为确保正确的引用，作者应该做到：

- 在作者名称后的括号中标明其每次出现的日期；
- 如果出现 3 位及 3 位以上的作者，在第一次引用时，讲明所有作者的名字；
- 只有在第二次提及 3 位及 3 位以上作者时，才可使用"××等(et al.)"；
- 在段落的开头或中间引用，不应在句末；
- 引用每个人时都应该提及其年份；
- 包括每个已经确定是真实评论的引用；
- 支持自己的观点并证明其合理性；
- 不同类型的引用，不要把个人经验主义的研究成果引用、评论引用和观点或理论的引用混淆在一起；
- 在参考目录中包括所有引用，即使是提及某个人的名字。

（四）一些具体部分

1. 摘要

当完成研究论文的撰写之后，作者必须写出论文的摘要，具体来说，摘要应该包括以下内容：

- 论文研究的问题是什么；
- 数据（包括样本）是如何收集的；
- 结论是什么、对研究假设提供支持或不支持的依据、有关研究问题的答案是什么；
- 用研究结果中得到的结论来解释所研究的现象。

在学位论文中，摘要与一本书中每一章的简短导读发挥着同样的作用（它讲明为什么要做这个研究、论文研究话题的必要性、重要性、论文主题的定义、研究目标——目的、重要性和意义等）。在引入本研究重要的文献回顾之前需要提供上述内容，作为研究的开端，而不是作为独立的章节。

2. 参考文献列表

参考文献列表包括正文中引用的所有文献，但不包括仅仅阅读参考但没有实际引用的文献（那些是书目提要）。参考文献的格式应采用学术论文完全公认的格式。在这方面，由美国心理学协会编写的出版手册（Publication Manual）十分有用而且也很独特，它向作者描述并列举了各种可能的参考资料类型及其格式。引用时不使用脚注，正文中的引用一般是列出作者姓名，然后是文献的出版时间。初次出现三个或四个作者时，需要列出所有作者的姓名。在第二次或接下来的引用中，在第一位作者姓名后面加上"等"字即可。

运用正确的格式列举参考文献，在参考文献中：

- 仅包含在正文中实际引用的文献；
- 使用标准方法，而不是自己凭空杜撰；
- 标注引用期刊文献的起止页码；
- 标注引用书籍中章节的起止页码；
- 标注全部文献的全部作者（并非只标注第一位作者）；
- 使用作者名字的首字母代替作者的名字；
- 对于选择的特定方法使用正确的大写格式。

美国心理学协会（APA，2002）为每个问题都做出了明确而清晰的指导，Academy of Management Journal 的每一期中也都有这方面的指引材料。

3. 表格

表格只使用水平线。水平线不出现在表格中，而是在顶部的表头部分及底部。而且，在表格中，不适用垂直线及阴影效果。

4. 附录

在参考文献后面依次为表格、图和附录。与论文无关的材料（如描述性材料、量表的因子分析和某些结论等）应该在附录中写明。附录需要有标题页，如附录A、附录B然后加上后面的题目或其他形式。

三、如何撰写定量研究报告

定量研究报告通常包括特定的假设及研究问题、标准的数据收集过程和量表、是否支持特定假设的结论部分及其他内容。定性研究可能会包含相同的结构。下面所描述的大多数关于批判性文献回顾的解释说明和讨论部分同时适用于定性研究与定量研究及其写作。

（一）批判性文献回顾/引言的写作

文献回顾是研究人员做出的假设及其研究问题的论据。批判性文献回顾引入假设，也称为介绍。在类似的领域查阅期刊文章，可以帮助作者更好地领会撰写有关论据、研究问题与假设的各种方法。

高质量的文献回顾包括：

- 条理分明、有说服力的论点贯穿于引言的始终，以便提出研究问题及假设；
- 对相关结论进行描述、对具体的相关实证研究进行评判，并在归类的基础上纳入论文的论证部分，对相关研究中共同的结论进行总结与归纳；
- 引用高度相关论文——假设及研究问题都与作者自己的假设与研究问题直接相关；
- 选择高质量的同行评审期刊为论文来源（Caligiuri, 1999; journal citation reports in the Institute for Scientific Information, 1997; Tahai & Meyer, 1999）；
- 选用当代参考文献，如大部分参考文献都是过去十年间的研究成果，特别是当年或上一年的参考文献；
- 简明、有重点；
- 展现对于研究领域的深度理解以及综合知识储备；
- 包括之前与该研究主题相同或与其中部分主题相同的文献结论，并进行总结。

在文献回顾中，常常通过以下方式进行批判性回顾：

- 提供对概念或概念性论点/理论的深入分析；
- 表明批判性见解；
- 包括之前审稿人对这一主题的实证研究的评论以及著名学者对这一问题的批判性观点；
- 提供关于这一问题的实证性研究进行全面分析，包括其中的内容（理论/框架、发现），必要的话还应该包括方法论（研究设计、样本、位置、测量、分析方法）。在实证研究中，研究人员通过数据分析来测试各种假设及研究问题，通常都包括自变量和因应变量这两种变量。而且，可能会采用多元统计技术来分析数据。实证研究不是描述性研究，而是关于因变量的前置因素的分析性研究。同时，不要只关注批判方法论。需要重点批判的，应该是有实质性意义的，如为什么人们仍不理解特定的现象？或者人们为什么不能从研究特定问题的文献中找到问题的答案？

在文献回顾中的所有材料都应该针对相关主题,而且应该只引用与研究问题及假设直接相关的材料。实证文献及理论应当专门应用于具体的研究问题,有助于引入相应的研究问题或假设。当然,文献回顾还应该通过以下方法来提出并论证假设:

- 按要求的顺序为自己的论点(如研究主题的重要性)提供由各个部分构成的总体结构,从而为假设提供条理分明、合乎逻辑的论据;
- 为从一个段落到下一个段落建立起联系;
- 由数个句子构成恰当的段落(不是一个句子就一个段落,也不是整篇文章就一个段落),其中包括引入语及引入句(段落中最重要的部分)和最后的结论。

批判性文献回顾主要由以下一部分所构成,按照顺序依次为开头段落、定义、理论背景等。因此,在文献回顾及引言中,最好运用一些标题。

1. 开头段(首段)

在文章首段应该探讨研究的重要性及意义,并阐明特定的研究目标及研究问题。即为什么要进行这项研究?这项研究为何很重要?其中,研究主题的重要性需要通过其实际上的重要意义来体现,如这项研究对实践的意义和启示。研究主题的意义在于其理论重要性及理论贡献,即如何有助于人们增加对特定现象的理解以及之前的理论解释为什么是薄弱的?研究目标就是作者所提出的研究问题。只有在进行写作之前弄清楚自己的目标,才有可能在研究中阐明作者要表达的内容。

2. 定义

接下来要说的是作者要阐释的建构/概念的定义(因变量)以及解释变量(自变量)的定义。以变量为例,不论自变量还是因变量,都需要在进行研究之前清楚地阐明其定义。写作时应该选择本领域权威学者所提出的定义,并加以正确引用。这些定义应该能够转变为可以测量的变量。而且,在首次提出某个变量时,应该对这一变量进行界定。因此,作者应该尽早引入变量的定义(如第二段)。

3. 概念框架

然后,就应该是基本理论/概念框架了,它与研究问题有着特定的关联。其他人会试图解释这一现象或提出解释或理论。或者,也可以应用其他现象的理论来解释作者所研究的主题。这时,作者需要在论文中把理论阐述清楚,包括该理论为什么与研究主题相关,如何应用该理论来解释当前研究的问题。因此,作者需要把特定的理论应用到当前的研究问题中来。作者可能想要检验理论(演绎法)或者为将来围绕特定主题所收集的资料构建背景(更接近归纳法)。理论有助于作者证明自己的研究问题及假设的合理性与科学性。作者也可以增加自己的逻辑、解释或理论。这些相关的逻辑和论点有助于作者提出相应的研究问题或假设。

4. 研究总结与评论

为了论证假设的科学性,研究人员需要对相关的实证研究证据进行分类总结,这一点是十分重要的。这一部分旨在对过去的研究进行梳理和总结,指出现有研究在回答具体的研究问题时所存在的不足或缺陷。作者需要对实证研究,也就是收集了一手数据、加以分析并为现有研究提供证据的那些研究进行梳理和评论。因此,作者需要对这些文献进行整合分类与梳理,以便富有逻辑性地、有序地把它们呈现在论文当中,进而得出相关的结论。这样,作者就完成了对以前的研究发现的概括和评价(结合当前的研究问题)。当作者呈现出现有研究的证据并探讨现有研究的不足和缺陷时,他可以围绕自己正在探索的关系得出什么样的结论呢?在总结现有研究文献的基础上,作者提出了哪些假设呢?然后,作者就可以利用这些结论来提炼自己的研究问题或具体假设了。

5. 假设

假设(可检验的、方向性命题)总是穿插在介绍或引言之中的,而且是在相应的部分基于作者的论证很自然地引出相应的假设。意思就是说,在每个假设提出之前,都应该对该假设展开论证,而不是将假设以长单形式加以列出。对实证研究的批判性评价可以分类进行,所以研究问题或假设也经常在每部分的末尾呈现。不过,也有些研究问题或假设会放在整个文献回顾的最后,因为它们是关于整体的,是在对相关文献进行整体分析的基础上得出的,而不是基于现有的一部分文献。作者需要提出高度具体的研究假设,阐明所涉及的具体变量以及关系的方向。作者可以对过去的证据与理论是如何回答研究问题做一个全面的评论(并就此提出假设)。作者可能想要总结或进行概念性批判(我们还不知道的、我们还没有做的、理论预测的是什么),强调过去研究中共同存在的方法论问题(过去研究存在的问题,如抽样、测量、研究设计、分析方法、效度及信度等)。

6. 方法论

方法论是作者研究的一部分,是关于如何实施研究的部分。在特别需要去检验研究问题或解决专门问题的时候,有关方法论的内容就显得至关重要了。也就是说,文献回顾自然产生方法论部分。作者可能想在这部分陈述任何相关的方法问题,特别是关于研究设计或如何验证研究问题或假设的方法。该部分内容可能也有助于作者进一步明确从事该项研究的重要性,如作者所选的地点和所抽取的样本等。

7. 总结

作者可能想就自己的研究目的进行总结。换句话说,作者可能会从总体论证特定的研究问题或假设的合理性与科学性。作者可能需要概要性地归纳自己围绕特定研究问题/假设的论证。如果作者已经把相关假设穿插到引言中了,那么在该部分并不需要把假设一一地列举出来。

8. 合理性论证

在文献回顾或是介绍中,作者需要弄清楚为什么要进行该研究。作者可以围绕着进行这项研究的合理性询问自己以下问题,并写下答案。作者需要确保这一部分内容已经包括在文献回顾或是介绍中了,或者是贯穿于文献回顾/引言部分,或者是单独的一部分,即提供了有关这类问题的答案。

- 最重要的问题是:本项研究与作者所提出的、新的研究问题有什么关系呢(这不仅仅包括方法论,如研究设计、抽样和测量)?
- 为什么要开展这项研究?
- 在这项研究实施之后,关于我们现在还不知道的,我们可以知道什么?
- 这项研究有何不同?

- 这项研究有什么贡献？它如何推进理论发展？
- 对于回答该研究中的问题,过去的研究存在哪些不足(错误)？
- 当前研究发现是通过什么方式对过去的研究发现提供补充的？
- 这项研究中的哪些假设是之前没有被实证检验过的？
- 这项研究是如何补充关于因变量解释的理论的？
- 特定的理论中,还有哪些是未被检验的？本项研究会去进行检验吗？

（二）方法部分的写作

这部分应该根据重要期刊的格式进行撰写。如果作者在写学位论文,那么作者应该在论文中包括更多的证据,即有关测量的信度和效度、更多的合理性论证。这是因为评审专家会根据该项研究对作者的学识进行评价。这一部分应该由一系列子部分所构成,包括调查对象和抽样、测量和程序等,并以方法分析结束。不过,上述结构可能不同于美国心理学协会的要求(2002)。在一些学位论文中,还会专门设置有介绍部分,以便阐明研究设计的合理性。

总体研究设计是选择性部分,往往只是在学位论文中出现。有时,作者可能会发现自己需要解释所采用的研究设计类型,并论证这种设计的科学性与合理性。由于管理学是一门跨学科的科学,所以它包含跨越多种学科的许多种不同的研究设计。就总体研究设计本身而言,研究人员需要确保研究设计的充分性,这就意味着作者需要论证：对于回答所提出的与就问题或假设而言,所选择的研究设计类型是合理性的、科学性的。为此,作者往往需要把这个论证过程与前面的研究问题与文献评价等结合起来,以便阐明是如何回答研究问题和论证假设的。而且,作者需要阐明数据收集的方法,并结合特定的研究问题论证所采用的研究设计的优势与劣势。在研究过程中,可能存在着多种与特定的研究问题相匹配的研究设计,作者也可以遵循前人研究中所采用的研究设计(有些研究采用的可能是横截面的研究设计,但很可能作者需要进行纵贯研究设计)。从实践的角度看,一开始,作者可以去解释研究设计与大量的定性和定量技术的匹配性,然后作者可以进一步阐述自己所选择的特定研究设计,以便澄清如何予以具体实施。

可供选择的研究设计包括实验设计和准实验设计、案例研究以及相关实地调查。通常,为了回答研究问题,研究人员可能会把多种研究设计组合在一起使用。作者需要论证所采用的一般研究设计的合理性(定量的或定性的),然后进一步论证与特定的研究问题/假设密切相关的具体设计的合理性。在论证过程中,应该包括与特定的研究问题/假设相关的具体测量和样本等问题。而且,为了能够回答所研究的问题,作者可能需要把不同的研究方法组合起来加以应用。因此,作者需要深入阐明为什么这种组合方案有助于研究问题的回答,为什么会比使用单一方法更好？

1. 抽样

在一开始,作者就需要论证所选用的抽样方法的合理性。是概率抽样(如简单随机抽样或者分层随机抽样)、分层抽样还是便利抽样？如果研究人员已经通过计算确定了样本的大小,那么就应该汇报这些信息。作者需要清晰地阐明样本的大小。

2. 调查对象的描述

在描述样本时，如果可能的话，尽量附上表格，这样就可以清晰明确地知道样本的特征了（调查对象是谁？他们是做什么的）。如果样本是人，那么就需要弄清楚关于个人的基本特征，如性别、年龄、教育、工作经历、婚姻状况、职业、管理层级、其他的人口统计信息以及他们所在组织的组织特征，如单位特征，像单位规模、公司类型、雇主部门等。作者可能还选择了不同类型的样本，如组织。这时，作者需要提供组织的基本特征，以百分比（分类变量）或平均数（持续变量）的方式来呈现，如组织规模、产业类型、雇主部门、收益性、所在地、地理分布等。

3. 测量

参考学习相关主题的研究论文，看看人家是如何汇报测量工作的，这是非常重要的。通常，每个变量（如工作满意度）及其对应测量方法均各由一个段落来阐述。所有有关某特定变量的测量信息，都应该呈现在一个段落中，并在前面标上三级标题。在这一部分中，作者需要做到以下几点：

- 定义变量。作者可能已经在文献回顾中对变量进行过定义，但读者需要完全清楚它的具体含义。

- 确切解释测量的来源。例如，它是 10 个五分值条目的平均值吗？它是范围为 1（少于 100 人）到 5（500 人及以上）的五分值量表吗？可以说管理期望的测量是 13 个范围为 1（完全不正确）到 5（完全正确）的五分值条目的平均值，而其中有 5 个是反向编码的条目。是摘自年度报告的投资回报额吗？如果是，是如何计算出来的呢？

- 若测量条目并不为人所熟知，需要提供条目样本，或以附录形式提供完整的多条目量表（如测量管理期望的 13 个项目）。若某测量是多条目量表，可以给出其中的一两个条目样本，以便使读者理解测量是什么。

- 提供实质性变量的信度证据。作者需要提供有关测量信度水平（阿尔法系数、稳定性）的证据，基于之前样本中的评分计算的。同时，作者也必须计算本项研究样本的测量信度水平。相关数据可以包含在测量部分中，或者以表格形式提供在结论部分当中。通常，作者可以使用科隆巴赫阿尔法系数或重测信度（即相关性系数）来反映。

- 提供实质性变量的效度证据。例如，建构效度的证据来自于因子分析，聚合效度的证据体现在相似建构之间的相关系数，区分效度的证据体现在不同建构之间的相关系数等。研究人员设法证明量表实际上测量了它所测量的东西，是非常重要的。即使是客观测量指标，如有关组织盈利性的各种测量指标，在关于它们实际上到底在测量什么和它们作为盈利测量的标准上也存在着各种争议。如果作者认为有必要进行因子分析，或者作者拓展了现有的成熟测量指标，或者作者专门为该项研究开发了新的测量，那就可以进行因子分析，然后把相关分析结果（包括相关表格）排放在这一部分或放于结论那一部分当中。在学位论文中，作者需要给出因子分析结论的表格。这些表格可作为附录放在测量部分中供读者参考。

在普通学术论文中,作者可以不必提供这些表格。此外,作者可能也需要进行验证性因子分析,而不仅仅是探索性因子分析。

有些变量(如因变量或某个重要的自变量)十分重要,作者需要检验其效度水平。例如,如果作者根据管理等级把样本分成不同的组,而且调查又自我陈述式的,那么就需要论证该变量的测量是准确的,即

- 通过每个等级的准确定义来获取外部检验(公司记录);
- 进行能表明这些等级与它们应该关联的变量(如工资、下属人员数量、晋升人员数量——聚合效度)相关联出分析,进行能够表明等级与它们虚假相关的变量(如组织的规模、组织中等级的数量、回答者的年龄——区别效度)不相关联的分析。

4. 程序

作者可以设置简短的程序部分,专门确切地解释收集数据的程序。如告诉读者做了些什么?告诉调查对象这项研究的内容。

5. 分析方法部分

作者可能需要合理地解释自己所采用的分析方法,具体包括目的、适用性和假设等。通常,该部分内容位于方法部分的末尾部分。作者需要引用重要的统计学书籍或文章。这种做法对于那些非典型的方法而言,尤为重要。不过,作者也需要解释诸如多元方差分析这样的传统方法的运用,并论证其合理性和科学性,这也是很必要的。在该部分内容中,作者要描述分析的方法(如调节回归、中介回归)及其假设前提,并用著名的统计学书籍和作者来进行论证(合理性)。另外,在这一部分中,作者还需要解释自己正在使用的分析方法,如何应用的(如层次回归分析的步骤)、为什么要运用这些方法(从当前的研究问题出发)。在学位论文中,作者还要阐述相关方法的基本假设和问题描述。当读者读到结论部分之前,他们就可以大致了解这些技术的目的、方法、假设以及技术局限性了,并理解所使用的数据(如多重共线性、缺失数据等)。在学位论文中,作者可能需要在这方面做大量的工作,但在普通学术论文中作者只需要提供关键信息就可以了。

(三)撰写结论部分

结论部分往往包括几个带有小标题的子部分。通常,结论包括两大部分:初步分析、研究问题与假设的验证。在这些大类标题下,可能还包括一些小标题。用过去式来撰写结论也很重要。研究人员可能会对定量数据(如调研)或定性数据(如深度访谈)进行分析,或者需要同时对这两种数据进行分析。作者可能会在不同的段落中分别报告这两类数据的分析结果。

如果作者在进行一项传统的量化研究,不管使用的是定量数据还是定性数据,除了结论的第一部分外,作者所写的结论都只能与相应的假设相关。在结论的第一部分,作者要有专门的部分来概括所做的初步分析。在开始报告假设之前,作者需要做以下3件事:

(1)讨论任何有关诊断的所有问题,如异常值;

(2)描述相关性矩阵,包括人口统计/背景数据,并指出任何关于当前研究关系(即多重共线性)的相关问题;

(3) 指出任何有助于读者阅读理解假设部分所需要知道的有关数据的其他事宜。例如,如果有相关的因变量,想要做多元方差分析,并告诉读者它们是否是相关的。

1. 假设的支持

作者需要为每个假设的结论设置相应的段落,并陈述假设是否得到了支持。作者只需要汇报结论是否支持了相关假设,或者它们是否回答了具体的研究问题。在学位论文中,作者可以为每一个假设或研究问题都设置标题,因而需要依据相关假设的结论来设置相应的段落。作者需要提醒读者论文的假设是什么,然后汇报表明假设是否得到支持的结论。作者可能需要多次修改草稿。例如,在第一稿中,作者可能只是大致写出了研究,然后再回过头去检查、修改初稿,并继续完成论文的写作。

2. 表格

作者最好在完成结论部分之前准备好相关的表格,因为这样会节省撰写结论的时间。从表格中探寻结论(如在回归结论中,贝塔系数及其统计显著性、解释的方差水平),通常是判定在研究中是否找到支持某些假设的证据的唯一方式。作者需要正确地创建相应的表格。如果作者参照以 Academy of Management Journal 为代表的、提供统计学技术范本的高品质期刊的表格模板,往往可以节省大量的时间。在创建表格之前,作者可以先去寻找跟自己是做研究主题相似、使用相同研究方法,如相关矩阵、平均数和标准差的表格、阿尔法系数表格,多元方差分析结论、单变量方差分析结论、多元回归分析、调节回归分析、因子分析(有时作者会把这些信息放在论文的附录或方法部分)、逻辑斯蒂回归、结构方程模型、典型相关分析、对数线性分析等的论文范本。然后,参照这些研究中所用表格的格式来创建自己的表格。

从理论上来讲,表格当中不能出现缩写词。当然,如果必要的话也可以使用,但必须在表格的注释中标明缩写词的具体含义。而且,表格所包括的含义应该清晰明了,并且不重复文本中已经存在的信息。此外,去检查那些包含特殊统计符号和信息的模型也是很重要的,这些模型常常与研究中所使用的统计分析技术密切相关。在创建表格时,把相关模型都列在自己的眼前,然后密切关注这些模型。最后,还需要特别留意大写字母、下划线、缩进格式、标点符号、准确的注释、标注的重要性以及标题等细节。

3. 定性数据

作者可以使用定性数据,如访谈实录、公司报表或开放式调查问卷中的信息。同时,可能还包括具体化并能帮助解释数字的定量数据。当然,作者也可能是单独使用定性资料来回答研究问题。在定性数据中,常常会涉及诸如什么人说了什么这样的例子,作者常常会把这些例子作为引言以斜体的方式放置在缩进的文本中。作者也可能会使用表格来描述定性资料的分析。此时,作者可以把定性资料是如何验证假设的这一部分独立来写。通常情况下,当定性资料仅作为引言来举例时,是可以直接把它们放到讨论那一部分的内容中。

(四) 撰写讨论部分

任何讨论都应在页数上跟前面的文献回顾/引言保持一致。在讨论中,需要包含的几部分分别为：假设是否得到支持、调查结果如何、为什么和如何相关理论（如用来解释调查结果）建立联系的。在学位论文中，特别要注意用标题加以标记，如理论部分、论证部分、局限性部分、未来研究方向部分、实际应用部分、结论部分。而且，作者要用现在时来讨论研究结果。

在撰写批判性文献回顾时，作者的讨论应该已经完成了。讨论是对文献回顾的呼应。在文献回顾中作者阐明了自己想要做什么、进行该项研究的原因以及预期的结果。而在讨论部分，作者将会阐明已经发生了什么情况，这对于作者提出的研究问题有何启示或意义。因此，从这个意义上说，作者一直在围绕这一中心加以展开，并提醒读者作者正在做什么和为什么要做。而且，需要强调的是，作者正在立足于整体的视角来回答自己的研究问题，而不是单就假设或某一特定变量进行写作，而且也不会再出现"假设"这个词。也就是说，这部分写作是单独的一块，作者是立足于全局的角度来撰写的，而不是单从某一部分出发去完成写作。

撰写讨论部分时，作者可以考虑按照这样的顺序来写作：

(1) 研究发现究竟是什么？首先要有个介绍性段落来提醒读者论文在研究什么内容（提醒读者论文的引言/文献回顾和概括调查结果）。这一部分会重复研究的目标，并概括主要的研究结果。在本部分中，最好要使用正式、友好型的语言（如不使用类似"假设1、假设2"等术语），要使用简单英语。

(2) 研究对已有知识的贡献是什么？用一段话来阐释论文对已有知识的贡献，如果作者认为有必要的话，也可以通篇讨论这个问题。谈一谈作者对选定主题已有知识的补充，是个不错的主意。开始研究这一论题，正是由于在这个论题上还存在着不被人们所了解的知识。围绕这一主题，现在已知而过去未知的是什么？本研究与前人的研究有什么不同？作者对该研究领域的贡献是什么？本研究对解决原始问题有什么帮助？

(3) 结论意味着什么？在本部分中，作者需要描述论文研究结果对于相关的理论和研究样本到底有什么意义、研究结论是否有助于解释作者想要阐释的现象。同时，由于作者是在解释相关研究结论对于所设计的研究对象和研究情况意味着什么，所以作者需要持续地关注和强调本研究的样本和研究情境。而且，相应的研究结论在不同的样本中、在不同的情境下可能会有所不同。联系每一个假设，阐明是如何得到特定的结果的？

(4) 论文研究结论是如何跟相关的基础理论建立联系的？研究结论是符合这些理论吗？修正了这些理论吗？还是跟这些理论不一致？如果是这样的，怎么不一样？为什么会不一样？作者可以通过自己的研究得到什么样的理论启示？在这一部分中，作者也是站在整体的角度来撰写的，而不是基于单个假设或个别变量。此外，作者还要特别解释一下，自己所得出的研究结论和有关理论的相同点和不同点在哪里？其中包括样本以及理论意义。

(5) 研究结论与以往的证据是否吻合并解释原因。作者需要阐明相关的研究结论与以往的证据是否类似，然后去解释相似或不相似的原因是什么，尤其解释清楚为什么不相似，是由于本研究的样本导致的吗？论文的研究结论与以前的证据是否吻合？如果不吻合，原因是什么。论文得出了独特的研究结论，这跟样本和研究情境有什么关系吗？需要指出的是，作者一定要确保已经阐明的当前研究结论与以往结果的一致性。

(6) 研究的局限性是什么？作者需要概述本项研究在本质、概念层面、理论层面的局限性以及方法逻辑的局限性（如样本、测量方式、研究设计方案与分析方法等）。其中，本质的或概念层面上的局限性，是指人们还不了解也无法解释的现象，所得出的结论也无法解释的理论或现象。这些局限就是我们未来的研究方向。

(7) 未来可以研究什么。这部分将阐述未来的研究方向。解决目前本质上或理论层面上、研究方式层面上的局限性，也是未来研究的发展方向。当然，作者也可以在本研究问题的基础上再去拓展未来的其他研究问题。

(8) 特定结论的实践意义是什么？本部分会概述实践与特定理论的不同之处，这里要注意不能涉及结论以外的东西。这一讨论会给相关组织、管理者、人力资源经理或雇员提供有效的建议。类似的，可能也会给政府和公共部门提供相关的建议。

(9) 结论是什么？特别是在学位论文中，作者往往在文后专门设置一个段落进行总结：本项研究要努力完成的是什么？研究发现了什么？有什么意义？如何更好地解释相关的现象？现在应完成的任务是什么？

四、如何撰写定性研究报告

定性研究报告往往是基于对定性资料的解释分析来撰写的。这些资料通常包含专门为实现特定的研究目的而收集的、某种形式的一手资料（如访谈、参与式观察、案例研究）。同时，也可能包含一些二手资料，并不是专门为特定的研究而收集的资料（如公司文献、档案）。在定性论文（如调查）中，也可以使用定量数据。历史分析法也属于定性研究。Lee(1999)为如何撰写定性研究提供了一份详尽目录清单，详见附录B。

（一）定性研究的例子

有一些好的范文进行参考，是撰写学位论文的便捷途径。附录C提供了一定数量的、近期发表的定性期刊论文（摘自高水平期刊）作为范例。实际上，还有许多期刊也都提供了相当数量的可靠范例。Lee(1999)和Lee, Mitchell和Sablynski也提供了一些定性研究的好例子。

（二）撰写定性研究一般原则

(1) 通常包含与定量论文一样的结构（文献回顾、方法、结论和讨论）；

(2) 通常是批判性论证，而不是简单陈述；

(3) 从始至终按照逻辑一致性来进行组织，并作为整体来回答研究问题；

(4) 有一个或多个研究问题作为研究框架；

(5) 通常不含假设，但其中有些定性论文会基于对文献的批判性分析而提出具体的命题/概念框架，然后通过数据的分析来论证上述命题或框架；

(6) 常常以方法讲起，论证选择某个定性研究设计的原因，既包括从特定研究方法的总体出发进行了论证，也包括针对特定研究问题的论证；

(7) 仔细描述分析的情境／场所及背景；

（8）对研究的信度和效度可以不予描述，但会强调研究的精确性；

（9）展示整个过程，如资料收集、分析等，整个研究过程是如何系统性地完成的，并给出相关细节；

（10）描述几个数据来源并对研究发现中的相似点和不同点进行对比，以帮助回答研究问题；

（11）经常在结果或结论部分去分析同命题或研究问题相关的数据，通过一些方法（如采访、观察、公司文献等）进行相应的分析，以便确保研究结果是完整统一的，而不是局限于某一种方法；

（12）使用内容编码作为分析方法（通过不同数据来源和方式从文章中提取主题），有时接下来会使用模式匹配法；

（13）在讨论部分，将结果从不同数据来源（经理、员工、案例1、案例2）整合到一起；

（14）在讨论部分，将此次研究的发现与先前的研究进行比较；

（15）在讨论部分，经常会推论出一个概念模型和待检测的未来研究问题或假设；

（16）在讨论部分，经常提供对实践的启示。

（三）撰写定性研究论文的不同模式

此部分将展示一些模式，这些模式可能会对撰写基于定性数据的论文报告或学位论文特别有用。与定量报告不同，撰写定性论文并没有最好的方法。因此，本章为读者准备了几种不同的模式。

1. 定量撰写方法

除了下面的模式以外，也有一些定性研究论文是完全按照定量论文的格式来撰写的，唯一的区别是：这些定性研究论文中的数据是定性的（如采访、焦点小组访谈）。

2. 模式A 传统定性论文

这种模式的论文主要包括四个部分：文献回顾、方法、结果及讨论。在这种模式中，文献回顾要对研究问题及研究命题有关的文献和结果进行评论，而不是对假设进行评判。文献回顾是批判的基础。

方法部分要遵循细分的原则，各个段落都有小标题，如"样本""研究设计和程序"以及"测量"。Yin(1994)的论著是值得学习参考的重要文献，他对样本的重要特征做了深入地描述。例如，如果调查一家公司，那么就应该提供一张表格来描述被采访者的基本特征。出于保密性的考虑，应该通过职位或头衔来辨别他们，或者采取其他方式（如×先生）。研究设计和程序部分需要描述是如何与组织进行接触和联系的、数据是如何收集的。例如，是怎么样的组织访谈？具体怎样进行的（如时间安排、磁带记录）。如何与组织进行接触和联系的，包括信件（这些应该包括在学位论文的附录里），也要进行描述。出于对研究问题以及整体的考虑，还需要专门论证选择特定的定性方法的合理性。这一部分内容可能会包括从新兴理论中得出的概念，此时人们对该领域可能还比较陌生。在通常情况下，这一部分内容还应该包括数据的三角验证及其描述（如具体怎么做来确保效度水平和精确性）。

定性学位论文可能需要描述收集几种不同数据的过程，对访谈（如访谈内容）进行描述和论证，并在附录中给出完整的访谈副本。同时，还需要描述试验性访谈是如何进行的，如何基于试验性访谈中所收集的数据对访谈问题进行修正的。

分析方法部分主要描述的是如何分析数据。其中包括关于抄录的基本信息（如在24小时之内完成的）、实际上采取了什么方法来分析数据——到底做了什么——在数据分析中是如何整合不同来源的资料的（如采访、文献、观察）。在这一部分中，可能也会设计一些简单的统计分析，也需要加以汇报。Eisenhardt(1989)对如何从案例研究中构建理论给出很有用的描述。描述结论的方法因为是研究了一个组织还是几个组织而有所变化。若只涉及一个组织，则需要交代背景信息，并据此来描述研究情境，然后按照每个研究问题来分析信息。在这里，并不需要描述数据本身，而是要对数据进行分析，并论述这些分析结果对于回答研究问题或研究命题有什么帮助。因此，对信息的分析应该能够阐明这些信息相对于具体的研究问题而言到底意味着什么，而不是简单引用。如果涉及几个组织，就要依据每个组织来回答研究问题。例如，研究结果的描述不是以单个的访谈报告的形式来撰写的，而应该把结果的阐述与具体的研究问题联系起来，阐明它们是如何回答研究问题的。当研究信息来自不同类型的数据时，数据分析也仍然要围绕着研究问题加以展开。因此，数据分析应该将不同的来源的数据资料整合起来。附录中可以包括访谈的抄录。

在讨论部分里，如果在前面的结果部分分析了几个组织，那么就需要在这一部分把相应的结果整合到一起，进而得出结论，目的是要表明这些结果说明了什么，并结合理论、模型和方法回过头来再进一步回顾文献和先前的研究。需要回答的问题包括：

- 我们学习到了什么？
- 对其他研究和未来的实践有什么启示？

讨论部分具有归纳性，需要阐明基于特定的研究结果可以推出什么理论。然后，以数据为基础去开发一个模型，以便展示这一切是如何匹配的，并阐明未来研究中加以测试的、更加具体的假设。讨论部分也会采取批判式方法，基于研究结果来描述故事。可以具体描述研究中提出了什么样的理论或模型，描述现实中发生了什么，同时从不一致性中给出具体的建议。或者，为结果而收集的不同类型的数据（如公司记录、管理者访谈）可能会对研究问题给出不一致的答案。在这种情况下，需要在讨论部分对这种偏差进行解释，从而展示怎样去更好地理解某种现象。因此，在讨论部分里，会对来自不同类型数据的结果中的任何偏差/矛盾进行解释。例如，访谈可能会给出不同的答案，可能比收集的定量信息更具有说明性。

3. 模式B：模式A的详细阐述和调整

这种模式基于相关文献加以展开，并针对研究问题而设计开发一套整合的思想体系，进而对一个或多个研究问题进行连贯而清晰地深入分析。在此过程中，作者需要准确地识别特定情境下的关键变量、开发特定的研究框架、清晰地阐述可供测试的假设。同时，研究报告或论文也需要展示对同研究设计选择相关的研究目的的深入理解和准确把握。然后，清晰地解释为什么所研究的现象最适合通过定性研究设计来予以研究。而且，其中可能还包括对"怎么样"之类的问题做出回答。例如，在特定领域先前并没有理论的情况下,解释一下特殊的干涉是如何发生作用的。当然,也可能会对"为什么"之类的问题做出回答,即研究人员"为什么"要关心这类研究问题。相应地,我们也需要意识到:当特定的现象嵌入一种宽泛的组织情境时,并不总是能够把因果分离开来的。

虽然文献回顾的撰写往往依赖于某一研究领域的本质,但它却可以表明作者对该领域的基本概念框架已经形成了深入的理解。因此,在研究报告或论文中需要形成一个概念框架或提及相关理论。在 Yin(1994)的框架中,存在着两种撰写论文或研究报告的方式,这两种方式最初会对文献回顾的撰写产生影响。

- 探索性案例设计中没有事先形成的构想,但是有大量的研究问题,并且从这些问题开始进行研究。这种类型的设计具有归纳性的,允许出现数据和展开相关文献,并可能产生新的理论。通过文献回顾,往往可以引出大量的研究问题。
- 解释性设计中有大量的研究问题和一系列具体的命题(与那些研究问题有关的)。这些命题来源于文献基础,在这种情况下,还是可以从文献回顾中(除了广泛的研究问题)提炼出一系列命题,并阐明各个建构之间的关系。

Yin(1994)和 Eisenhardt's(1989)的参考书可以为写作方法和研究设计部分的撰写提供重要指南。在"方法与研究设计"的标题下,作者应该论证研究设计和样本选择或收集地点的合理性。在此过程中,作者应该重新参考所设定的研究问题以及与研究问题相符合的研究设计的合理性。而且,在该部分写作中,作者往往会设置一个引言部分,以便解释为什么这种设计与所研究的问题最为符合,并深入探讨和理解定量研究和定性研究可能产生的不同结果。当然,也必须进一步论证研究地点的选择的合理性。

Yin(1994)论述了采用一个系统过程来确保能够实现精确性。其中,目标是分析的普适性,而不是统计的普适性(如不是随机抽样逻辑,而是其他形式)。研究报告或论文的撰写中要描述数据的饱和度,作者会持续地收集数据,直到最终出现了一系列一致的主题或模式。通过这种方式,实际上就确保了可以接受的信度水平(reliability)。当然,也存在着更传统的形式,如评判间信度。通常,写作中都会对定性是如何进行三角验证的进行阐述,具体可以通过方法论(如访谈、简短调查、二手数据)或其他方式(如采访不同层次的人去发现某一现象对他们造成的冲击,如采访雇员和管理者)来进行三角验证。而且,本部分的写作需要展示整合分析各种数据和观点的能力,即相关理论/文献、原始数据(访谈、开放性调查问题)、二手数据(公司文件、年度报告、媒体)或者参与式观察等,这些都是作为研究设计的一部分而最初设定好了的。

此外,作者也需要描述怎样组织和管理数据分析(也就是说,怎样收集和分析数据)。作者需要描述在数据的收集过程中研究人员是如何管理数据的(如录播、现场记录),以便为后面的数据分析奠定基础。Miles 和 Huberman(1994)为数据分析和定性数据的展示提供了几种不同的选择。其中,是否需要借助计算机辅助方式来分析数据,主要取决于数据量的大小(如 15 个或更多的访谈者,可以考虑使用计算机)。在写作中,作者需要展示通过系统分析现有数据而发掘出来的主题,而计算机辅助方法(如 NVivo)可以进一步提高这类分析的效率和效果。这种方法特别适用于旨在发现理论的探索性设计,而不是一种解释性设计。

在案例分析设计中,如果不是只有一个案例,那么结果的撰写可以根据一系列案例分析结果进行描述。因此,有必要对一系列的研究地点进行解释和分析。通常,每个部分都从对某个案例地点的描述开始,然后结合文献对数据进行分析。而且,研究问题应该与特定案例的背景结合起来,并充分结合和融合现有的相关文献。作者需要针对特定的研究问题,对每个案例地点的数据和主题进行分析,而且如果相关主题支持、关联、反应以前的研究的话,结果也就呈现出来了。通过上述分析,可能会在数据中发现特定的总体模式——与特定研究问题相关的总体模式。不同来源的数据,往往可以进行三角验证,如原始数据(如访谈)和二手数据(如参与性观察、文献)。在研究过程中,研究人员要寻找的是模式及冲突或者不同见解。在围绕每个案例地点的分析中,都应该充分梳理和结合相关的文献。总之,作者应该运用权威的分析方法来展示定性研究背景,而不仅仅是简单地描述。

讨论/整合的章节则运用不同的案例来解决研究问题。该部分往往以地点背景(如组织的性质、产业类型)的概述开始,以便提供广泛的情境比较。然后,作者需要运用系统的分析方法在多个案例中比较与研究问题相关的结果,其中包含了各个案例的相似点和不同点。在此过程中,可能会从数据中获得意料之外的主题,对这些预期之外的主题,作者也需要加以描述。而且,研究人员需要立足于案例现场和调查问题开发出相应的研究框架,以便对未来更深入地研究这类现象提供建议和参考。结果,通过归纳的方式,作者最终就形成了某个概念框架,其普适性仅限于特定的案例情境。因此,下面的工作就是论证其合理性或进行解释:为什么在不同案例中会出现这些相似点或不同点。在案例研究中,需要把相关文献和数据整合起来。结果是生成一系列主题,从而进一步推进概念框架的开发,或者为未来研究识别出关键变量。紧接着,作者需要论述研究启示和实践启示。不过,在写作过程中,作者一定要避免过度地解释数据,而且研究人员自己的感知不应该对讨论和结论的产生偏差性影响。同时,研究人员需要保持特别的审慎:到底从数据中可以得出什么样的结果(不能多也不能少)。当然,三角验证可以对作者有所帮助。

4. 模型 C:基于问题的方式

这种学位论文旨在发现社会问题,并对有关组织的社会知识有所贡献和补充。这种论文往往以一种完整的方式重现出来,论文中各个方面密切相关。每一章节或每一部分都有引言和结论,以便形成本章节的结构并与后面的章节建立起联系。在这类论文中,方法论部分往往不会做详细的探讨,但会在附录中体现。因此,如果用到了半结构化访谈,通常会把访谈提纲放在附录当中,并在需要时加以说明。这类方法论可以是案例研究,运用公司文献(如书面政策)和访谈(探索那些实施或履行政策甚至是组织之外人的观点或感知)。相关的问题可能是组织中的什么因素使这一实践得以成功或者失败。在此过程中,需要剖析组织实践中存在的一些缺口类型,目的是勾勒出有关组织的完整画面,并尽可能详尽和提供有关组织实况的相关信息。

第一章的引言基本上概括了问题是什么和为什么值得研究(真正的原因和重要性)。通常,作者都会使用通俗英语,就某个社会问题进行交流。接下来会对略问的总体模式进行简单的综述。然后,具体阐明研究该问题的特定方法和过程,或选择使用这个方法的理由(如两个案例研究或者是已经收集的调查数据)。通常,第一章节是以提出某个简单的论点结束的,而这个论点是作者在对相关观点进行批判的基础上提出的。

接下来的一章是文献回顾。在该部分中，作者去搜寻相关文献并进行回顾。其中，作者可能会把以前并未组合的两类文献组合在一起进行剖析。论文需要表明作者对现有文献非常熟悉。当然，作者也需要论述是如何对现有知识做出贡献或补充的。

然后是有关结果的第一部分论述（如调查数据）。本章可能会介绍定量数据，如调查数据。其中，作者需要解释为什么要使用这些数据的理由。需要注意的是，任何统计分析（如因子分析）通常都会放到附录当中。在本部分中，作者会对数据和模型进行分析，并对为什么研究人员无法通过仅有的数字得到更多结论进行说明。接下来的那些章节通常是定性的，如案例研究。其中，每一章都以详细的背景细节描述开始（如组织、产品）。作者需要对不同的案例情景分别进行描述。然后，作者需要得出相关的结论，即基于对产品生产过程的参与式观察以及对少数雇用者和管理者的访谈。

接下来的部分是讨论环节，即对结果的延展和拓展。在这一部分中，作者需要对不同的案例进行比较，对基于数据得出的结论进行比较，并进一步解释为什么案例研究方法是一种有用的研究方法。而且，作者需要充分运用从被研究人员那里所获得的信息，以便增加丰富性并回归到真正的生活或实践中。通常，作者会剖析不同的动机，做出有效性的判断，直接引用相关的证据，然后提出改善意见。在研究特定的实践时，诸如"是什么阻碍了该实践的推行和效果"这类的问题，将会是作者需要解答的关键问题。需要强调的是，结论部分的撰写必须能够统筹全局，并与相关文献结合起来，把相关结论与已出版的研究结果进行比较。当然，结论的最后往往要提供一些未来研究问题的相关信息。

5. 模型 D：基于问题的扩展方式

这种模式包括的章节有"引言""文献回顾""假设和研究方法""案例研究"和"结论"。其中，引言部分需要简述问题是什么和为什么需要解决这个问题，即论证提出相关问题的合理性或清晰地阐明论文的目的，识别出所要研究的问题，并针对论文主题给出简要的概括。接下来的章节是文献回顾。其中，问题类型往往决定了需要回顾的文献数量。作者应该首先提供历史文献回顾，然后再深入回顾现代文献，包括澳大利亚和海外其他的现代文献。其中，有些文献回顾可能以广泛的问题结束，另外一些文献回顾则以特定的研究方向和命题结束。后者可能是基于先前的实证研究文献得出的，也可能是基于其他人的结论中推导出来的。

然后是假设和研究方法部分。在该部分中，作者需要描述论文是如何进行的、怎样获得同组织的接触的、联系人是谁和研究过程是如何进行的（如最初通过总经理，随后与人力资源经理合作）、如何进行访谈，包括所有细节，如录制、记录、被采访人数。如果进行了截面数据的收集则如何收集的、访谈的层级是什么以及为什么在这一层级上进行访谈、访谈的问题、时间、是否使用焦点小组访谈等。基于上述信息，研究人员往往可以对论文观点的提出过程形成判断和评价。为此，相关信息应该非常详细，并描述三角验证是怎样实现的。例如，让不同的人对信息进行检查，直到基本一致为止。

下一章是案例研究时，如果不止一个案例时，需要分不同章节来撰写。每章开始要提供背景资料，包含公司的内外部资料。首先要描述的是行业，然后是公司（如财务状态、所有权、产品、竞争者、市场地位）。一般而言，上述这些信息可以通过书面文献获得，如年度报告、媒体等。因此，需要提供公司基本特征。本章的第二部分需要分析与特定问题相关的定性数据。如果有三个研究问题的话，就需要设置三个大标题，然后分别解决每一个问题，并收集不同类型的数据（如访谈、公司文献）。然后，作者需要以整合的方式，结合特定的研究问题对数据进行整理。因此，在这一部分里，不是简单地描述相关数据，而是要结合具体的研究问题来收集和分析数据，而且仅限用于这个目的。在上述分析中，需要结合前面的文献回顾内容进行分析，以便阐明数据分析的结果是否对过去文献的结论提供支持。假如以前的文献结论及观点没有得到支持，则需要给出解释。

结尾部分章节一般较为简短。首先，需要向读者提示论文做了什么及论文是如何验证相关问题的。然后，需要概述从分析中得到了哪些结论。另外，还需要阐明数据分析结果支持了以前文献中的哪些观点，而哪些观点没有得到支持，并解释原因。最后，需要基于不同案例得出结论，解决所提出的研究问题，并把所有的论点集中起来加以概括。当然，本部分也可以结合文献加以说明，但不需要引入新的文献，而且应尽可能确保本章篇幅相对简短。

（四）定性研究报告的信度与效度

在评价定性研究的信度与效度时，往往重点考察研究的精确性。如上所述的大多数模式都强调数据收集和分析的方式要保持系统性和一致性，而且应该以有助于得出结论的方式加以描述，以便确保研究结论的有效性。此外，为了增加结果的效度，数据收集的来源和方法也可以有所不同，以便能够及时发现可能的偏差。

有些研究人员也非常具体地论述了定性研究的效度与信度问题。在定性研究中，如果研究考查了它声明要考查的主题，那么此研究就是有效的（King，1994）。相对来说，大家更关心的是解释的效度问题，即研究人员基于访谈得出的"X是关键主题"的结论，是否有效呢？为此，可以采用专家小组的方式对相关解释进行比较。而且，也可以运用反馈回路方式，把解释说明反馈给参与者，进而构建相应的理论。同时，研究人员也可以积极地寻求数据间的矛盾之处，即研究人员也可以使用聚合效度——通过三角验证来比较使用不同方法的相似研究的结果。Gilchrist（1992）也讨论了效度并认同：效度可以通过循环分析方法来进行检验，把分析结果反馈给主要的被调查者和参与者，通过抽样和长期接触来寻找驳斥的证据，利用三角验证。其中，三角验证是指使用多种数据来源，如多个受访者和多种数据来源，如参与式观察、访谈、记录等。

Creswell（2003）讨论如何获得内部效度和外部效度的问题。其中，内部效度是指信息的精确度及其是否符合实际。Creswell 的建议如下：

- 找到对数据进行三角验证的方法，或发现多来源信息（如访谈、观察、文献分析）、不同的调查者、不同的数据收集方法之间的聚合性。三角验证也可增加信度（即减少测量误差）。
- 从被调查者那里得到反馈。把研究中所得到的分类或主题返回到被调查对象，并且询问所得出的结论是否准确。
- 在同一调查点，重复观察。
- 剖析主要的被调查者和参与者是如何在研究的所有阶段都参与进来的（即参与性研究）。在研究中，研究人员可能会出于访谈或观察的目的，有计划地选择关键的被调查者，而参与者也可以收集数据或对出现的结论进行评价。
- 阐明研究人员偏差。

有时，某些定性研究在特殊情况下也需要计算其信度水平。这种情况常见于以量化管理为目标的访谈和文本数据中。在对主题进行编码或分类时，需要使用评判间信度水平来进行比较，即在没有询问彼此的情况下，合作研究人员自行进行编码，并运用统计学知识计算他们的一致性水平。然后，进一步探索不一致的原因，如果有必要进行调整的话，会进行调整和再编码，并进一步评定一致性水平。这时，需要使用与研究无关的独立评估者。当研究人员发展主题或分类编码定性数据时，需要计算评判者信息水平。如果计算的一致性统计系数较低，那么研究人员需要分析原因并加以解决。这时，需要与研究无关的独立评估者。而且，为了增加内容分析的信度，需要对他们进行训练：对评分系统给出详细的解释和说明，然后进行附有正确答案的练习，并让他们得到反馈。Goodwin and Goodwin(1985)开发了一套公式，可以用来计算评判间信度水平，即两个内容分析员之间的评判间信度水平。Creswell(2003)指出，在案例研究中，如果进行多案例研究的话，可以对相同模式和事件进行考察，以便看它们是否可以从一个案例到另外一个案例进行复制。具体可以参见本书第 8 章，里面详细介绍了定性分析的信度问题。

在公司文件的定性研究中也需要考虑信度和效度问题，具体可以对其他研究人员进行方法方面的培训，以便进一步核实相关结论。这些其他研究人员可以剖析研究的严谨性、准确性和文件的代表性。对于同一文本内容，不同的研究人员可能会持有不同的解释，从而导致效度问题。为了核对信度和效度，一般不要单独使用公司文件，而要从多个渠道来收集数据。很多文献都对如何撰写出好的研究论文提供了建议。关于定量研究、定性研究和文献回顾，Campion's(1993)在 Personnel Psychology 上的编者语中给出了具体的核对表。随后，Lee(1999)也提供了定性研究的核对表(参见附录 A)。

五、结论

与定量研究不同，定性研究论文并没有固定的格式。但实际上，论文结构决定了论文能否回答特定的研究问题。在定性论文中，强有力地概念性、批判性论点是非常重要的，这有助于确保论文通篇逻辑清晰，而且以浑然一体的方式来撰写全文。对于定性论文而言，其质量水平在一定程度上取决于以下特征：是否能够确保无懈可击地提出论点；是否能够无懈可击地阐明方法；是否能够整合地把数据收集、分析、解释以及讨论和最初的问题与先前的文献结合起来。而且，假如论文严谨的话，还需要具体阐明作者是如何确保论文的严谨性，需要阐明作者是如何确保研究方法的系统性并认真科学地使用该方法的。最后，研究结论无须过分诠释，一般而言作者会提出一个概念框架以引领未来探讨。

参考文献

American Psychological Association (2002). Publication manual of the American Psychological Association (5th ed.). Washington. DC: American Psychological Association.

Bem, D. J. (1995). Writing a review article for Psychological Bulletin. Psychological Bulletin, 118, 172-177.

Brown, M. (1991). Put in writing. In D. Kelly(ed.), Researching industrial relations(pp. 72-80). Sydney: Australian Centre for Industrial Relations Research and Teaching.

Caligiuri, P. M. (1999). The ranking of scholarly journals in international human resource management. The International Journal of Human Resource Management, 10, 515-519.

Campion, M. A. (1993). Article review checklist. Personnel Psychology, 46, 705-718.

Creswell, J. W. (2003). Research design qualitative and mixed method approaches (2nd ed.). Thousand Oaks, CA: Sage Publications.

Eisenhardt, K. M. (1989). Building theories from case study research. Academy of Management Review, 14, 532-550.

Gilchrist, V. J. (1992). Key informant interviews. In B. F. Crabtree & W. L. Miller(eds.), Doing qualitative research(pp. 70-89). Newbury Park, CA: Sage Publications.

Gilliland, S. W. & Cortina, J. M. (1997). Reviewer and editor decision-making in the journal review process. Personnel Psychology, 50, 427-452.

Goodwin, L. D. & Goodwin, W. L. (1985). Statistical techniques in AREJ articles, 1979-1983: The preparation of graduate students to read the educational research literature. Educational Researcher, 2, 5-11.

Institute for Scientific information (1997). 1997 Social Sciences Citation Index JCR Journal Citation Reports. Philadelphia, PA: Institute for Scientific Information.

King, N. (1994). The qualitative research interview. In C. Cassell & G. Symon (eds.), Qualitative methods in organizational research (pp. 14-36). London: Sage Publications.

Lee, T. W. (1999). Using qualitative methods in organizational research. Thousand Oaks, CA: Sage Publications.

Lee, T. W., Mitchell, T. R., & Sablynski, C. J. (1999). Qualitative research in organizational and vocational psychology, 1979-1999. Journal of Vocational Behavior, 55, 161-187.

Miles, M. B. & Huberman, A. M. (1994). Qualitative data analysis: An expanded sourcebook (2nd ed.). Thousand Oaks, CA: Sage Publications.

Tahai, A & Meyer, M. J. (1999). A revealed preference study of management journals' direct influences. Strategic Management Journal, 20, 279-296.

University of Chicago Press(1993). The Chicago manual of style (14th ed.). Chicago.

Yin, R. K. (1994). Case study research: Design and methods (2nd ed.) (pp. 1-17, 127-153). Thousand Oaks, CA: Sage Publications.

思考题

1. 在研究报告或论文中，研究人员如何与读者交流自己得出各项选择（包括文献选择）的合理性？
2. 怎样表述题目？
3. 摘要中需要包含哪些内容？
4. 如何写一篇定量研究报告？
5. 怎样写批判性文献回顾或引言？

6. 如何写方法论或方法部分?
7. 如何写结论部分?
8. 怎样写讨论部分?
9. 怎样陈列参考书目列表?
10. 在写研究报告时,应该陈述哪些问题?
11. 在写定性论文时,应该遵循哪些原则?
12. 撰写定性研究有哪些不同的模式?
13. 如何在定性论文中保证信度和效度水平?

附录 A：格式清单

格式

- 整篇论文,包括引言、参考文献、数据说明和表格的各个部分是两倍行距吗? 分配是否足够整齐、干净?
- 每页的各边距都是 1 英寸(2.54 厘米)吗?
- 标题页、摘要、论文正文、参考文献、附录、表格和数据都在单独的页面(每页只有一个表格或数据)上吗? 它们是按陈述的顺序将正文安排在题目与参考文献之间吗?
- 所有的页码是不是从标题页开始按顺序编码?

标题页

标题的长度是在 12~15 个词之间吗?

段落和题目

- 每一段是不止一句话又不超过打印的一页吗?
- 题目的层次是否准确地反映了篇章的组织?
- 同一层次的题目是否用相同的格式打印?

缩写

- 一些非必需的缩写是否已经消除了,必需的缩写是否已经做了解释?
- 表格或数据中的缩写是否在表格注释和数据说明上有所解释?

参考文献

- 引用是否在正文和引用列表中都有标注?
- 正文引用和引用列表在拼写和数据上是否一致?
- 期刊标题在引用列表中是否拼写完整?
- 引用(在正文中的括号里引用和在引用列表中)是否按照作者的姓氏首字母排序?

表格和数据

- 所有的表格都有一个题目吗?
- 表格中的水平线都包括了吗?
- 表格垂直线是否已经省略了?
- 图中的元素都足够大且清晰吗?
- 每一个表格和图形都在正文中标明了吗?
- 所有的图形和表格在正文中都有提及和应用吗?

引言

- 正文中所有引证的页码都提供了吗?

附录 B: 定性研究报告

理论或概念基础

1. 研究课题源于:
(1) 正式的理论;
(2) 准开发的概念结构;
(3) 生成的主题?
2. 研究致力于:
(1) 生成新的理论;
(2) 扩展或阐释和丰富已有理论;
(3) 不生成新的理论?
3. 所研究的理论或一般的主题是否有趣并值得发表?
由于组织科学具有较强的应用导向传统,根据研究的实际意义而不是基于特定的理论,也是合理的。
4. 研究人员打算解决不同的管理问题或管理关系吗?
5. 研究和关心的问题值得杂志充分重视吗?

文献回顾

1. 是否引用了重要的参考文献?
2. 是否引用了批判性参考文献?
3. 是否引用过多参考文献,可能会导致相对分散但不够明晰?
4. 这些参考文献都精确吗?

概念的发展

以下问题假设理论测试和假设检验的恰当性,如果这些假设是不正确的,那么就可以忽略这些问题。

1. 假设是否基于合理的分析层面上?
2. 假设是否可以被证伪?
3. 假设是否以它们的理论、概念、应用的基础为核心?
4. 假设是否涉及理论的过程或结果?
5. 假设是否具有充分的可操作性?
6. 假设是否源于重要的或核心的构念(如人物、事件、地点)?

样本和情境

1. 研究对象的选取基于:
(1) 随机抽样;
(2) 可获得性;
(3) 理论抽样?
2. 或者说,是概念抽样、便利抽样还是理论抽样?
3. 在研究的前、中、后,给予了研究对象怎样的信息?
4. 在研究的前、中、后,研究对象的社会和情感状态是怎样的?
5. 在研究的前、中、后,研究人员与研究对象关系的本质是什么?

数据

1. 需要收集什么种类的数据和多少数据?
2. 数据是怎样被记录的?
3. 在数据收集过程中,应遵循什么样的具体步骤?
4. 需要问及什么样的具体问题?
5. 是否要有一套访谈日程?
6. 是否需要转录数据?如果是,应如何转录?
7. 收集的数据是否与研究人员的主题、理论或应用问题相吻合?
8. 数据是否能充分地体现出该研究的核心或研究问题?

分析

1. 应用了什么样的技术,得到充分应用了吗?
2. 分析涉及的更多是全局的解释,还是更为正式的分析?
3. 是否充分地描述了分析,是否可以基于这些描述对分析进行复制?
4. 如果需要进行分类,如何定义类型?
5. 如果已经界定了类型,怎样与数据匹配起来?
6. 研究人员的解释与已知的研究问题或应用问题相符吗?

查证

1. 什么样的检查可以让研究人员保证信度？
2. 采取怎样的控制可以让研究人员减少偏差和选择性解释？
3. 什么样的论证允许研究人员暗示效度？
4. 什么样的论证允许研究人员暗示普适性？

讨论

1. 结论是否被清晰、精确地总结和解释了吗？
2. 研究的启示是否紧密、直接地与数据联系在一起？
3. 是否精确地阐明了研究的局限性？
4. 是否清晰且令人信服地阐明了该研究对知识主体的总体贡献和特定贡献？
5. 是否充分考虑了其他的可能解释？

资料来源：T. W. Lee, Using qualitative methods in organizational research, pp. 174-176. copyright 1999 by Sage Publications, Inc. Reprinted by permission of Sage Publications, Inc.

附录C：有关定性数据研究文章的写作范例

Adler, N. & Docherty, P. (1998). Bringing business into sociotechnical theory and practice. Human Relations, 51(3), 319-345.

Ashcraft, K. L. (1999). Managing maternity leave: A qualitative analysis of temporary executive succession. Administrative Science Quarterly, 44, 240-281.

Biereama, L. L. (1996). How executive women learn corporate culture. Human Resource Development Quarterly, 7, 145-164.

Bradley, I. M. & Ashkanasy, N. M. (1997). Using theory to structure qualitative research: An investigation of gender and identity in performance appraisal. In L. N. Dosier & J. Berbard Keys (eds.), Academy of Management Best Paper Proceedings, 386-390.

Butterfield, K. D., Trevino, L. K., & Ball, G. A. (1996). Punishment from the manager's perspective: A grounded investigation and inductive model. Academy of Management Journal, 36(6), 1479-1512.

Currall, S. C., Hammer, T. H., Baggett, L. C., & Doniger, G. M. (1999). Combining qualitative and quanitative methodologies to study group processes. Organizational Research Methods, 2, 5-36.

Dougherty, D. & Hardy, C. (1996). Sustained product innovation in large, mature organizations: Overcoming innovation-to-organization problems. Academy of Management Journal, 39(5), 1120-1153.

Locke, K. & Golden-Biddle, K. (1997). Constructing opportunities for contribution: Structuring intertextual coherence and problematizing' in organizational studies. Academy of Management Journal, 40(5), 1023-1062.

Martin, J., Knopoff, K., & Beckman, C. (1998). An alternative to bureaucratic impersonality and emotional labor: Bounded emotionality at The Body Shop. Administrative Science Quarterly, 43(2), 429-469.

Mats, A. (1998). Gender relations and identity at work: A case study of masculinities and femininities in an advertising agency. Human Relations,51(8),969-1005.

Perlow, L. A. (1998). Boundary contral: The social ordering of work and family time in a high-tech corporation. Administrative Science Quarterly, 43, 328-358.

Pratt, M. G. (1997). Organizational dress as a symbol of multilayered social identities. Academy of Management Journal, 40(4), 862-898.

Rafaeli, A., Dutton, J., Harquail, C. V., & Mackie-Lewis, S,(1997). Navigating by attire: The use of dress by female administrative employees. Academy of Management Journal,40(1), 9-45.

Sackmann, S. (1992). Culture and subcultures: An analysis of organization knowledge. Administrative Science Quarterly,37,140-161.

Warhurst, C. (1998). Recognizing the possible: The organization and control of a socialist labor process. Administrative Science Quarterly,43(2),470-497.

第 14 章

研究实践中的道德伦理问题与行为

> **学习目标**
>
> 在完成本章的学习后,读者应该能够掌握以下几点:
> - 列出在进行研究时所遇到的主要伦理争议问题;
> - 解释知情同意书的主要原则以及其重要原因;
> - 在调查研究设计中应用伦理原则,包括获得知情同意书;
> - 描述如何引导研究避免引起伦理问题,从而获得道义上的支持。在设计不用类型的研究(例如,访谈研究和调查研究)时,识别出需要遵循的伦理原则差异。

一、引言

在进行研究项目之前,研究人员需要评估其设计是否符合伦理道德标准。研究人员必须在得到研究机构伦理部门的正式同意之后,才能开展研究。好的研究设计,需要遵循伦理原则。下面就列出了一些重要的问题,以供研究人员参考。

二、研究中遇到的主要伦理争议

为了使研究能够符合伦理道德的要求,研究人员需要考虑的问题如下:
- 在开展研究之前,研究人员必须考虑所涉及的伦理问题,并且要获得相关部门的伦理许可。
- 研究应该遵循相关专业机构的行为准则(如澳大利亚人力资源委员会、澳大利亚心理协会)。
- 研究人员应该保持其专业知识和技能在一个可接受的水平上。
- 当发布广告招募、寻找研究参与者或回应者以及使用他人推荐的人选时,应该实施谨慎原则(尤其要考虑研究的局限性或者是否会涉及欺骗)。
- 研究人员不应该剥削研究参与者(如权利、费用)。
- 研究人员应该避免利益冲突。

- 当大众是研究参与者时,研究人员需要特别谨慎。
- 研究人员必须时刻尊重研究参与者个体的人格、权利、希望、信仰、习惯以及自由。

(一) 启动研究项目

在启动之前,任何项目都有其目的和宗旨:目标、假设和潜在的重要性。而且,根据可接受原则和研究实践原则,同时考虑到假设应该得到验证或者研究目标得到剖析,研究项目应该具有科学有效性,能够产生可靠的信息。这样的项目才值得实施。并且,研究人员应该清楚地了解这个项目(如谁会是项目的受益者)。

(二) 保密性

在研究进行当中以及项目完成之后,都必须认真管理和处理从反应者那里所收集的任何信息或数据,确保其保密性。因此,数据必须以这样的方式进行储存,即其他任何人都看不到研究参与者的名字。当然,唯一的例外是他们是对研究人员负责的工作人员。确保研究参与者保密的一个方法,就是使用独一无二的身份数字或者代码。应该在私密的办公室与研究参与者进行访谈,然后把从参与者那里获得的所有信息锁在文件柜中(如访谈记录和问卷)。只有在非常严格的情况下,才允许翻阅保密资料(如书面许可、文件、法庭授权)。研究人员有责任告知参与者有关保存保密性的任何规定(如告知他们哪些是可披露的,这些信息可以泄露给哪些人等)。同时,也需要对数据分析和结论报告进行处理,以便避免泄露任何个体的保密信息。当然,如果他们同意这么做并符合相关伦理协会的规定,则属例外情况。除此之外,不应该向雇主组织报告从个体参与者那里所获得的信息。如果组织需要研究人员提供其参加研究雇员的相关数据,那么这些数据只能以汇总的形式出现。在澳大利亚,如果要从联邦机构(例如,整个公共领域)的组织记录中获得有关个人的信息(如能够识别个体的记录、文件信息、存储的数据)用于研究的话,研究人员必须遵守1988年的《隐私法》。最后,如果存储的数据没有长期价值的话,那么就应该在5年之后立即销毁,并且把相关信息也处理掉。对于研究人员来说,非常重要的一点就是:要确保以一种秘密的方式销毁数据。例如,在披露之前用碎纸机粉碎这些记录和问卷。

(三) 自愿性和知情同意

在潜在的参与者参加某个研究项目之前,必须以某种方式就项目内容向其进行解释。研究人员必须决定在什么时间(通常在研究项目开始的时候)由谁来进行解释(通常是研究人员自己)。在大部分情况下,参与者在同意参加项目之前只需要了解项目的关键内容。只有在一种情况下,即忽视研究目的是决定其成败关键的时候,就不需要进行解释。

任何研究项目的参与,都必须建立在完全自愿的基础之上。自愿意味着自由参加,没有受到任何的威胁和诱导而同意参加这个研究项目(Sieber,1992)。其中,这里所说的自愿不仅仅是指参与者有参加的初衷,而且还有意愿且能够持续参加,研究参与者可以在任何时候退出该研究项目。参与者必须提供知情同意书,这意味着他们很清楚地了解这个项目的目标(如其目标和目的)。在知情同意书中,也要求让参与者了解所使用的研究方法(如开会的次数、持续时间、费用以及效率)、备择方法、任何协议或者合同、任何研究所带来的潜在负面影响和研究最终的结果(如是否会出版)(Greogory,2003)。很明显,研究参与者能够提供知情同意这一点,是非常重要的。因此,这个项目应该用平实、非技术性的语言来进行解释说明,并且如果参与者不满18岁的话,应该征得其父母或者监护人的许可。研究人员也需要关注解释项目人员和研究参与者之间所存在的特殊关系,他们也要思考为什么选择其中一组参加,而不是其他人(如对某些组成员来说就不公平)。研究人员和参与者之间应该避免存在一种依赖关系,如研究人员是一位老师,参与者是一名学生,或者研究人员是一个高级经理,而参与者是一个刚入职的员工。他们之间权力的不平衡,也可能会使参与者妥协。研究参与者在提供数据时,不能受到压力和胁迫。

为了获得知情同意,要求研究人员为参与者提供一份平实语言书写的解释性文件,主要结构如下:

- 研究的目的;
- 参加的好处;
- 方法和流程;
- 对于潜在参与者的要求,包括时间跨度要求;
- 可能遇到的危险;
- 对结果保密的约束;
- 参与者可以自由选择拒绝参加或者退出;
- 有关研究结果的信息;
- 所涉及合同的名称和数量,合同伦理委员会的地址。

为了评估在解释性文件中所用术语和概念的难易程度,研究人员可以礼貌地邀请参与者阅读文件,并且用他们自己的话进行解释。研究人员应该对解释性文件不断进行修改完善,直到参与者真正理解该内容(Sieber,1992)。如果研究项目不需要参与者必须交回问卷的话,就不需要书面的知情同意书。

希望在公司员工中进行抽样的研究人员,在和员工签订参与项目的合同之前,应该获得组织代表的许可,这些组织代表经常是人力资源部门的高级管理人员。

(四) 如何在遵循伦理道德的前提下收集观察数据

在大部分的横截面研究设计中,应该对参与者的身份进行保密,因为他们的身份并没有相关记录(如返回问卷时应该是匿名,并没有显著标识)。然而,研究人员或许希望确保那些反馈的人是那些愿意反馈的人,他们的数据是完整的。在这种情况下,研究人员可以使用临时身份来识别反馈者。通过对名单上的名字进行比较,或者检查被访者的回答已经完成之后,就需要销毁临时身份的识别代码。如果通过邮寄方式发放调查问卷的话,研究人员可以使用不同的识别反应来区分回答者和没有应答者。在这种情况下,会要求应答者返回匿名问卷,然而他们也会收到一张已经付过费的明信卡片,要求在上面写上其名字并一起返回来。经过这样的程序,研究人员就知道哪些人做出了回答,他们可以对那些还没有反馈的人发出提醒。在纵贯研究设计中,有必要将一个时间段收到的问卷和另一个时间段回收的问卷进行比较。在这些研究中,研究人员或许会要求回答者记录一个容易记忆的别名或者代码(如其母亲年轻时的名字和其的出生日期)。为了确保这个过程有效,很重要的一点就是:这个别名和代码要独一无二,避免重复,而且很容易被记住(Sieber,1992)。

对于网络问卷研究,研究人员应该建立一个提供解释文件的电子版本网站。在阅读文件及参加者确定知情同意之后就点击链接,从而进入研究的第一阶段。网站应该允许参与者匿名反馈并保存数据(如没有他们的邮件或者网络 IP 地址的记录)。这些数据应该以电子形式储存在一个安全的、有密码保护的驱动器里或者网站上,只有研究人员才有权限进入。可以邀请参与者给研究人员发一封单独的邮件,从而表明他们已经完成了问卷调查。这样,研究人员就可以追踪到哪些人还没有反馈(如果预先知道抽样样本的话),并且发邮件提醒他们(Johns, hall & Crowell, 2004)。

在观察研究中,不应该秘密地对研究对象进行观察。当然,唯一的例外是这种行为发生在公共场合(如在容易被他人观察到的地方)。虽然在事先没有被告知的情况下进行观察则会降低性格偏见,但这往往侵犯了被观察者的隐私(Banyard & Flanagan, 2005)。

如果研究需要收集访谈数据,伦理委员会通常会要求参加者提供签字的同意书。除非是在收集任何可识别信息时,潜在的被访者不愿意参加。研究人员应该获得参与者的许可,才能记录访谈。在销毁手稿之前,所有的记录应该储存在安全的地方。

研究人员应该关注每个项目参与者的需求、不便、精神压力或者不适。研究人员应该尽全力确保被访者不会因为参加了研究而承受心理上的焦虑、压力,从而丧失自尊或者减少自信(Warwick,1982)。如果其中任何一种结果有可能发生的话,那么研究人员(以及相关的伦理协会)就应该认真考虑如何处理这些潜在的伤害,以及同研究的利益相比,这么做是否值得等问题。

(五)处理欺骗

研究人员如果为了实现研究目的必须进行欺骗的话,那就应该将欺骗降到最低水平。但是这种情况,在数据收集结束之后,研究人员必须向参与者澄清研究的真实情况。这也为研究人员提供了评估这些程序效果的机会,同时也能系统地处理问题(如在必要的情况下为参与者提供咨询服务)。询问情况也使研究人员有机会从参与者那里获得更多的与研究相关的信息(如参加者是否怀疑研究的真实目的)。一旦把研究真相告诉了参与者,他们是否会做出拒绝其数据提供给研究项目的选择(Banyard & Flanagan, 2005)。如果所收集的信息有关参与者个人行为,参与者则拒绝将其重要信息提供给项目组,就显得更加重要了。或者如果他们由于披露这些信息而觉得不安的话,他们就更倾向于不提供(Sieber,1992)。基于研究人员自身的品质、教育、经历和培训情况,他们绝不能参与欺骗参与者。

(六)采用测量和干预来保持研究的伦理道德

研究人员有责任确保自己所选择的方法能够验证所研究的问题。例如,如果结果确实存在,所选择的样本范围应该足够大。只有这样,才具有统计意义,进而得到显著结果并减少测量误差(如研究的影响范围)。然而,一旦考虑到这一点,就应该将参与研究的人数降到最低。研究人员也应该确保其所使用测量工具的局限性比较明显,尽量不要隐藏与测量信度、效度和准则相关的信息。测量方法和工具的选择,应该基于以下标准:
- 有效性;
- 实证依据;
- 理论上的合理性;
- 同行评议;
- 公众接受度;
- 政府规定;
- 副作用和后效;
- 解决这些问题的系统等。

(七) 使用专家研究实践方法由谁来做

研究一般应该由品德高尚,并具有相关能力和技能的人来引导。很重要的一点是:研究人员不应该使用自己没有学习过的技术来进行管理和理解(如非心理学家去使用心理测试工具)。如果专业技术的应用对于实现研究目的非常重要的话,那么研究人员应该找到那些使用过这些技术的专家,或者接受过必要培训的专家以寻求帮助。研究人员也应该尽量避免解释其专业领域之外的工具(如错误地使用心理学家的论文)。如果一项研究需要进行培训的话,那么就应该向参与者提供与培训相关的项目说明、设计、准确和客观的信息。

(八) 为参与者提供的好处

在社会研究中,很常见的一种做法是研究人员要向参与者提供一定的补偿(如以综合的形式)。一些研究人员会给项目参与者提供报酬或者奖励,通常金额会比较小。关于提供报酬或者奖励所存在的主要伦理争议,是这会诱导参与者签订知情同意书。通常而言,伦理委员会认为,支付给参与者一定酬劳作为时间和发生成本的弥补是合理的,这可以鼓励参与者参加项目。然而,支付带有强制性的报酬和奖励,是不可接受的(例如,当参与者没有钱而不得不参加这个项目来获得报酬和酬劳)。Fry、Ritter、Baldwin、Bowen、Gardiner、Holt、Jenkinson、Johnston 调查了在澳大利亚大学、研究机构、医院、市场研究机构的研究支付行为。他们发现,在每次的研究中所支付的报酬都会有所变化,都要为参与者的时间和发生的成本提供相应的金钱补偿。这个研究也表明:在没有正规的政策和法规引导的情况下,研究人员都会为参与者提供一定的补偿。作者希望伦理委员会应该对研究支付费用这方面制定指导方针。

(九) 在写作中维护伦理标准

当研究人员报告其研究发现时,绝不应该编造数据和错误结论。为了尽可能避免结果的误导性,他们也应该确保其所报告结论的正确性。当研究人员发现其出版的研究报告有错误时,应该和编辑或者出版商联系,尽量更正错误,并且严厉避免剽窃。在出版的著作里,当以另外一种方式使用其他人的观点时,研究人员必须标注出其引用的出处。除此之外，直接从其他文献进行引用，也必须使用标注，并标明引用的作者和页码。

（十）进行研究时存在的其他相关伦理争议

研究人员在从事研究的时候，应该尽量确保避免歧视。实践中，当认为某些个体不如其他个体的时候，就会发生歧视。在研究中，这可能会发生在招募期间，参加者会因为一些和研究无关的因素而被选中或者排除（如年龄和性别）。通过避免出现歧视，可以使参与研究的好处和损失能够在总体（研究对象）中均匀地分布，以确保公平性。在实验或者准实验研究中，在没有给予控制小组相应的操控时，也可能会出现歧视。

有关所有权问题，研究人员所收集的任何数据都是其雇主单位或者相关机构的合法财产（如大学和研究机构）。

如果在研究过程中同事之间有争议的话，研究人员应避免对其他同事的能力进行任何推断和猜测。对于任何研究成员不道德的研究行为，应该有相应的机构进行调查，这个机构通常是相关的伦理委员会。

三、结论

在研究的任何阶段，研究人员都要考虑伦理问题。值得注意的是研究人员要从参与者那里获得知情同意书，参与者应该是完全自愿参与的。研究人员应该向潜在的参与者提供解释性文件或者知情同意书，并列出研究的目的以及好处、风险、方法、需求、保密范围、拒绝的自由以及如何获得信息。在进行研究之前，应该考虑可能会给参与者带来的任何负面影响，并且也要考虑如何避免、最小化或者处理这些负面影响。如果为了达到研究目的而不得不欺骗参与者的话，在结束的时候研究人员应该立刻和参与者澄清事实。

研究工具和技术应该具有有效性。只有那些在某种技术方面合格的、有经验的人员，才能从事研究。参与者应该从研究中获益，比较好的一种做法是给他们提供总体的数据总结。如果提供报酬或者奖励的话，不应该带有强制性。在整个研究项目中，研究人员应该秘密地处理并存储从参与者那里所获得的数据。在纵贯研究中，可以向参与者提供一个唯一的、容易记住的别名。对于网络研究，研究人员应该注意确保反馈者必须是匿名的，并且其数据应该存储在安全的驱动器或者网站上。访谈要求签署同意书。然而，在邮寄问卷的研究中，为了保持匿名，返回来的问卷要包含知情同意书。至于观察研究，在没有获得参与者同意之前，研究人员就不应该对其进行观察，除非是在公众的地方进行。当研究人员报告其研究结果或发现时，不应该篡改数据或者剽窃他人的成果。

参考文献

Banyard, P. & Fianagan, C. (2005). *Ethical issues and guidelines in psychology*, London: Routledge.

Fry, C. L., Ritter, A., Baldwin, S., Bowen, K. J., Gardiner, P., Holt, T., Jenkinson, R., &Johnston, J. (2005). *Paying research participants: A study of current practices in Australia*. Journal of Medical Ethic, 31, 542-547.

Gregory, I. (2003). *Ethics in research*. London: Continuum.

Johns, M. D., Hall, G. J., &Crowell, T. L. (2004). *Surviving the IRB review: Insititutional guidelines and research strategies*. In M. D. Johns, S.-L. S. Chen, &J. Hall (eds.). Online social research: Methods, issues, and ethics(pp. 105-124). London: Peter Lang.

Sieber, J. E. (1992). *Planning ethically responsible research: A guide for students and internal review boards*, London: Sage Publication.

Warwick, D. P. (1982). *Types of harm in social research*. In T. L. Beauchamp, P. R. Faden, R. J. Wallace Jr, &L. Walters (eds), *Ethical issues in social research* (pp. 101-124). Baltimore, MD: Johns Hopkins.

思考题

1. 在进行研究时,一般会产生哪些主要的伦理争议?
2. 研究人员应该如何开展研究?
3. 研究人员在进行研究时如何保密?
4. 如何获得参与者的自愿参与或者知情同意书?
5. 如何在遵守伦理规定的条件下收集数据?
6. 如何处理欺骗?
7. 为了遵循伦理,如何使用测量并进行干预?
8. 如何使用专业的研究方法并且由谁来使用?
9. 如何向参与者提供好处?
10. 如何在撰写报告时确保伦理规则?
11. 在进行研究时所遇到的其他伦理争议有哪些?